《아주 특별한 상식 NN-세계사》

세계사, 누구를 위한 기록인가?

THE NO-NONSENSE GUIDE TO WORLD HISTORY

by Chris Brazier

© New Internationalist Publications Ltd 2006

This translation from English of THE NO-NONSENSE GUIDE TO World History

first publishes in 2006 by arrangement with New Internationalist Publications Ltd., Oxford, UK.

All rights reserved.

Korean translation copyright © 2007 by E-Who(Siwool) Publishing Co.

Korean edition is published by arrangement with New Internationalist Publications Ltd

through Imprima Korea Agency.

이 책의 한국어판 저작권은 Imprima Korea Agency를 통해

New Internationalist Publications Ltd와의 독점계약으로 도서출판 이후에 있습니다.

저작권법에 의하여 한국 내에서 보호를 받는 저작물이므로 무단전재와 복제를 금합니다.

《아주 특별한 상식 NN-세계사》

세계사, 누구를 위한 기록인가 ?

크리스 브래지어 | 추선영 옮김

이후

《아주 특별한 상식 NN》이란?

우리 시대의 핵심 주제를 한눈에 알게 하는 《아주 특별한 상식 NN》

　이 시리즈는 2001년에 영국에서 처음 출간되기 시작했습니다. 'The NO-NONSENSE guide' 라는 이름을 갖고 있었으나 한국판을 출간하면서 지금 이 시대를 살아가는 우리가 꼭 알아야 할 '특별한 상식' 을 이야기해 보자는 뜻으로 《아주 특별한 상식 NN》이란 이름을 붙였습니다. 세계화, 기후변화, 세계의 빈곤처럼 복잡하면서도 중요한 전 세계의 쟁점을 쉽게 이해할 수 있도록 기획된 책입니다.

　각 주제와 관련된 주요 논쟁거리를 쉽게 알 수 있도록 관련 사실, 도표와 그래프, 각종 정보와 분석을 수록했습니다. 해당 주제와 관련된 행동에 직접 나서고 싶은 독자를 위해서는 세계의 관련 단체들이 어디에 있으며, 어떤 일을 하고 있는지 소개해 놓았습니다. 더 읽을 만한 자료는 무엇인지, 특별히 염두에 두고 읽어야 할 정보들은 어떤 것이 있는지도 한눈에 들어오게 편집했습니다.

　우리 시대의 핵심 주제들을 짧은 시간에 쉽게 파악할 수 있게 도와주는 이 시리즈에는 이 책들을 기획하고 엮은 집단 '뉴 인터내셔널리스트New Internationalist' 가 지난 30년간 쌓은 노하우가 담겨 있으며, 날카로우면서도 세련된 문장들은 또한 긴박하고 역동적인 책읽기의 즐거움을 느끼게 해 줄 것입니다.

1. 아주 특별한 상식 NN-세계화

2. 아주 특별한 상식 NN-세계의 빈곤

3. 아주 특별한 상식 NN-과학

4. 아주 특별한 상식 NN-기후변화

5. 아주 특별한 상식 NN-공정 무역

6. 아주 특별한 상식 NN-세계사

7. 아주 특별한 상식 NN-민주주의

8. 아주 특별한 상식 NN-이슬람

9. 아주 특별한 상식 NN-테러리즘

10. 아주 특별한 상식 NN-성적 다양성

　　다음 세대를 살아가는 데 알맞은 대안적 세계관으로 이끌어 줄 《아주 특별한 상식 NN》 시리즈에는 주류 언론에서 중요하게 다루지 않는 특별한 관점과 통계 자료, 수치들이 풍부하게 들어 있습니다. 이 시대를 살아가는 데 꼭 필요한 주제를 엄선한 각 권을 읽고 나면 독자들은 명확한 주제 의식으로 세계를 바라볼 수 있게 될 것입니다.

　　《아주 특별한 상식 NN》이 완간된 뒤에도, 이 책을 읽은 바로 당신의 손으로 이 시리즈가 계속 이어질 수 있기를 바랍니다.

《아주 특별한 상식 NN》, 어떻게 읽을까?

〈본문 가운데〉

▶ 용어 설명

본문 내용 가운데 특별히 중요한 용어는 따로 뽑아 표시해 주었다. 읽는이가 꼭 짚고 넘어가야 할 개념이나 중요한 책들, 사회적으로 의미가 있는 단체, 역사적 사건에 대한 설명 들이 들어 있다.

▶ 인물 설명

역사적으로 중요한 인물, 각 분야의 문제 인물의 생몰연도와 간단한 업적을 적어 주었다.

▶ 깊이 읽기

본문 내용을 이해하는 데 부차적으로 필요한 논거들, 꼭 언급해야 하는 것이지만 본문에서 따로 설명하지 않고 있는 것들을 적어 주었다.

▶ 자료

원서에 있던 자료를 그대로 쓴 것이다. 본문을 읽을 때 도움이 될 통계 자료, 사건 따위를 설명하고 있다.

〈부록에 실은 것들〉

▶ 연표

인류 역사에서 중요했던 사건들의 흐름을 한눈에 들여다
볼 수 있도록 연대별로 마련해 놓았다.

▶ 본문 내용 참고 자료

원서에 있던 자료 가운데, 본문과 따로 좀 더 심도 깊게
들여다보면 좋을 것들을 부록으로 옮겨 놓았다.

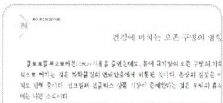

▶ 참고 문헌

더 찾아보고 싶은 자료들이 있다면 해당 주제와 관련된
정보를 친절하게 실어 놓은 부록을 통해 단행본, 정기간
행물, 웹사이트 주소를 찾아보면 된다.

▶ 함께 보면 좋을 책

이 책과 더불어 읽으면 좋을 책을 소개해 놓았다.

N 차례

- 《아주 특별한 상식 NN》이란?　4
- 《아주 특별한 상식 NN》, 어떻게 읽을까?　6

- 일러두기　16
- 추천하는 글

  세계사의 중심은 유럽이 아니라 세계다―윌리엄 바이나르트　17
- 여는 글

  세계의 역사는 누구를 위한 기록인가?　20

N 1부 남성, 여성을 정복하다

1장 태초에

5백만 년 전―인류의 조상, 유인원　28

기원전 15만 년―우리의 어머니 이브　29

기원전 4만 년~기원전 1만 년―오스트레일리아와 아메리카에

　　나타난 최초의 인간　31

기원전 9000년―지구를 길들이다　32

기원전 5000년―고대의 불평등　36

2장 파라오와 여사제

기원전 3000년―아시아의 개척자들　39

기원전 2500년―고된 노동과 과대망상증　43

기원전 2000년―종교와 저술　45

2부 전쟁과 선지자

3장 강대국과 야만족

기원전 2400년—유목민 정복자　　51

기원전 1600년—전쟁과 평화　　51

기원전 2000년—아리아계 민족의 침략　　52

기원전 2000년—힌두 카스트 제도의 기원　　53

기원전 538년—페르시아제국　　54

기원전 1000년—최초의 봉건제　　55

기원전 221년—중국의 탄생　　57

4장 신과 정신적 삶

공자와 노자　　59

고타마 붓다　　60

헤브라이인과 하나님 아버지　　61

3부 진화하는 문명과 종교

5장 그리스와 라틴 세계

기원전 507년—최초의 민주주의　　69

기원전 400년—예술과 과학　　70

기원전 338년—알렉산드로스 대왕　　72

기원전 275년—로마의 성장　　73

기원전 250년—로마의 계급투쟁　　74

기원전 49년—카이사르의 쿠데타　　76

350년—제국 내부로부터의 폭발　　77

6장 생겨나고 또 생겨나는 종교

50년―초대 교회　81

324년―크리스트교 제국　84

450년―아틸라에서 교황까지　84

570년―무함마드의 이상　87

632년―성전　92

661년―수니파와 시아파　93

4부 동서양의 엇갈린 운명

7장 동방의 빛

23년―반복되는 중국 역사　97

220년―거대한 격변　98

626년―최고의 문명국　99

907년―하늘의 뜻에 따른 정치　100

320년―세계에 0을 선사한 인도　103

8장 십자군 전쟁

1054년―크리스트교의 소모성 논쟁　107

1095년―교황의 묘안　108

1100년―최초의 선전전　110

1350년―유럽, 마침내 거듭나다　113

1517년―루터가 이기다　116

5부 사라진 역사, 멈춰 버린 이야기

9장 신세계에서 누린 영광과
그곳에서 저지른 살인

기원전 6000년―장엄한 수수께끼   121
기원전 1200년―산산이 부서진 신의 머리   122
600년―시간과 마야 문명   123
650년―거석과 제국   124
1325년―피로 물든 아스텍의 제의   125
1519년―정복자들   126
1525년―잉카의 승리와 자연재해   127
1607년―백인들이 몰고 온 죽음   128
1650년―노예제도의 성립과 악화되는 상황   129

10장 숨겨진 대륙

700년―황금왕 시대   134
1300년―열대우림에서 탄생한 아름다움   135
1300년―폐허의 제왕   138
1415년―포르투갈의 손아귀에 넘어가다   139
1460년―노예로 전락하다   141
1525년―물방울이 홍수를 이루다   142
1800년대―끔찍한 등식   143

6부 소수를 위한 희생

11장 태양왕의 그늘

1643년─개인적인 권력 추구에 열중하다　147
1645년─왕권신수설　148
1660년─세금도 안 내는 귀족들　149
1700년─계몽 군주　150

12장 미국의 길

1607년─금을 찾는 사람들과 그들의 노예 아내　153
1776년─미국 혁명　154
1808년─라틴아메리카의 반란　157
1816년─해방의 손길　158
1825년─독재자들　158
1822년─아메리카의 황제　159
1830년─대량 학살을 정당화하다　160
1835년─기병대와 인디언　161

13장 아시아의 권력과 풍요

1368년~1644년─승려, 산적을 거쳐 명을 세우다　163
1644년~1800년대─가장 위대한 반란　165
1536년~1806년─인도의 무굴제국　165

7부 근대의 물결

14장 자유, 평등, 박애

1789년―프랑스혁명　171

1791년―이상주의와 공포정치　173

1799년―나폴레옹의 쿠데타　174

1815년―왕 빌려주기　175

15장 혁명

1830년―악마의 공장　179

1848년―노동계급의 정치학　180

1850년~1914년―산업의 동력　183

1860년~1914년―여가의 산업화　184

8부 조각난 세계

16장 세계를 나눠 먹다

1788년―오스트레일리아의 인종 청소　188

1840년―마오리 전쟁　190

1652년~1910년―남아프리카　193

1878년―아프리카 쟁탈전　194

1857년―인도 항쟁　196

1842년~1911년―중국 혁명　196

1853년~1914년―일본이 경기에 참여하다　198

17장 총력전

1914년—제1차 세계대전   201

1918년—나라가 불타다   202

9부 혼돈의 세기

18장 노동자의 힘

1917년—분배된 부와 토지   207

1935년—스탈린의 공포정치   209

19장 자본주의와 파시즘

1920년대—카드로 지은 자본주의라는 집   213

1929년—월 街의 붕괴   214

1930년대—우익의 반격   215

1933년—나치즘의 등장   216

1930년대—유대인 학살   217

1935년—파시즘 세력의 확대   217

10부 진정한 세계사를 향한 길

20장 급진적인 20세기

세 번의 세계대전으로부터 배운 점과 잃은 점　226

역사는 다양한 목소리를 아우르며 전진한다　228

진보라는 신화　232

지구의 균열과 자본주의의 틈　236

후기

이라크 침공　243

혼돈의 기후　247

저항의 색깔　252

 부록

부록 1—연표　258

부록 2—본문 내용 참고 자료　278

부록 3—저자 참고 문헌　287

부록 4—함께 보면 좋을 책　288

■ 옮긴이의 글

　차별과 억압의 역사를 넘어 평등과 공존의 역사로

　—추선영　290

1. 인명 · 지명 · 작품명은 될 수 있는 한 '외래어 표기법'(1986년 1월 문교부 고시)과 이에 근거한 「편수자료」(1987년 국어연구소 편)를 참조해 표기했으나, 주로 원어에 근접하게 표기하는 것을 원칙으로 삼았다. 단, 국내에 전혀 알려져 있지 않거나 잘못 알려진 경우가 아니라면 이미 널리 알려진 표기법은 그대로 사용했다.

2. 본문에서 읽는이의 이해를 돕기 위해 간단한 설명이나 덧붙이고 싶은 말이 있을 경우에는 괄호 안에 적거나 본문과 다른 모양으로 편집해 넣었다. 단, 옮긴이가 덧붙인 경우 '옮긴이' 라고 적었다.

3. 단행본 · 전집 · 정기간행물 등에는 겹낫쇠(『 』)를, 논문 · 논설 · 단편 제목 등에는 홑낫쇠(「 」)를, 논문 제목 · 영화 · 연극 · 방송 등에는 단겹쇠(〈 〉)를 사용했다. 단체 이름에는 작은따옴표(' ')를 썼다.

NO-NONSENSE

세계사의 중심은 유럽이 아니라 세계다

윌리엄 바이나르트(William Beinart, 옥스퍼드 대학교 성 안토니 대학 교수)

크리스 브래지어의 말이 맞다. 4만 단어로 세계의 역사를 기술해야 하는 과제는 역사가에게 벅찬 과제다. 어떤 역사가도, 하다 못해 가장 일반적인 내용을 다루는 학부의 기초 교양과목으로 세계사를 가르치는 교수들조차도 도전해 본 적이 없는 일이다. 그런데도 크리스는 유기체의 기원이 되는 점액질에서 시작해 21세기의 비대칭적인 권력관계까지를 수월하게 넘나든다. 크리스가 기록한 역사는 「뉴 인터내셔널리스트」의 역사다. 《아주 특별한 상식 NN》을 통해 「뉴 인터내셔널리스트」가 다뤘던 주제들 모두와 연관을 가지기 때문이다. 우리 시대의 많은 역사가들이 주장하는 것처럼 크리스도 우리가 유럽 중심적 역사 해석 및 담론과 결별해야 한다고 주장한다. 그는 여성의 역사를 역사의 중심 무대에 올려놓으라고 요구하며, 대부분의 시간과 대부분의 문화에는 언제나 심한 불평등이 존재해 왔다는 사실을 꾸준히 상기시킨다. 불평등 문제는 늘 존재해 왔지만, 21세기가 시작되는 지금 이 시대를 살아가는 우리가 그 어느 때보다 가장 첨예하게 경험하고 있는 딜레마일 것이다. 크리스의 역사에는 인류의 이례적인 이동과 이주에 대한 기록도 담겨 있다. 이 현상은 기나긴 이력을 가진 현상으로, 국경으로 갈라져 국민국가로 구성된 우리 세계에서도 여전히 중심 현안으로 자리 잡은 문제다. 이 책에서 크리스는 환경문제를 역사와 연관시켜 해석하지는 않았다. 하지만 인류와 자연이 상부상조하는 관계를 형성해야 한다는 핵심 쟁점을 다룸으로써 환경문제를 인식해 줄 것을 호소한다. 결국 인류가 자연 세계에 의존하는 포유류라는 사실이 피부색, 문화, 종교 등 인류를 인류답게 만드는 모든 요인들에 앞서기 때문이다.

그러나 하나의 생물종으로서의 인간은, 특히 자기비판을 할 수 있는 존재라는 점에서 무엇과도 비길 수 없는 고유한 존재다. 크리스 브래지어의 역사는 과거의 여러 측면을 비판적으로 바라보는 동시에 과거 유럽인들이 제시했던 해석에 대해서도 비판적인 시각을 들이댄다. 나는 이런 크리스의 입장에 동의하며, 변화시키고 재평가하는 능력이 우리 문화의 큰 장점으로 남아 있어야 한다고 생각한다. 하지만 크리스의 입장에 전적으로 동의하는 것은 아니다. 크리스는 피라미드, 기념비, 궁전 같은 역사의 흔적 이면을 들여다보고 거기에 투여된 인간의 노동과 희생을 검토하고 싶어 한다. 그러나 식민지 이전의 아프리카 제국을 다루는 크리스의 태도는 과도한 찬사로만 일관하는 것으로 보인다. 이러한 태도는 콜럼버스 시대 이전의 라틴아메리카에 신분제나 착취가 존재했다는 사실을 강조하는 태도와 대조를 이룬다. 한편으로 내가 원하는 만큼의 충분한 수정이 이루어지지 않은 경우도 있다.

시대를 동강내 시간 순으로 배열하기 위해 제국과 정치에 초점을 맞출 수밖에 없는 크리스의 처지를 이해 못하는 것은 아니지만, 나는 그가 평범한 사람들의 목소리를 더 크게 들려주기를 바랐던 것이다. 그리고 나는 미래의 가능성, 즉 근대 세계와 근대 기술이 제공할 기회로 인한 곤란을 보다 덜 겪는 듯하며, 평탄하지 않고 더러 주춤거리기도 하는 전 지구적 민주화의 혜택에 대해서는 더 많은 확신을 가지고 있다.

역사가는 불평이 많은 사람들이고 그렇게 하도록 교육받는다. 많은 역사가들은 특정 연구 분야를 깊이 파헤치기만 하면 된다는 폐쇄적인 꿈을 꾸지만, 전체의 뜻이 통하도록 만들고 싶어 하는 용감한 일반론자들을 피해 다니며 자신을 보호하려 들어서는 안 된다. 역사는 그 본성상 항상 일정한 이념적 편향을 지니며 현재를 이해하고 정당화하고 변화시키는 데 매우 중요한 역할을 하기 때문에 논쟁거리가 될 수밖에 없다.

이 책은 하나의 도전이다. 생생하고 형식에 얽매이지도 않으며 정보도 가득하다. 고등학생이나 대학생들에게 읽도록 권하고 그들의 평을 들어 보자. 그들은 과거에 비춰 밝혀내고 싶어진 자신만의 관심사를 가지게 될 것이다. 우리는 그들의 요구를 충족시킬 방법을 찾아야만 한다. 그리고 바로 이 책이 좋은 출발점이 된다. 아마 역사를 전문적으로 연구하는 모든 이들이 4만 단어로 세계의 역사를 기록해야만 하는 날이 올지도 모른다. 그럼으로써 역사를 종합적으로 연구하기를 꺼리는 비굴한 태도를 버릴 수 있을 것이다.

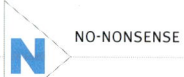

세계의 역사는 누구를 위한 기록인가?

　세계의 역사를 간략하게 쓰려면 더 많은 용기가 반드시 필요하
다. 1864년에서 1902년 사이에 발행된 우표에 대한 박학한 지식
만으로 두꺼운 책을 쓰는 사람도 있기 때문이다. 그러니 이 작은
공간에 세계의 역사 전체를 압축해 집어넣는 일이 쉬울 리가 없
다. 꼭 필요한 것만 선별해 대체적으로 짚고 넘어가는 수밖에 없
다. 그러나 세계의 역사 전체를 개괄하는 작업은 진정으로 가치
있는 일이라고 생각한다. 많은 역사가들이 자신들이 연구하는 특
정한 분야의 지식에만 빠져 있을 뿐 한발 물러서서 완전한 세계
역사 속에 들어 있는 거대한 건축물을 보려 하지 않기 때문이다.
　물론 우리 대부분은 역사에 대한 단편적인 지식을 가지고 있
다. 하지만 이들이 서로 어떻게 맞물리는지에 대해서는 생각해
보지 않는다. 나는 과거 내가 기록한 문서 상자를 다락방에서 꺼
내 분류하면서 전체에 대한 이해가 중요하다는 사실을 절감했다.
정리 과정에서 학교에 다닐 때 썼던 역사 과제를 우연히 발견했

는데 그 내용은 거의 모두 전쟁에 관한 것이었다. 과제물마다 블렌하임 전투* 당시 말보러 공작의 군대 배치도, 나폴레옹 전쟁사 같은 내용으로 가득했다.

역사의 단편적인 내용을 연구했던 이유는 과거에 대해 진정한 매력을 느꼈기 때문이다. 나는 지나간 시대로 돌아가서 그 시대 사람들이 정말 어떻게 살아가는지 보고 싶었다. 그러나 어리석게도 세계와 시간 전체를 경험하는 대신 그 열정을 유럽 한구석에서 벌어진 군사작전을 공부하는 데 소모해 버렸던 것이다! 나는 학교에서 아시아, 아프리카, 라틴아메리카의 역사에 대해 배운 적이 없다. 여성의 역사는 수천 년 이상을 이어 온 전쟁과 정치의

■ 깊이 읽기

블렌하임 전투

합스부르크 가문 출신의 마지막 에스파냐 왕 카를로스 2세가 후사 없이 죽은 뒤 에스파냐의 왕위 계승 문제를 둘러싸고 전쟁(에스파냐 왕위 계승 전쟁, 1701년~1714년)이 일어났다. 블렌하임 전투는 당시 영국의 말버러 공작 1세 존 처칠John Churchill과 오스트리아의 장군 사보이 공 오이겐Prince Eugene of Savoy 휘하의 군대가 프랑스군에게 승리한 가장 유명한 전투(1704년 8월 13일)다. 이 전투는 프랑스군이 5십여 년 만에 처음으로 겪은 대패였으며, 그 결과 빈이 프랑스-바이에른 군의 위협에서 벗어났고 영국 · 오스트리아 · 네덜란드는 반反프랑스 동맹을 유지할 수 있었으며 바이에른은 전쟁에서 물러났다. 옮긴이

흐름 아래 잠겨 있었기 때문에 학교에서 내가 배운 여성의 역사라곤 고작 몇 명의 여왕에 대한 이야기뿐이었다. 최근에야 여성의 역사는 수면 위로 떠오르기 시작했다. 그리고 각 시대를 살아간 평범한 사람들의 일상적인 경험에 대해서도 배우지 못했다. 이들이 바로 피라미드 건설에 동원돼 죽어 간 사람들이고 성 아래의 밭을 경작한 사람들이다.

그러므로 원래는 『뉴 인터내셔널리스트』지에 기고하기 위해 시작된 이 역사 연구야말로 진정한 모험이라고 할 수 있다. 낡은 교과서에는 나오지 않는 대륙과 공동체를 깊이 연구했고, 한편으로는 이러한 숨은 역사를 제국적 왕조나 열강 사이에 벌어진 투쟁 같은 전통적인 담론에 통합하려고 노력했다.

평범한 여성과 남성들이 역사에 기여한 바를 간과해서는 안 되지만 세계의 모습을 형성하는 데 기여했던 정치나 정복 제국의 문제를 포함시키지 않는다면 역사는 이해할 수 없는 것이 되고 만다. 요즈음의 역사 교사들은 아이들에게 그들이 사는 곳을 넘어서는 더 넓은 세계의 상을 그려 보이려고 노력한다. 그러나 우리처럼 태피스트리의 일부만을 소유한 사람들에게는 이 책이 유용할 것이다.

• 태피스트리Tapestry — 다양한 색의 실로 그림을 짜 넣은 직물로 벽걸이, 가리개, 휘장, 등으로 이용된다. 큰 것은 몇 미터에 달해서 그림의 일부만 볼 경우 전체를 파악하기 어렵다. 저자는 역사를 태피스트리에 빗대어 일부만 이해하려 들 경우 전체를 파악하지 못하는 위험성을 지적하고 있다. 옮긴이

2001년(초판 작성일)

2006년판은, 오류를 개정한 것 외에는 2001년판과 대체로 동일하다. 나는 이 책을 일본어로 번역한 마사오 와타나베 교수에게 깊은 감사를 표하고 싶다. 사실 관계를 확인하거나 논쟁적인 세부 사항들을 검토하는 데 그가 많은 도움을 주었다.

나는 개정판에 21세기 초반에 벌어졌던 일들을 덧붙였다. 최근의 사건들은 우리가 직접 겪는 일이기 때문에 이 사건들을 분명하게 이해하기란 어려운 일이다. 그래서 작업 도중에 낭패감을 느끼기도 했다. 하지만 역사를 판단하는 일은, 과거나 앞서 간 이들이 남긴 교훈을 습득할 능력이 없어 보이는 지금의 세계 지도자들에게 맡길 성질의 것이 아님은 분명하다.

2006년 3월(개정판 작성일)

1

남성, 여성을 정복하다

태초에
파라오와 여사제

WORLD HISTORY

보잘것없던 인류가 어떻게 전 지구를 뒤덮으며 문명을 발전시켰을까?
평등했던 남녀 관계를 깨뜨리고 다른 사람들을 지배하려던 이는 누구인가?

태초에

시작은 보잘것없다. 진흙 속에서 태동한 생명은 물고기, 파충류로 발전하더니 마침내 포유류가 된다. 그 후 인간은 무대를 장악하고 지구를 식민화하기 시작한다.

태초에 점액질이 있었다. 인간이 유인원의 자손일 것이라는 다윈의 생각은 19세기 크리스트교도들의 분노를 폭발시켰다. 그러나 이들은 실상의 절반도 이해하지 못했다. 우리의 본래 조상은 사실상 일개 점액질의 미생물이었기 때문이다. 그리고 그들마저도 무대에 늦게 오른 지각생에 불과했으니 지구는 태양으로부터 처음 독립한 이후 생명이 없는 상태로 이미 5십억 년 이상을 존재해 왔기 때문이다.

수백만 년이 지나간 후 점액질은 젤리 형태로 변했다. 젤리는 조개가 되었다. 등뼈가 있는 물고기의 뒤를 이어 거대한 바다 전갈이 나타났다. 진흙에서 처음 출발한 이후 척추를 가진 물고기에 이르고 이를 넘어서 파충류로, 포유류로 변해 가는 놀라운 생명의 발전은 모두 자연선택 과정의 지배를 받았다. 최적의 생존 조건을 가진 생물들의 장점은 일정했다. 이들은 빛에 더 민감하게 반응한다거나 근소하나마 더 탄력적인 외피를 가졌다. 이러한 장점을 가진 생물은 자손을 더 많이 재생산했고 생명이 다양한 방향으로 진화해 가도록 만들었다. 물론 그 방향은 언제나 생존에 더 적합한 형태로 향했다.

어떤 생물은 육지로 이동했다. 이들은 물속에서 산소를 호흡하지 않고 공기에서 산소를 호흡하기 위해 아가미를 폐로 바꿨다. 아가미의 형태는 인간에게까지 이어진다. 인간의 태아는 자궁에 있을 때 폐를 갖기 전 아가미가 먼저 생기는데, 이를 통해 우리는 고대로부터 이어져 온 진화적 적응에 경의를 표한다.

육지로 이동한 생물은 파충류였다. 그중에서 덩치가 가장 큰 종류인 공룡은 2억 년 동안 지구상의 지배적인 생명체로 군림하다가 멸종했다. 이들의 멸종은 6천만 년 전 무렵 기후가 훨씬 추워졌기 때문일 가능성이 높다. 낮은 온도에 잘 적응했던 더 작은 생물이 지구를 물려받았다. 이들은 바로 깃털을 발달시키고 새끼가 들어 있는 알을 따뜻하게 품었던 조류와, 털을 가졌고 새끼가 성숙할 때까지 암컷의 배 속에 새끼를 품고 다녔던 원시 포유류였다.

신체적 진화와 더불어 사회적 진화도 이루어졌다. 진화 단계가 낮은 파충류는 알을 낳고는 내버려 두었기 때문에 파충류의 후손들은 자신이 알아서 스스로를 보호해야만 했다. 그러나 포유류는 새끼를 돌보면서 새끼와 사회적, 교육적 관계를 가졌다. 다른 종들은 모든 개체가 본능이라는 출발선 상에서 다시 시작했던 것에 반해, 포유류는 유용한 정보를 전달하고 발전시킬 수 있었다. 동물들은 다른 동물들과 동행하는 데 관심을 보이게 되었고 무리나 사회를 형성했다.

5백만 년 전─인류의 조상, 유인원

인간의 형상에 근접한 최초의 포유류는 5백만 년 전 중앙아프리카의 유인원 가족 중에서 나타났다. 이들은 오스트랄로피테쿠스Australopithecines로 두 발로 걸어 다녔고, 덕분에 생존에 지극히 중요한 손을 사용할 수 있었던 '남부 유인원'(남아프리카에서 발견되었으므로 이렇게 불리기도 한다.)이었다. 이들은 돌멩이를 조각내 끝을 뾰족하게 만드는 방식으로 초보적인 도구를 만들어 사용한 최초의 동물이었다. 백만 년 전 마지막 오스트랄로피테쿠스가 지상에서 사라졌다. 이들은 전보다 사람에 가까운 생물, 더 완벽한

● 페미나 에렉타─호모 에렉투스의 여성형이다. 저자가 직접 고안한 단어로, 역사 속에서 무시당해 온 여성의 존재를 역사의 시작 단계부터 부각시키려는 의도로 사용된다. 옮긴이

직립보행을 하고 더 커진 뇌를 가졌으며 호모 에렉투스homo erectus라는 라틴어 학명을 가진 생물에 의해 소멸했다. 호모 에렉투스는 150만 년 전후로 등장했다. 80만 년 전과 50만 년 전 사이에 호모 에렉투스와 페미나 에렉타Femina erectas 는 아프리카를 넘어 유럽과 아시아로 퍼

져 나가 근원지에서 멀리 떨어진 자바와 중국 북부에까지 이르렀다. 직접 창조한 것은 아니었지만 불을 다루는 방법을 알게 되면서 보다 추운 기후에서도 거주할 수 있게 되었다. 우리는 일반적

으로 선행 인류가 동굴에서 살았다고 생각하지만, 이것은 신화에 불과하다. 그들은 나무와 돌을 이용해 오두막을 짓고 살았다.

기원전 15만 년—우리의 어머니 이브

이 존재들이 원시적인 것처럼 보이고 그래서 우리와 상관없어 보이겠지만 우리의 가계도는 에렉투스 같은 선행 인류, 혹은 호미니드에 그 뿌리를 두고 있다. 어머니가 딸에게 물려주며 누구나 자신의 세포 안에 보유하고 있는 유전 정보인 미토콘드리아 디엔에이 를 통해

•호미니드Hominoids—사람 과의 동물을 통칭하는 말로 현대 인류와 모든 원시 인류를 포함한다. 오스트랄로피테 쿠스, 호모 에렉투스, 호모 사 피엔스(현생 인류)가 모두 호미니드에 속한다. 옮긴이

인류의 공통 조상을 추적했고, 그 결과 인류의 조상은 15만 년 전 무렵에 살았던 아프리카 여성이라는 사실이 밝혀졌다. 사바나 지역의 쨍쨍한 태양 아래에서 출산의 고통을 겪는 그녀의 모습을 상상해 보라. 그녀가 아기에게 어떤 유전자 지도를 물려주었는지는 거의 알려져 있지 않지만 그 유전자 지도는 수백만 년 후에 나타날 정복자와 그의 첩, 핵물리학자와 평화 운동가들, 그리고 오늘날을 살아가는 당신과 나에게까지 이어져 내려왔다. 우리가 추적할 수 있는 한도에서 단언하자면 처음 등장한 인간은 아담이 아니라 이브였다.

지구의 지속 기간을 하루로 본다면 인간은 자정 2초 전에 등장했을 뿐인데도 전 세계를 뒤덮었다. 바로 4만 년 전부터 나타난

신인류, 호모 사피엔스homo sapiens였다. 호모 사피엔스는 채집과 수렵 생활을 했다. 일반적으로는 '수렵과 채집'이라는 용어를 사용하며 보통은 수렵이 강조된다. 여기에 살육한 동물의 사체를 들고 돌아온 남성이 불을 이용해 요리하도록 그 사체를 여성에게 건네주는 이미지가 덧붙여진다. 사실 초창기 인간은 고기보다는 채소를 더 많이 먹었을 것이다. 사람들에게 먹일 과일, 견과류, 열매를 채집하면서 대부분의 시간을 보낸 존재는 여성이었다. 그리고 지금까지도 채집과 수렵으로 살아가는 민족들을 기준으로 볼

■ 깊이 읽기

미토콘드리아 디엔에이

미토콘드리아는 세포질에 있는 소기관으로, 사립체絲粒體라고도 하는데 실타래처럼 생겼다. 미토콘드리아는 세포의 호흡과 에너지 생산에 절대적인 작용을 하며, 유기물을 산화시켜 우리 몸에 필요한 에너지를 생산한다. 거의 대부분의 디엔에이가 핵 안에 존재하지만 세포질 안의 '미토콘드리아'에도 소량의 디엔에이가 있다. 미토콘드리아 디엔에이는 세균들처럼 이분법으로 증식하며 핵의 디엔에이와 섞이지 않는다. 모계의 미토콘드리아만 유전된다는 사실은 디엔에이 분석이 발달하면서 가계조사나 인류 계통 조사에 응용되기도 했다. 1980년대 전 세계 135명의 여성을 뽑아 미토콘드리아 디엔에이를 추출, 유사성을 조사한 결과 현 인류가 하나로 합쳐지는 분기점이 약 15만 년 전 아프리카이며 어느 한 여성이 인류의 공통 조상이 된다는 결과가 나왔다. 이 미토콘드리아를 남긴 위대한 여자 조상을 '미토콘드리아 이브'라고 부르기도 한다. 옮긴이

때 이 초창기 인간들은 여성과 여성들의 기여에 대해 깊은 존경심을 가졌을 것이다. 여성은 행동의 자유가 있었고 한 남성에게만 성적으로 봉사하지 않았다. 상담하고 지도하고 치료하고 규칙을 만드는 이는 여성이었다. 그리고 무엇보다도 신성한 신비를 보유한 존재로서의 특별한 지위를 누렸다. 바로 출산이었다.

기원전 4만 년~기원전 1만 년
―오스트레일리아와 아메리카에 나타난 최초의 인간

호미니드는 아프리카, 유럽, 아시아만을 식민화했다. 그러나 인간은 더 멀리 뻗어 나가 미개척지로 남아 있던 오스트레일리아와 아메리카 대륙도 차지했다. 기후의 도움도 받았다. 마지막 빙하기였기 때문에 남쪽 멀리, 즉 지금의 베를린, 런던, 시카고 지역까지 빙하가 뻗어 있었고 얼음 때문에 해수면이 낮아졌다. 지구온난화 때문에 극지의 얼음이 녹아 해수면이 상승하는 위협에 처한 지금과 정반대의 현상이 나타난 것이다. 해수면이 낮아지자 물속에 잠겨 있던 육로가 드러났다.

그래서 오스트레일리아, 파푸아뉴기니, 인도네시아, 필리핀은 하나의 대륙에 붙어 있거나 배를 이용해 쉽게 갈 수 있을 정도의 거리에 있었다. 그리고 마지막 빙하기의 어느 순간, 최초의 오스트레일리아인이 사람이 살지 않던 대륙에 발을 디뎠다. 이들은 대륙 전체로 퍼져 나갔고 다른 인류와 고립된 채 자신들의 독립적인 문화적 전통을 수립했다. 다시 교류가 시작된 것은 유럽인들이 배를 타고 이 지역에 나타난 수만 년 후의 일이다.

거의 비슷한 시기에 아시아의 용감한 유목민 무리가 또 다른 육로를 통해 지금은 시베리아와 알래스카를 가르는 해협인 베링해협을 건너갔다. 이들은 활짝 열린 풍요로운 새 땅의 광활한 공간으로 퍼져 나갔고 빙하기가 끝날 무렵에는 얼어붙은 북쪽에서 중부의 사막과 열대우림을 지나 지금의 티에라델푸에고에 해당하는 쌀쌀한 땅 끝에 이르러 사실상 아메리카 전역에 퍼지게 된다. 그로부터 얼마 뒤 해수면이 다시 상승하기 시작해 세계를 둘로 갈랐고 초기 아메리카인들은 독립적인 문화를 발전시키게 되었다.

이 당시의 세계 인구는 오늘날 대도시 하나에 거주하는 인구 수준인 천만 명을 넘지 않았다. 그리고 이때 이미 지리적 위치에 따라 인종이 분포하게 되는데 지금 우리가 생각하는 분포와 거의 일치했다. 검은 피부를 가진 사람들은 아프리카에, 희거나 황색의 피부를 가진 사람들은 유럽과 인도에, 그리고 '동양적' 특성을 지닌 사람들은 극동과 아메리카에 살았다. 이렇게 된 데는 자연선택이라는 원인이 존재한다. 가령 아프리카에 사는 사람들이 가진 어두운 피부색은 열대의 뜨거운 태양으로부터 인간을 보호하는 역할을 담당했다.

기원전 9000년―지구를 길들이다

대부분의 사람들은 채집과 수렵 활동으로 생계를 유지해 나갔다. 그리고 어떤 무리는 지금까지도 이 같은 방식으로 살고 있는

남성이 사냥꾼이라는 신화

사람들은 동굴에 살았던 최초의 인간이 강인하고 난폭하고 잔인하며, '본능적' 공격성을 먹을거리 확보를 위한 동물 사냥으로 해소한다고 여긴다. 또한 남성을 위해 요리하고 남성의 성적 욕망을 충족시키며 남성의 아이를 낳아 주는 여성의 머리채를 잡아 질질 끌고 다니는 모습으로 기억한다.

그러나 이러한 모습은 실제라기보다는 남성 전문가들의 열광적인 상상과 바람에 더 가깝다. 여기에서 개인적 견해에 따라 역사가 왜곡된다는 객관적인 교훈을 얻을 수 있다. 다윈의 전통에 따라 화석과 두개골을 연구하기 시작한 이래, 학자들은 인류가 자신의 모든 진화적 에너지를 신체 진화가 아닌 두뇌 발달에 쏟은 이유를 알고 싶어 했다. 그리고 이들은 시대를 거슬러 모든 인간 발전의 열쇠를 수렵시대에서 찾았고 진화는 폭력적인 남성들 간의 육체적 투쟁으로 환원되었다.

대중적인 동물학자 데스몬드 모리스(Desmond Morris, 『털 없는 원숭이』의 저자. 옮긴이)는 여성이 지금과 같은 신체 구조를 가지게 된 것은 사냥꾼 남성 때문이라고 설명한다. 모리스는 최초의 호미니드가 두발로 걷게 되면서 남성은 마주보는 자세로 성행위를 하고자 했고, 엉덩이가 쓸모없음을 깨달은 여성은 남성의 욕망에 맞춰 가슴을 부풀게 만들었다고 한다. 사실 모유를 먹이기 위해서 가슴을 키웠다는 설명이 훨씬 그럴듯하다.

이와 유사한 사례로 미국 작가인 로버트 아드레이*는 여성의 신체 기관이 고된 사냥을 마치고 돌아온 남성에게 보상을 해 주기 위해서 진화된 것이라고 믿는다. 여성 자신의 즐거움이나 종족을 퍼뜨리는 데 유리하기 때문이라는 설명은 여성의 진화와 무관하다고 여긴다. 과학계에서는 이런 주장을 신뢰하지 않지만 대중들은 순식간에 그 매력에 빠져들었다.

우리 시대에 지금까지도 채집과 수렵으로 살아가는 사람들은 초창기 인간들의 생활사를 들여다볼 기회를 제공한다. 이 집단에서 수렵 활동은 95퍼센트가 남성의 몫이다. 그러나 수렵만으로는 충분한 식량을 조달할 수 없다. 아프리카의 뜨거운 기후에서는 고기를 오래 보관할 수 없기 때문이다. 이를테면 보츠와나의 산San 부족은 한 달에 일주일만 사냥한다.

산 부족처럼 수렵에 종사하는 다른 모든 남성들은 나머지 시간 동안 여성이 채집하는 견과류, 열매, 약초, 채소를 먹는다. 여성이 고기를 제공하는 남성에게 의존하지 않았음을 알려 준다.

식량 채집은 기억력과 세심한 기술을 요하는 일이다. 물론 땅을 파기 위해 도구도 필요하다. 그러나 인류의 뇌 진화에 더욱 중요한 기여를 한 요소는 아이를 돌보는 일이었다. 인간의 아이가 자립하기까지 걸리는 시간은 유인원보다 길다. 게다가 신체적인 측면에만 국한된 것도 아니다. 인간의 아이들은 더 복잡한 사회를 학습해야 하기 때문이다. 놀이와 다양한 활동을 통해 아이에게 자극을 주는 일은 뇌의 발전에 막대한 기여를 했음에 틀림없다. 놀이와 여러 활동을 통해 아이들에게 지적 자극을 주는 것은 요즘에도 동일하다.

인간 발전에서 핵심 역할을 담당한 활동이 수렵이라는 주장은 오래전부터 있어 왔다. 수렵이 있었기에 인간이 생존하고 번영하고 지구를 물려받을 수 있었다는 주장이다. 그러나 그보다 훨씬 중요한 진전은 전적으로 여성의 몸속에서 일어났다. 영장류의 암컷은 발정기에만 성적 욕구를 가지지만, 인간은 월경을 하게 된 것이다. 침팬지, 고릴라, 오랑우탄 같은 거대 영장류는 발정기가 드물게 찾아오기 때문에 5년이나 6년 사이에 한 마리의 새끼를 낳는다. 이러다 보니 멸종의 위험이 높아져 생존에 적합한 환경에서만 살 수밖에 없다.

인간 여성의 경우 1년에 열두 번씩 임신의 기회가 찾아오기 때문에 재생산 능력이 훨씬 커졌고 최악의 환경에서도 종의 생존이 가능하게 되었다. 물론 남성이 인간 발전에 기여한 것은 말할 나위 없다. 다만 여성의 기여에 대해서만 강조하는 것은 지금까지 여성의 기여가 철저하게 잊혀졌기 때문이다. 석기시대의 문화는 만화에 나오는 모습과 전혀 달랐다. 인간은 야비한 살인자나 공격성에 사로잡힌 존재가 아니었다. 수렵은 한 사람의 영웅적인 활동이라기보다는 맹수와의 충돌을 피하기 위해 함정을 파는 일 같은 집단적 활동이었다. 일반적으로 여성과 남성은 서로의 기술에 의존하는 협력자 관계를 형성했다.

특이하게 석기시대를 의도적으로 부정확하게 표현한 만화 『고인돌 가족 *Flintstones*』은 등장인물들이 이 시대를 살아가는 우리와 크게 다르지 않다는 점에서 유용하다.

석기시대의 남성이 사냥꾼이라는 허상을 만들어 낸 '본능적 공격성' 따위를 운운하면서 여성과 남성의 차이가 불가피하다고 논의하는 남성들을 주의하라. 이런 남성들은 자신의 환상 때문에 미쳐 가고 있는 중이다.

---

* 로버트 아드레이Robert Ardrey
고인류학에 대한 전문 지식이 없는 평범한 독자들을 대상으로 과학책을 쓴다. 그의 관심사는 인류학, 동물행동학, 고생물학, 인류의 진화 분야를 아우른다. 아드레이는 수렵 가설과 살인자 유인원 이론 (전쟁과 인간 상호 간의 공격성이 인간 진화를 추진한 원동력이라고 보는 이론)을 정교한 논리로 옹호하는 사람들 중 하나다. 옮긴이

데 이들의 생활 방식이 환경에 완전히 밀착되어 있어 발전할 필요를 느끼지 못했기 때문이다. 최근 처음으로 마주치게 된 아마존 부족은 지금까지도 그들을 에워싼 주변의 정글에 의존해 생활해 왔다.

그러나 세계의 다른 지역에서 인구는 식량을 얻는 새로운 방식을 고안해 내지 않으면 안될 만큼 증가했고 결국 동물을 사육하게 되었다. 지금의 이라크 북부 지역에서 기원전 9000년경 처음으로 양을 사육하게 되었고 이후 2천 년에 걸쳐 염소, 돼지, 소를 길들였다. 그러나 더 중요한 것은 지금까지 야생에서 채집하던 작물의 재배를 시도하기 시작했다는 점이다. 기장과 쌀을 처음 경작한 곳은 기원전 1만 년 무렵의 동남아시아였을 것으로 추정된다. 그러나 작물 재배를 발전시킨 곳은 서아시아로 알려져 있다. 기원전 7000년에는 이 지역 전역에 밀과 보리가 전파되며 곧 지금의 파키스탄 지역인 인더스 계곡까지 전파되었다. 잉여 농산물이 늘어났다는 사실은 최초의 도시가 탄생했음을 의미한다. 가장 먼저 나타난 것으로 알려진 도시는 여리고Jericho의 팔레스타인 정착지로, 기원전 9000년에 작은 마을로 시작해 천 년 이상 유지되었다. 나중에는 진흙 벽돌로 지은 집으로 가득한 도시로 발전했으며 그 면적은 3만 제곱미터 정도였다.

기원전 5000년―고대의 불평등

사람들이 도시로 모여들면서 모든 것이 변했다. 홍역과 결핵 같은 질병이 더 쉽게 퍼졌다. 당시의 기대 수명은 여성이 30세, 남성이 35세였을 것으로 추정된다. 이러한 추정치에 우월감을 느낀다면 오늘날 짐바브웨의 평균 기대 수명은 37세로 그때와 별반 다르지 않다는 사실을 기억하자.

또한 도시의 생활 방식은 새로운 종류의 사회를 창조했다. 유목민들은 소유물을 거의 활용하지 않았다. 왜냐하면 소유물이란 들고 다녀야 할 짐에 불과했기 때문이다. 반면 정착민들은 정착하자마자 도자기를 굽고 구리나 금을 세공하기 시작했다. 아름다운 이 물건들은 곧 신분과 지위를 상징하게 되었다. 부자와 가난한 자 사이의 격차가 나타났고 하는 일의 종류에 따라 사회 계급을 분리하기 시작했다. 불평등은 도시에서 살게 되면서 나타난 최초의 결과 중 하나다. 아직까지도 우리는 불평등에서 벗어나지 못했다.

파라오와 여사제

최초의 문명이 나타나고 지성에 대한 열망이 싹트기 시작한다. 그리고 모든 사람
들을 영구히 지배하려는 끔찍한 준비도 이루어진다.

문명. 그 사전적 의미는 사람들이 소도시나 도시에서 함께 살
아감을 의미한다. 그러나 "문명화되었다."는 말은 인류 최고의
미덕이라는 숨은 뜻을 가지게 되었다. 다른 단어들처럼 상대되는
단어, 즉 야만이라는 단어를 통해 그 의미를 획득한다. 인간이라
는 존재는 다른 사람들의 생활 방식을 저급한 것, 혹은 원시적인
것으로 깎아내리는 경향을 가진다. 그리고 최초의 소도시 및 도
시에 거주한 사람들은 아직도 채집 활동에 의존해 먹을거리를 마
련하는 사람들을 무식하고 공격적인 사람들로 취급했다. 그러나
'문명' 나름의 야만이 생겨났으니 바로 전쟁과 노예제였다.

최초의 진정한 문명은 기원전 3500년 무렵 지금의 이라크 지역
인 티그리스 강과 유프라테스 강 사이에 있는 수메르Sumer에서 나
타났다. 약 백 년 후 이집트에서는 수메르와 별도의 문명이 발전
했다. 예로부터 우리는 수메르와 이집트를 일종의 특별 발전 지역

으로 묶어 이들을 문명의 창시자로 파악해 왔다. 지중해가 근대 유럽 문화의 뿌리라는 이유만으로 전통에 얽매인 역사가들은 이곳을 인류가 이룬 모든 발전의 주요 원천으로 쉽게 이해했다.

그러나 최근의 발견에 따르면 최초의 이집트인들은 사실 사하라 중앙에서 북쪽으로 이동한 아프리카인이었다고 한다. 아프리카인들은 비옥했던 자신들의 땅이 기원전 4000년 전후로 건조해지기 시작하면서 이집트로 건너왔다.

일부는 서아프리카의 숲으로 우거진 지역을 향해 남쪽으로 내려갔다. 이것으로 이집트 지역과 서아프리카 사이에 존재하는 여러 유사한 전통을 설명할 수 있게 되었다. 왕정이라는 사고는 전통적으로 이집트에서 기원했다고 여기지만 사실은 아프리카에 뿌리를 두고 있다. 고고학자들은 지금의 수단 지역에 존재했던 누비아 왕국이 왕권을 계승했던 열두 명의 왕에 의해 통치되었다는 사실을 발견했다. 이들은 모두 파라오 이전에 살았던 왕들이다.

기원전 3000년 — 아시아의 개척자들

역사가들이 지중해 지역을 집중적으로 다루다 보니 인도와 중국에서 형성된 초기 문명들은 소홀히 다뤄졌다. 그러나 인도인들은 여러 측면에서 이집트인들보다 훨씬 많은 진전을 이뤘다. 인도인들은 근거지인 인더스 계곡에서 시작해 125만 제곱킬로미터에 이르는 제국을 지배했는데 4만 제곱킬로미터를 통치했던 이집트와 대조를 이룬다. 그리고 하라파 같은 인도의 도시에는 정

위대한 여신

태초에 신은 여성이었다. 최소한 2만 5천 년 동안 사람들은 만물의 어머니에게 경배를 드렸다. 유대교, 크리스트교, 이슬람교의 아버지 하나님을 섬기게 된 시간은 여신을 섬긴 시간의 십분의 일에도 못 미친다.

위대한 여신에 대한 경배는 여성과 자연의 명백한 관계에서 나왔다. 여성은 달의 주기에 정확히 맞춰 반복적으로 피를 흘렸다. 사람들은 아이가 탄생하는 기적적인 과정에서 남성이 맡은 역할이 무엇인지 이해하지 못했기 때문에 아이를 생산하는 일은 더 마술적이고 지극히 중대한 일로 여겨졌다. 아이의 영혼이 연못이나 나무에 살고 있다가 태어나고 싶을 때 아무 여성에게나 들어간다고 믿는 토착민도 있었다. 한 위대한 어머니가 세계를 만들었다고 믿는 것이 자연스러웠다. 그러므로 바빌로니아의 여신 이슈타르*는 우주의 자궁이었고 로마 신화에 등장하는 어머니 지구 가이아Mother Earth Gaia는 모든 것을 느끼고 모든 것을 아는 심연인 최초의 질에서 태어났다.

그러나 위대한 여신은 삶과 동시에 죽음도 관장했다. 위대한 여신은 돌봄의 대가로 희생을 요구할 수 있었다. 사람들은 여신이 왕성한 성욕을 가졌다고 여겼기 때문에 주로 성적인 희생이 따랐다. 작물이 열매를 맺고 동물이 새끼를 낳는 것은 여신의 성행위와 성적 즐거움의 부산물에 불과했다. 그래서 매년 여신에게 미소년을 바치는 풍습이 여러 문화에서 나타났다. 원래 '왕'이라는 칭호는 여신에게 희생 제물로 바쳐진 미소년에게 명예로 주어진 이름이었다. 아시리아의 여신 아나이티스Anaitis에게는 일 년에 한 번 가장 아름다운 소년이 제물로 바쳐졌다. 온몸을 금색과 붉은색으로 칠한 소년은 같은 색의 옷을 입고 마지막 낮과 밤을 아나이티스 여신의 여사제와 공개적인 장소에서 성을 나누며 보낸다. 그 뒤 소년은 금빛 옷에 싸여 불에 태워졌다.

이러한 현상이 여성의 지배를 의미하는 것은 아니다. 여성이 많은 권력을 행사했다는 사례들은 많이 남아 있지만, 훗날 가부장제의 모습을 그대로 반영하는 가모장제의 시대는 없었다. 아시리아의 경우 삼무라마트 여왕**이 섭정으로서 기원전 810년부터 기원전 805년까지 통치했고 죽은 뒤 전쟁의 여신 세미라미스로 추앙되었다. 고대 이집트 왕조의 파라오는 남성이었지만 권력은 여성에게 승계되었다.

그러나 결국 위대한 여신은 남성 신들에 의해 폐위되고 만다. 폐위 과정은 여러 문화에서 다른 시기에 다른 속도로 이루어졌다. 수백 년 혹은 수천 년이 걸리기도 했다. 남성들이 탄생에서 자신이 맡은 역할을 이해하게 되면서 여신 폐위 현상이 시작되었다는 설명이 보편적이다. 이 변화는 사회적 요인과도 연관된다. 수천 년 동안 여성들은 정원을 가꾸어 식량을 재배하는 책임을 맡아 왔다.

그러나 기원전 6000년 무렵 인구가 급증하면서 더 집약적인 농업으로 전환되었다. 더불어 자연을 길들여야 할 무엇으로 파악하게 되었다. 남성들이 이 역할을 떠맡았다. 남성들은 여성을 대하듯 수동적인 들판을 대상으로 쟁기질을 하고 씨를 뿌렸다. '농업husbundry' 이라는 단어는 여기에서 유래했다. 한편 도시 사회의 조직이 군사화 될수록 육체적 힘에 더 센 남성들이 우위를 차지하게 되었다.

그러나 이유야 어찌됐든 이제는 남근이 살아 있는 모든 것의 신성한 근원으로 여겨져 경배의 대상이 되었다. 남근 모양의 기둥은 그리스 전역에 퍼져 나갔고 인도에서는 시바가 큰 남근을 가졌다는 이유만으로 나머지 두 주신에 대한 지배권을 확립했다. 수천 년 동안 시바의 사제는 벌거벗고 다니며 종을 울려 여성들이 자신의 생식기에 입 맞추도록 했다.

그러므로 여신은 버려졌다. 여신을 끌어내린 이 혁명은 대부분의 신화에 나타난다. 처음에는 위대한 창조주 어머니로 시작하지만 곧 그녀의 아들이나 애인이 더 많은 권력을 가지게 되어 결국에는 여신을 제치고 그가 홀로 통치하게 된다. 가장 단순한 신화로는 셈계 바빌로니아인의 신화를 들 수 있다. 주신 마르두크marduk는 만물의 어머니 티아마트Ti' amat와 전쟁을 벌인 끝에 그녀를 조각낸다. 마르두크는 티아마트의 조각난 몸으로 세계를 형성했다.***

케냐의 키쿠유Kikuyu 부족은 남성 조상들이 어떻게 한 날을 정해 여성을 정복해 강간하고 9개월 후 여성들을 지배하게 되었는지를 상기시킨다. 아스텍에서는 매년 12월에 대지와 옥수수의 여신인 일람테추틀리Ilamtecuhtli 복장을 한 여성의 목을 벤 뒤 그녀의 복장을 입고 가면을 쓴 사제에게 그 목을 바치는 의식을 치른다.

그러나 이것은 시작에 불과하다. 기원전 600년에서 기원후 600년의 천2백 년 동안 다섯 개의 주요 종교들이 모습을 드러냈다. 이 종교들은 모두 남성 유일신의 신성한 말씀을 근거로 태동했다. 이후로 남성의 권력은 그 어느 때보다 공고해졌고 가부장제 시대가 열렸다.

---

*이슈타르Ishtar
바빌로니아 신화에 나오는 여신이다. 미와 사랑의 여신이며 동시에 전쟁의 여신이기도 하다. 옮긴이

**삼무라마트 여왕Queen Sammuramat
아시리아의 모후로 알려진 삼무라마트는 어린 아들 아다드니라리 3세(Adad-nirari III, 재위 기원전 810년~기원전 783년)를 위해 섭정했다고 한다. 그리스어로 세미라미스Semiramis라고도 부르며, 세계 7대 불가사의 중 하나인 바빌론의 공중 정원을 건설했던 것으로 추정되기도 한다. 옮긴이

***고대 바빌로니아의 신 마르두크는 '태양의 아들'이라는 뜻으로 '신들의 왕'으로 오랫동안 숭배되었다. 창세創世 전설에서는 세계를 창조한 여성적 힘을 상징하는 티아마트를 죽여 그 시체로써 천지를 창조하였다고 한다. 옮긴이

교한 배수로를 갖춘 격자 형태의 도시 체계가 펼쳐져 있었다.

그러나 이들이 이룩한 가장 위대한 업적은 선박 건조 기술이다. 이들은 유럽인들이 이 정도 선박 건조 기술을 갖추기 3천 년 전에 이미 바람을 최대한 활용할 수 있도록 세 개 또는 네 개의 돛대를 가진 범선을 건조했다. 인도인들은 이 범선을 타고 태평양을 가로질렀을 것으로 보인다. 기원전 2500년의 페루산産 면직물을 짜는 데 사용된 면사는 하라파인들이 재배했던 목화 품종에서 그 기원을 찾을 수 있기 때문이다.

그 사이 중국에서는 도시에 근거한 최초의 제국이 태동했다. 기원전 1700년 무렵 세워진 이 제국의 이름은 상商이며 64만 7500제곱킬로미터에 걸쳐 있었다. 상나라는 황허黃河 유역의 유목민 정복자들이 세웠을 것으로 추정된다. 이들은 이미 2천 년 전부터 쌀을 재배했고 3천 년 동안 기장을 재배했다.

기원전 2500년―고된 노동과 과대망상증

이 최초의 문명들은 눈부신 발전을 이룩했다. 이 제국 전역에 퍼져 살았던 보통 사람들의 생활은 아주 비슷했을 것이다. 대부분은 농사를 지으며 단순하게 살았을 것이고 물물교환을 통해 이따금 교역이 이루어졌을 것이다. 그러나 때로 그들은 다른 국가를 상대로 벌이는 전쟁에 나가 목숨을 걸거나, 통치자의 더 큰 영광을 위한 노동에 투입되느라 경작을 포기해야만 했다. 수천 명의 평범한 이집트인들은 기자의 대大피라미드를 건설하다가 죽

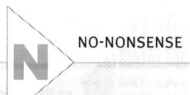
최초의 문명들

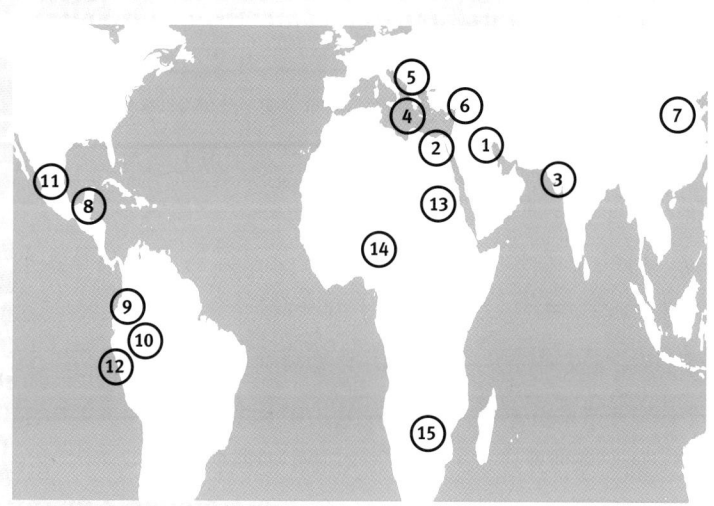

	기원전						기원후		
	3500	3000	2500	2000	1500	1000	0	500	1000	1500

메소포타미아 수메르 ①

이집트 　　　　고왕국 ②

인더스 　　　　하라파 ③

크레타 　　　　　미노아 ④

그리스 　　　　　미케네 ⑤

터키 　　　　히타이트 ⑥

중국 　　　　　상 ⑦

메소아메리카 　　　　　　　　마야 ⑧　아스텍 ⑪

안데스 　　　　　　　⑨ 모체와 나스카 ⑩　잉카 ⑫

아프리카 　　　　　　　　쿠시 ⑬　요루바 ⑭

남아프리카 　　　　　　　　　　　짐바브웨 ⑮

▶출처—Third World Atlas, Open University 1994의 자료를 토대로 작성.

어 갔다. 기자의 각 피라미드는 앞선 파라오보다 더 큰 피라미드
를 건설하고 싶어 했던 과대망상에 빠진 파라오들이 건설했다.

기원전 2000년―종교와 저술

농부들이 자신들에게 필요한 양보다 많은 먹을거리를 생산할
수 있게 되자 여러 기술과 전문적인 일을 특화시키는 사람들이
나타났다. 가장 먼저 나타난 전문직으로는 사제를 들 수 있다. 보
통 초기 문명에서는 여성이 사제직을 수행했다. 그리고 신 역시
여성이었다. 기원전 2만 5천 년 무렵부터 남부 러시아의 스텝 지
역에서 오스트레일리아에 이르는 세계 전역에서 위대한 어머니
여신을 경배하기 시작했다.

그러므로 여성의 지위는 지금보다 훨씬 평등했다. 이집트에서
부인은 독자적으로 재정을 운영했는데 남편이 돈을 빌리면 이자
를 받을 수 있었다. 결혼식에서 남편은 부인이 원하는 것에 절대
반대하지 않겠다고 서약했다.

세계 최초의 기록 문자는 수메르의 도시 우루크(Uruk, 성서상 지
명은 에레크Erech)에 있는 여신의 사원에서 출토되었다. 각 문명의
문자들이 뚜렷한 차이를 보이는 관계로, 개별적으로 문자를 발전
시켰을 것으로 추정된다. 이집트인과 중국인들은 그림으로 문자
를 표현한 반면 수메르인들은 추상적 상징을 활용하는 근대적 개
념에 더 근접한 문자를 발전시켰다. 그리고 우리가 사용하는 시
간 측정법은 이 최초의 문명들에서 나온 것이다. 수메르인들은

최초의 기록 문자

현재까지 알려진 가장 오래된 문자는 쐐기 문자cuneiform script로 기원전 3000년 경부터 수메르인이 고안해 내기 시작했다. 처음에는 그림 문자로 시작되었지만 시간이 지나면서 그림들이 단순해지고 더 추상적으로 변해 갔다. 점토판에 갈 대로 만든 쓰기 도구를 활용해 문자를 기록했다. 갈대로 만든 쓰기 도구가 점토 판에 남긴 모양이 쐐기 모양이었기 때문에 쐐기 문자라는 이름을 가지게 되었 다. 옮긴이

한 시간을 60분으로, 일 분을 60초로 나눴고 이집트인들은 일 년을 365일로 나눴다. 하지만 자신들이 고안해 낸 시간 측정법이 후손들을 옭아맬 것이라고는 생각해 보지 않았을 것이다.

2

전쟁과 선지자

강대국과 야만족

신과 정신적 삶

WORLD HISTORY

정착지를 만들던 사람들과 울타리를 넘보던 야만
족들의 전쟁은 끝날까?
끝없는 갈등이 계속되는 현실에서 인류는 정신적
인 피안을 찾을 수 있을까?

03

강대국과 야만족

도시국가는 제국으로 변하고 무의미한 전쟁은 고차원의 예술로 승화된다. 제국은 주변의 유목민들을 두려워한다. 그 두려움에는 그럴 만한 이유가 있다.

최초의 문명이 등장한 이후에도 유목하는 집단은 여전히 넓은 지역을 떠돌아다녔다. 아메리카와 오스트레일리아, 사하라 이남의 아프리카 유목민들은 다른 생활 방식이 존재한다는 것을 알지 못했다. 유럽과 아시아의 유목민들은 정착 사회와 더 많이 접촉했다. 유목민들은 여름과 겨울마다 가축 떼를 몰고 목초지를 따라다녔기 때문에 계절에 따른 이동을 중심으로 사회생활이 구축되었다. 이들은 씨족 단위로 생활했으며 크게 세 민족으로 나누어 볼 수 있다. 하나는 몽골계 민족Mongolian으로 중앙아시아의 초원 지대를 떠돌았으며 말을 다루는 기술이 탁월했다. 다른 하나는 셈계 민족Semitic people으로 아라비아의 사막에서 염소와 양을 기르며 살았다. 마지막으로는 유럽 대부분을 장악했던 아리아계 민족Aryans이 있다.

기원전 2400년 — 유목민 정복자

셈계 민족은 위대한 뱃사람으로 정착 문명에 처음으로 충격을 준 민족이다. 그중 한 집단인 페니키아인Phoenicians은 지중해 전역에 티레, 시돈, 카르타고 같은 무역도시를 건설했다. 한편 페니키아인들은 전사이기도 했다. 셈계 민족은 수메르의 도시국가를 침략해 정복하기 시작했다. 그리고 기원전 2400년에 이들의 지도자 사르곤Sargon이 수메르 전체를 통치했다. 훗날 셈계 침략자의 무리는 수도 바빌론을 중심으로 점차 안정되었다. 기원전 1800년 무렵 우리에게 알려진 최초의 법전을 편찬했던 함무라비 왕이 바빌로니아 제국을 통합했다. 함무라비 법전에는 오늘날의 시각으로 보아도 매우 진보적인 내용들이 많은데, 특히 여성과 남성을 평등하게 대했다는 점이 두드러진다. 예를 들어 이 법은 여성이 결혼할 때 받아야 하는 지참금과, 본래 소유한 토지 및 재산은 죽을 때까지 그녀의 소유로 남아야 한다고 규정했다. 또한 여성이 남성에게 학대를 당하면 남성과 이혼할 수 있었고 이혼한 후 남편은 아이의 양육비를 지불해야 했다.

기원전 1600년 — 전쟁과 평화

이후 수천 년에 걸쳐 전쟁과 평화가 교차했다. 이집트인들은 영토와 영향력을 두고 처음에는 바빌로니아인과, 이후에는 메소포타미아의 새로운 지배자로 등장한 아시리아인Assyrians과 우열을 다퉜다. 전쟁은 생활의 일부가 되었다.

3천여 년 전 위대한 이집트 도시 테베의 시민은, 아시리아의 티글라트 필레세르Tiglath Pileser 왕과 전쟁을 하지 않고 있는 세계를 이해할 수 없었다. 우리 대부분은 반세기에 조금 못 미치는 미국과 소련 사이의 경쟁의 그늘에서 수십 년을 살았지만 냉전은 반세기도 채 넘기지 못했다. 1066년에 벌어진 헤이스팅스 전투 이래로 냉전이 지속되었다고 상상한다면, 테베 시민의 정치 세계가 얼마나 변하기 어려운 것이며 변할 수 없는 것처럼 보였을지 조금은 이해할 수 있을 것이다. (278쪽 '잊혀진 파라오들' 참조)

기원전 2000년—아리아계 민족의 침략

역사가 우리에게 남긴 교훈이 있다면 그것은 모든 문명은 쇠퇴한다는 것과, 그 문명을 둘러싼 다른 민족의 활발한 기운을 동력으로 삼아 소생한다는 것이다. 고대 세계에서 이러한 변화를 만들어 낸 것은 언제나 '야만족' 이었다. 중부 유럽의 아리아계 민족은 지중해를 위협했다.

히틀러는 '아리아계 민족' 이라는 단어를 낚아채 북유럽 게르만 민족이 '지배자 민족' 이라는 우스꽝스러운 개념을 설명하는 데 활용했다. 그러나 아리아계 민족의 혈통은 이보다 훨씬 광범위하게 퍼져 있다. 그리스 문명, 페르시아 문명, 로마 문명, 베다 힌두 문명 등 위대한 여러 문명은 모두 유럽에서부터 이주해 정복한 뒤 도시 생활을 받아들인 유목민 야만족에 그 기원을 두었다.

아리아계 민족은 광범위하게 퍼져 나갔다. 나치 독일이 그랬

듯, 유목민의 생활 방식으로는 감당할
수 없을 만큼 인구가 급속히 불어난 이
들에게도 '레벤스라움'이 필요했다. 이
들은 밀을 재배했지만 추수가 끝나면 소
달구지를 타고 이동했다. 그래서 아리아
계 민족의 인구는 새로운 지역으로 퍼져

• 레벤스라움Lebensraum―생
활공간을 뜻하는 독일어다.
히틀러는 순수 아리아계 게르
만인의 생활공간을 확보하겠
다는 집착으로 전쟁까지 벌였
다. 옮긴이

나갈 수밖에 없었고 필요하다면 정복도 불사했다.

한 무리의 침략자들이 영국과 아일랜드로 밀려들어 갔고 청동
무기를 활용하여 선주민을 복속했다. 최초의 정복자는 켈트인의
일파인 게일인Gaelic Celts으로 스톤헨지와 에이브버리의 거석주
를 세웠다. 하지만 철기 무기를 가진 이후 침략자들에 의해 아일
랜드와 스코틀랜드로 쫓겨나게 된다. 이 두 번째 침략자는 켈트
인의 일파인 브리손인Brythonic Celts이며 이들은 다시 그 뒤에 등
장한 침략자들에 의해 웨일즈와 콘월로 밀려나게 된다.

기원전 2000년―힌두 카스트 제도의 기원

아리아계 민족은 훨씬 동쪽에도 영향을 주어 인도에까지 이르
렀다. 기원전 2000년경 최초의 인더스 문명이 소멸했다. 누구도
그 정확한 이유는 모른다. 인더스 강이 범람해서, 혹은 전염병이
창궐해서 소멸했다는 설명이 일반적이지만 말을 타고 도착한 아
리아계 침략자들의 물결에 의해 파괴되었을 가능성도 있다. 고대
힌두 문헌인 베다는 이때 도착한 아리아계 민족을 찬미했으며 아

리아계 민족의 언어는 성스러운 산스크리트어가 되었다. 창백한 피부색의 아리아계 민족은 인도의 선주민인 드라비다인Dravidians 들과 혼합되기를 처음부터 거부했다. 그래서 엄격한 사회 신분제 인 카스트 제도 ■가 만들어졌다. 오늘날에도 인도에서는 더 높은 카스트에 속한 사람들이 더 낮은 카스트에 속한 사람이나 불가촉 천민보다 밝은 피부색을 가지고 있다.

기원전 538년―페르시아제국

아시리아 같은 강대국도 아리아계 민족의 확장으로 고통을 겪 었다. 아시리아는 한 세기에 걸친 야만족의 거듭된 침략으로 약 화되었고 남쪽의 셈계 칼데아인Semitic Chaldeans과 북동부의 아리 아계 페르시아인Aryan Persians이 전례 없이 연합해 침공해 오자

■ 깊이 읽기

카스트 제도

'카스트'는 포르투갈인들이 붙인 이름으로 인도인들은 자신들의 계급제도 를 '바르나(색깔)'라고 부른다. 지배층인 아리아인과 피지배층인 선주민의 피부색이 다른 데서 비롯되었다. 사제 계급인 브라만, 왕족이나 무사 계급 인 크샤트리아, 평민 계급인 바이샤, 노예 계급인 수드라가 있고 카스트 제 도의 4신분인 수드라에도 끼지 못하는 불가촉천민이 있다. 카스트 제도는 브라만교의 바탕이 되었다. 옮긴이

멸망했다. 멸망한 아시리아는 둘로 나뉘어 거대한 두 개의 제국이 탄생했다. 첫 번째 제국은 칼데아인이 바빌로니아에 새로 세운 제국으로 네부카드네자르 대왕 치세에 부와 권력이 최고조에 달했다. 그러나 기원전 538년 두 번째로 등장한 대제국인 페르시아제국에 통합된다.

기원전 500년의 **페르시아제국**

다리우스 1세가 통치한 페르시아제국은 유례없이 거대한 제국이었으며 오늘날의 기준으로 볼 때도 어리둥절할 만큼 광대했다. 페르시아제국은 이집트에서 인도, 아라비아에서 카스피 해에 이르는 영역을 차지했고, 이 광대한 제국을 말과 전차를 활용해 의사소통을 더 신속하게 함으로써 다스릴 수 있었다. 페르시아인들은 세계 최초로 도로를 건설한 사람들이었다.

기원전 1000년―최초의 봉건제

중국에게도 야만족은 골칫거리였다. 중국을 괴롭힌 야만족은 초원에 살면서 말 타는 법과 말 다루는 법을 처음으로 익혔던 몽골계 민족이었다. 그러나 기원전 11세기 중국은 통일 중국으로의 중요한 한걸음을 내딛었다. 변방의 국가 주周가 상을 물리치고 새로운 왕조를 열었으며 남쪽으로 뻗어 양쯔 강에 이르는 지역의 민족들을 모두 복속했다. 주 왕조는 세계 최초의 봉건국가였다.

유럽은 이와 유사한 유감스러운 사회체제를 가지기 위해 천여 년 이상을 기다려야 했다. 황제를 지지하는 자들은 봉토를 하사받고 이들은 다시 자신들을 지지하는 자들에게 토지를 제공했다. 피라미드의 밑바닥에 있는 농민들은 주인이 익숙한 생활 방식을 유지할 수 있도록 식량과 부를 생산해 내느라 죽도록 고생했다.

주 제국이 기원전 771년 침략자에게 굴복했을 때도 봉건제는 변함없이 살아남았다. 중국은 다시 분열기로 접어들어 백여 개의 제후국으로 분할된다. ▪ 제국의 분할이 농민들에게 나쁘다고만은 할 수 없지만 제후들이 이웃 나라와 전쟁을 치르겠다고 결심하면서 불행이 시작되었다. 수백만의 보통 사람들은 목숨을 위협하는 전쟁터에 강제로 끌려 나갔다. 기원전 771년에서 기원전 221년 사이에 평화가 깃든 기간은 고작 120년에 불과하다.

■ 깊이 읽기

춘추전국시대

주는 기원전 771년 견융犬戎의 침입을 받고 급격히 쇠퇴하여 수도를 동쪽으로 옮겼다. 수도를 옮기기 전을 서주, 수도를 옮긴 이후는 동주로 불러 구분하며 동주 시대를 춘추시대라 부르기도 한다. 춘추시대에는 백여 개의 제후국이 난립했다. 기원전 403년 한韓, 위魏, 조趙의 세 성씨가 제후로 독립한 이후부터 기원전 221년 진秦이 천하를 통일하기까지를 전국시대戰國時代라 부르는데 이 시기에는 강한 나라가 약한 나라를 병합하면서 진秦, 초楚, 연燕, 제齊, 한韓, 위魏, 조趙의 이른바 전국칠웅戰國七雄이 성립하게 된다. 옮긴이 조각나 있던 중국은 점차 변모하기 시작했다. 우선 교전국의 수가 일곱 개로 줄어들고 그 결과 무역이 증가하기 시작했다. 결국 기원전 318년 진秦이 이웃 나라들을 합병하기 시작했다. 일곱 개국 중 가장 서쪽에 있었던 진은 이전의 국가 간 갈등에서 벗어나 있었기 때문에 힘을 키울 수 있었다. 기원전 221년 중국은 통일되었고 오늘날 알려진 중국의 영어 명칭은 진에서 유래한 것으로 여겨진다(중국의 영어 명칭 차이나China가 진Ch' in에서 유래했음을 말한다. 옮긴이).

젊은 통치자였던 태자 정政은 자신에게 최초의 황제라는 의미를 가진 시황제始皇帝라는 이름을 붙이고는 사람들에게 과중한 군복무와 부역의 의무를 지우는 가혹한 법치주의 국가를 출범시켰다. 전국적인 도로망과 운하 건설, 문자의 표준화 같은 유용한 사업도 있었다.

만리장성은 약탈을 일삼는 몽골계 민족의 침입을 방어하기 위해 쌓기 시작했는데 달리 말하면 세계에서 가장 긴 무덤이라고 할 수 있다. 수많은 노동자들의 목숨을 앗아 갔기 때문이다. 물론 고대 문명은 그들이 세운 건축물을 통해 기억되기 마련이다. 하지만 군주 한 사람의 허영심을 미화시키는 그 건축물을 건설하기 위해 보통 사람들은 노동력을 착취당해야 했다는 사실 또한 기억해야 한다.

신과 정신적 삶

기원전 6세기 무렵 아시아 전역에 예언자들과 선지자들이 나타나 근대 주요 종교의 뿌리를 확립한다.

기원전 6세기 무렵은 인류 역사상 가장 주목할 만한 시기였다. 하지만 그 시대의 정치 지도자나 역사가 그 누구도 그로부터 25세기가 지난 오늘날을 살아가는 우리가 무엇으로 자신들의 시대를 기억할지 상상할 수 없었을 것이다. 여기에서 얻을 수 있는 교훈은 다음과 같다. 우리가 살아가는 시대는 컴퓨터와 항공 여행, 핵무기와 달 착륙의 시대로 기억되기보다는 다가오는 세기에 세계를 휩쓸 사상을 가진, 알려지지 않은 예언자의 탄생으로 기억될지도 모른다는 점이다. 에른스트 프리드리히 슈마허 같은 이가

에른스트 프리드리히 슈마허Ernst Friedrich Schumacher, 1911년~1977년

독일에서 태어나, 영국 옥스퍼드 뉴칼리지에서 경제학을 공부했다. 스물두 살 때부터 미국 컬럼비아 대학에서 경제학을 강의했으며, 실제 경험이 없는 이론화에 불만을 느껴 여러 분야에 진출해 기업가, 언론인, 경제학자, 환경운동가로 알려졌다. 성장 지상주의에 대한 성찰과 반성의 근거를 제공하고, 나아가 혁명적인 대안을 제시했던『작은 것이 아름답다Small is beautiful』는 시대정신을 사로잡은 세계적인 책이 되었다. 주요 저서로『내가 믿는 세상This I Believe And Other Essays』,『자발적 가난Less is More』등이 있다. 옮긴이

혹 그일지도 모른다.

공자와 노자

중국의 국가적 특성을 형성한 이는 황제가 아니라 전쟁을 지양
했던 기원전 6세기의 두 인물이었다. 바로 공자孔子와 노자老子
다. 공자는 작은 국가인 노魯나라 작은 고을의 귀족 출신으로 그
곳에 지혜를 구하고 가르치기 위한 일종의 학교를 세웠다. 공자
는 사람들이 질서정연한 사회에서 살아갈 수 있도록 진짜 정교하
게 만들어진 엄격한 통치 체계를 추구했다. 그의 사상은 종교라
기보다는 매우 보수적인 철학에 가까웠고 2천 년이 넘도록 이어
진 신분제의 초석이 되었다. 예상한 대로 여성들의 중요성은 인
정되지 않았다. 공자는 자연의 조화를 구성하는 다섯 가지 기본
관계를 강조했는데 그중에서 여성과 관련된 것은 남편과 부인의
관계를 다룬 내용 하나뿐이다. 공자는 자신과 뜻이 맞는 통치자
를 찾지 못했다. 하지만 기원전 478년 그가 사망한 뒤 공자의 사
상은 중국 북부를 가로질러 들불처럼 번져 나갔다.

중국 남부는 노자의 사상을 더 선호했다. 한때 제국의 장서실
관리직인 수장실사守藏室史를 역임했던 노자의 가르침은 더 신비
롭고 잘라 말하기 어려운 것이었다. 노자의 가르침의 요지는 생
명이나 자연이 서로 상대되는 성질인 긍정적 요인과 부정적 요
인, 즉 양과 음의 요인을 모두 가지는 개별적인 전체를 형성한다
는 것이다. 노자는 지구와 우주가 불변의 어떤 원리에 따라 스스

로를 통제한다고 주장했다. 그 원리를 도道라고 부르며 그의 저술에 근거한 종교는 도교道教로 알려지게 되었다. 생태 문제에 관심을 가지는 서양의 활동가들은 지구가 자기 스스로를 규제하는 생태계라고 생각한다. 이들은 최근 자신들이 가진 지구에 대한 관념과 지구상의 생명에 대한 도교의 개념 사이에 유사성이 있음을 인식하게 되었다.

고타마 붓다

기원전 600년 북인도를 지배했던 아리아계 민족은 갠지스 평원에 열여섯 개의 도시국가를 세우고는 서로 맹렬히 싸웠다. 기원전 563년경 이 작은 도시국가 중 한 곳의 영향력 있는 가문에서 태어난 아기가 바로 훗날 붓다가 될 고타마 싯다르타였다.

고타마는 물질적인 평안을 누릴 수 있는 집안에서 태어났으며 결혼해서 어린 아들을 두고 살았다. 그러다 어느 날 그의 인생이 송두리째 바뀌었다. 그는 자신이 행복하지 않은 이유를 궁금해했고 이 의문은 영적 진리를 추구하는 가난한 구도자의 길로 그를 이끌었다. 그는 진리를 얻고자 고행을 포함해 기존의 모든 방법을 동원했지만 허사였다. 마침내 자신만의 방식으로 깨달음을 얻은 그는 자신이 배운 것을 사람들에게 설파하는 일로 남은 생을 보냈다. 그가 깨달은 법(法, Dhamma)의 요지는 이기적인 욕망이 불행의 근원이라는 것이었다. 모든 존재는 환생한 존재이며 자신을 환생의 수레바퀴에 묶어 두는 정욕과 이기심으로부터 자유로워질 수 있는 방법을 찾기 위해 평생을 고투한다. 그가 전달하고자 했던 바는 그가 살아 있을 동안에는 널리 퍼지지 못했으나 다음 세기에는 널리 퍼져 나가게 된다.

지금까지 세상에 나타났던 사상 중에서 싯다르타의 사상만큼 인간의 복잡한 심리를 잘 이해한 사상은 없었다. 불행히도 그 혜택이 모든 사람에게 골고루 전달되지는 않았다. 붓다는 여성이 승단을 형성하는 일을 허락하기는 했지만 영적 해방으로 향하는 보편적인 진전을 지연하는 것으로 느껴서 크게 꺼렸다. 임종하면서 석가는 여성에 대한 자신의 견해를 제자인 아난다Ananda에게 털어놓았다.

"아난다여, 여성은 정욕으로 가득하구나. 여성은 질투가 심하며 어리석구나. 그것은 여성이 공공의 회합에 나가지 못하고 사업을 영위하지 못하며 무슨 직업이든 직업을 통해 스스로 생계를 꾸릴 수 없는 이유이자 원인이니라."

헤브라이인과 하나님 아버지

기원전 6세기의 영적 충격은 노자나 붓다에서 그치지 않았다. 오늘날 서아시아 정치에 여전히 영향을 미치고 있는 헤브라이인의 역사에 대해 오늘날의 학자 누구도 크게 관심을 갖지 않았다. 헤브라이인Hebrews은 셈계의 유목민으로 기원전 1500년 무렵 동쪽에서 팔레스타인으로 이주했다. 이들은 필리스티아인Philistine에 맞서 싸워 자신들의 근거지를 가까스로 마련했고 이후 5백 년 동안 요르단 강 주변의 언덕 지역에서만 생활했다.

이때까지 헤브라이인은 부족의 연장자들이 선택한 성직자 겸 판관의 통치를 받았다. 그러나 기원전 1000년 무렵 헤브라이인은 사울을 왕으로 선택했고 전쟁에 휩싸였다. 그리고 사울의 뒤를 이어 왕위에 오른 다윗 왕 시대는 헤브라이인의 역사에서 유일한 번영기였다. 하지만 번영기마저도 위대한 페니키아의 무역도시 티레의 더 강력했던 셈계의 통치자 히람 왕의 후원 덕분에 가능한 것이었다. 히람 왕이 헤브라이 나라의 땅을 통과해 홍해에 이르는 무역로를 확보하고 싶어 했기 때문이다. 무역이 확대되고 예루살렘과 사원이 건설되었다. 다윗의 아들 솔로몬은 늘어난 부를 물려받았고 실상은 극히 제한적이었을 뿐인 웅장함에 도취되었다. 솔로몬이 죽자 나라는 북쪽의 이스라엘과, 남쪽의 예루살렘을 근거지로 하는 유대 왕국으로 분열되었다.

두 왕국은 아시리아와 바빌로니아라는 강대국 사이에 놓여 있었기 때문에 그 존립은 두 강대국의 손에 달린 것이었다. 이스라엘 왕국은 기원전 722년에 아시리아에게 정복당했고 이스라엘 민족은 사로잡히거나 사라졌다. 유대 왕국은 기원전 587년까지 투쟁했지만 바빌로니아의 손아귀에서 이스라엘 왕국과 같은 길을 걷게 된다. 그러나 그 결과는 사뭇 달랐다. 우리가 이들을 유대인이라고 부르기 시작한 바빌로니아 포로 시절의 유대 왕국 사람들은 읽고 쓰는 법을 배워 이전에는 구전으로 전해져 내려오던 자신들의 역사를 기록했다. 그 내용은 유대교의 토라Torah와 크리스트교 성서의 첫머리를 이루게 되었다.▪ 이로써 유대인들은 이전에는 지구상의 누구도 가져 본 적이 없는 응집력과 문화적 결속 같은 새로운 의식을 지니게 되었다. 그리고 기원전 538년 바빌로니아가 페르시아에 멸망하자 유대인들의 예루살렘 귀환이 허락되었다. 이 사건은 이들이 자신을 하나의 국가로, 그리고 전능한 유일신(유대교는 천지 만물의 창조자인 유일신 야훼를 섬긴다. 옮긴이)이 선택한 민족으로 느끼는 계기가 되었다.

유대인은 하나뿐인 전능한 남성 신이라는 사고를 발전시켰던 최초의 민족이다. 남성 유일신이라는 사고는, 인간 사회를 통치하는 것이 남성이라는 사실을 제도화했다. 새로 탄생한 권력의 위계질서에서는 가부장적 신이 최상위에 존재하고 신의 형상을 따라 만들어진 남성은 창조의 주인으로 군림하며 여성은 색다른 존재로, 보조적인 역할을 하는 존재로 취급되었다.

■ 깊이 읽기

유대교의 역사를 담은 모세5경

구약성서의 맨 앞에 있는 『창세기』, 『출애굽기』, 『레위기』, 『민수기』, 『신명기』를 말한다. 유대교에서는 이를 율법, 토라, 펜타튜크 등으로 부르기도 한다. 본래 모세가 쓴 것으로 여겨 '모세5경'이라고 불렸는데, 지금은 많은 자료를 바탕으로 몇 사람이 편집한 것으로 밝혀졌다. 그러나 그 주인공은 모세며, 그 정신이 전체에 일관되어 있어 '모세5경'이라는 호칭이 그 의미를 상실하는 것은 아니다. 거의 6백 년이라는 긴 역사의 흐름 속에서 단계적으로 이루어져, 기원전 400년경에야 결집이 완성된 것으로 보고 있다. 옮긴이

유일신을 섬기는 일에는 그 이상의 의미가 내포되어 있었다. 다른 종교 체계에서는 여러 신들 중 자신이 좋아하는 신을 선택할 수 있었다. 그러나 유대교는 유일신을 믿기 때문에 종교적 정통이라는 개념이 생겨났고 개종, 박해, 신의 이름으로 치르는 전쟁의 의무가 생기게 되었다. 크리스트교와 이슬람교도 이를 따르게 된다. 유대교가 사상 최초로 사람들이 개인의 양심에 따라 통치자에게 저항해 반란을 일으킬 수 있도록 도덕적 준거를 제공했다는 사실은 그 동전의 이면이다. 그 밖에도 이 새로운 사고는 그 혁명적인 단순함으로 사람들을 사로잡았다. 특히 유대인들의 마음을 사로잡았는데 유일신 사상은 유대인을 특별한 인종, 즉 신이 선택한 민족으로 만들어 주었기 때문이다. 한때 강성했던 셈계 민족이 지중해 전역에서 정복당하자 유대교의 교의는 급속히 퍼져 나갔다. 그리고 이후 수백 년에 걸쳐 에스파냐에서 카르타고에 이르는 셈계 민족이 세운 문명이 파괴되는 동안 곳곳에서 '유대' 공동체가 생겨났다. 터전을 상실한 셈계 민족들은 헤브라이인들과 기원이나 외모, 언어가 비슷했다. 이들이 자신들의 정복자보다 우월하다는 사고에 집착하게 된 것도 무리가 아니다.

역사상 가장 위대한 왕

끊이지 않았던 전쟁은 삶이 고통으로 가득하다는 붓다의 인식이 성장하도록 자양분을 제공했다. 붓다의 사원은 맹목적인 권력 추구로 갈등이 계속됐던 광란의 시대에 유일하게 온전한 정신을 유지한 고립지로 여겨졌다. 재미있는 것은 한 도시국가가 다른 도시국가를 성공리에 정복하고 인도 전역을 통합해 통치했기 때문에 불교가 세계적 종교로 발돋움할 수 있었다는 사실이다.

기원전 322년 찬드라굽타 마우리아는 마가다 지역을 중심으로 거대한 제국을 세웠다. 찬드라굽타는 알렉산드로스Alexander 대왕을 찾아가 인도 전역을 정복하자고 설득했지만 실패했다고 전해진다. 결국 알렉산드로스가 죽은 뒤 직접 인도 전역을 통합했고 인더스 지역에서 그리스인들을 완전히 축출했다. 찬드라굽타의 아들은 제국의 영역을 더 확장했고 찬드라굽타의 손자 아소카 왕이 기원전 264년에 왕위를 물려받았다. 아소카 왕은 남쪽으로 영토를 확장해 인도아대륙印度亞大陸 전체를 정복하는 과업 완수에 몰두했지만 정복 전쟁의 참상*에 질려 전쟁을 완전히 단념했는데, 이는 정복자로서는 아주 드문 태도였다. 불교로 개종한 아소카 왕은 앞으로는 영적 정복 활동을 하겠다고 공표했다. 그 목적을 달성하기 위해 그는 실론(지금의 스리랑카), 시암(지금의 타이), 버마(지금의 미얀마)에 선교사를 파송했다. 이러한 노력은 결실을 맺어 오늘날까지도 이 세 나라 모두 불교 국가로 남아 있다.

아소카 왕은 자신의 원칙을 영적인 통치뿐만 아니라 현실 통치를 통해서도 실천에 옮겼다. 28년 치세 동안 과거에는 무의미한 전쟁에 쏟았던 열정을 건설 사업에 기울였다. 여성의 교육을 장려했고 우물을 파고 나무를 심었으며 병원을 건립했다. 그는 선주민들을 돌보기 위한 행정기관을 두었는데 이는 놀라울 정도로 근대적인 생각으로, 오늘날의 인도 정부도 제대로 실현하지 못하고 있는 정책이다. 그러나 아소카 왕이 죽은 뒤 마우리아 왕조의 위세가 약화되자 인도는 거듭된 분열의 늪에 빠졌고 힌두교의 브라만 계급은 불교의 도전을 성공리에 물리쳤다. 그러나 우리는 아소카 왕을 세계 역사상 가장 계몽된 군주로 기억해야 할 것이다.

---

* 기원전 261년 카링가 왕국과 벌인 전쟁에서 10만 명을 죽이고 15만 명을 가두며 정복에 성공했다. 이때 아소카 왕은 전쟁의 참상에 크게 뉘우치고 불교에 귀의하게 된다. 옮긴이

3 진화하는 문명과 종교

그리스와 라틴 세계

생겨나고 또 생겨나는 종교

WORLD HISTORY

초기 문명은 우리에게 어떤 유산을 상속하고 어떤
숙제를 남겼나?
신의 목소리를 전달하려던 대리인들은 인류에게
진정한 자유를 주었는가?

그리스와 라틴 세계

그리스인들은 근대 과학의 기초를 놓는다. 그리고 지금의 우리 지도자들이 불가능한 이상주의라고 말하는 민주주의를 실천한다. 알렉산드로스 대왕은 세계의 절반을 정복하면서 그리스인들의 사고를 퍼뜨린다. 그 뒤를 이은 것은 로마 제국이다. 로마인들은 없어도 상관없는 제도를 하나 추가한다. 바로 노예를 동원해 운영하는 플랜테이션 농업이다.

그리스인들은 트로이와 크레티 같은 기존의 에게 문명을 파괴하고 아테네, 스파르타, 코린트 같은 독립적인 도시국가를 건설한 아리아계 민족의 일파였다. 이들 도시는 서로 간에 전쟁을 벌이기도 했지만 4년마다 한 번씩 올림픽 대회에 모여 기량을 겨뤘다. 그리스의 역사를 기술한 일리아스나 오디세이아▪같은 서사시가 기록된 시기는 기원전 7세기였다. 그리스인들은 페니키아인들에게서 쓰는 법을 배웠다. 서사 설화는 그리스인들에게 공통의 유산을 남겼고 개별 도시국가가 하나로 결속하는 데 도움을 주었다.

기원전 507년―최초의 민주주의

이들 중 가장 위대한 도시국가는 아테네였다. 아테네의 위대함을 평가하는 기준은 전쟁에서의 용맹이 아니라 지성과 정치의 발전이었다. 용맹이라면 스파르타가 더 뛰어났을 것이다. 기원전 507년 아테네의 지도자 클레이스테네스는 "시민들과 협력했다." 이로부터 민주주의, 즉 인민demos에 의한 지배라는 개념이 진화했다. 그리스인들은 이 개념을 전 세계에 전해 주었다.

아테네의 민주주의에도 여성은 참여할 수 없다는 아주 기본적인 결함이 있었다. 아무런 권리도, 심지어는 밤에 집 밖으로 나가는 것조차 금지당했다. 선주민인 에게인들의 후손들로 이루어졌을 노예는 여성보다도 낮은 지위에 처했다. 하지만 그리스 문명의 성과는 이들의 노동이 없었다면 불가능했을 것이다.

■ 깊이 읽기

일리아스Iliad와 오디세이아Odyssey

호메로스의 작품으로 전하는 최대 최고의 서사시다. 『일리아스』는 트로이의 별명 일리오스Ilios에서 유래했고, '일리오스 이야기'라는 뜻이다. 그리스군의 트로이 공격 중 마지막 해에 일어난 사건들을 노래했다. 『오디세이아』는 '오디세우스의 노래'라는 뜻으로 여러 가지 증거로 미뤄 볼 때 『일리아스』보다 약간 뒤늦게 나온 것으로 추측된다. 그리스군의 트로이 공략 후 오디세우스가 겪은 십 년간에 걸친 해상 표류의 모험과 귀국에 관한 이야기며, 이 이야기를 40일 동안의 사건으로 처리하였다. 옮긴이

결함이 있다고 해도 아테네의 민주주의는 많은 가르침을 준다. 민회에서는 모든 시민이 발언하고 투표할 수 있었다. 만약 기원전 431년 아테네에서 참여 자격이 있는 6만 5천 명의 남성이 모두 참석했다면 회의를 주재하는 의장에게는 무척 어려운 일이었을 것이다. 추첨으로 한 번 선정되면 일 년에 십분의 일을 공무에 종사하는 5십 명의 행정 위원회가 일상적인 현안을 처리했다. 너무 큰 야심을 가진 사람이 있으면 투표를 통해 탈락시키기도 했다.

옛날 사람들도 합의를 통해 일을 처리했을 것이다. 하지만 아테네는 남자들만 참여할 뿐이라고 해도 정치적 과정에서 다수의 의견을 중요하게 여겼던 최초의 국가였다. 가장 위대한 정치가 중 한 사람인 페리클레스는 다음과 같이 말했다.

● 정적주의자靜寂主義者─정치적 문제에 침묵하는 입장을 말한다. 여기서는 특수한 정치 용어라기보다는 일반적인 침묵을 의미한다고 보는 것이 올바른 것으로 보인다. 특히 17세기에 정점을 이룬 종교적 정적주의와는 전혀 무관하다. 옮긴이

"우리는 공적인 생활에 공헌하지 않는 사람을 정치적 정적주의자라고 부르지 않고 정치적으로 무능한 사람이라고 부른다."

21세기의 여러 통치자들은 이런 정서를 참된 신념으로 생각하지 않을 것이다.

기원전 400년─예술과 과학

정치에서만 신기원을 이룬 것이 아니다. 예술을 장려했고 아이스킬로스, 소포클레스, 에우리피데스 같은 작가들은 위대한 극을

집필했다. 그러나 주요한 진전은 지성적 사고와 논쟁에서 이뤄졌다. 사제들이 학문을 사실상 독점했던 이전의 문명과 달리 아테네에서 학문 연구는 일반적으로 높이 평가되었다. 소크라테스 같은 철학자들이 격의 없는 토론과 논증의 가치를 밝혔다. 그의 제자 플라톤은 정치철학을 가르쳤으며 『국가』를 통해 이상적 사회의 모습을 제시했다. 인간의 의지와 구상을 통해 더 나은 세계를 창조할 수 있다는 사고가 처음으로 등장한 것이다.

플라톤의 제자인 아리스토텔레스는 과학적 탐구라는 다른 길을 선택했다. 아리스토텔레스는 사람들이 최대한 지식을 많이 수집해야만 진보할 수 있다고 믿었다. 또한 불행하게도 성에 대해 가장 체계적이고 엄격한 사고를 물려준 사람이 되었다. 그는 다음과 같이 언급했다.

"남성은 사회와 세계의 틀을 만들고 모형을 빚는다. 반대로 여성은 수동적이다. 여성은 집에 머무르며 그것이 여성의 본성이다. 여성은 능동적인 남성적 원리에 의해 형성되기를 기다리는 존재다."

이런 말을 들으면 아테네에 탁월한 여성 사상가가 얼마나 많았는지 상상하기 어려울 것이다. 이해를 돕자면 소크라테스와 플라톤을 가르친 이는 밀레토스 출신 여성 아스파시아였다.

아스파시아Aspatia

그리스 도시 밀레토스 출신으로, 아테네 시민은 아니었지만 기원전 445년경부터 페리클레스가 죽은 기원전 429년까지 페리클레스와 함께 살았다. 그녀는 정치와 수사학에 능통했고 소크라테스와 플라톤을 가르쳤으며, 플라톤에 따르면 페리클레스의 유명한 추도 연설의 초고를 그녀가 썼다고 한다. 여성의 사회적 지위가 낮은 당시의 아테네에서 그녀는 예외적인 존재였다. 옮긴이

기원전 338년—알렉산드로스 대왕

그리스인들은 철학의 세계를 이끌어 냈지만 군사 대국이 된 것은 아니었다. 그러나 기원전 338년 마케도니아의 왕 필리포스가 서로 다투던 도시국가들을 제패하고 동맹을 결성하게 되면서 군사 대국으로 발돋움했다. 필리포스는 페르시아제국을 정복하려는 야망을 가지고 있었지만 페르시아 원정을 감행하기 전에 살해당한다. 하지만 아리스토텔레스에게서 학문을 연마한 그의 아들 알렉산드로스가 그 과업을 이어받았다. 알렉산드로스는 소아시아 침공을 시작으로 페르시아제국을 넘어 이집트에서 북서부 인도에 이르는 광대한 영토를 점령했으며 11년 동안 거듭된 전투에서 환상적인 승리를 거두었다. 알렉산드로스는 기원전 323년 군대를 1만 7,600킬로미터나 떨어진 곳까지 이끌고 갔다. 그의 나이가 서른두 살에 불과했던 그해 알렉산드로스는 열병으로 사망하고 말았다. 알렉산드로스의 사망 이후 제국은 분할되었지만, 그의 휘하에 있던 세 명의 마케도니아 장군들이 제국을 셋으로 나누었기 때문에 그리스 문화의 수출과 무역을 장려하는 분위기는 이후 몇 세기에 걸쳐 이어졌다.

세 장군 중 한 명인 프톨레마이오스는 이집트에 파라오 왕조를 새로 세웠다. 결국 아리스토텔레스의 유산만이 조금 더 진전됐을 뿐 다른 그리스 제도의 유산은 소멸하거나 정체되고 마는 결과를 가져왔다. 새로 건설된 도시 알렉산드리아에 거대한 도서관이 박물관과 함께 건립되었다. 알렉산드리아는 당시의 위대한 과학적 정신을 일구어 내는 모든 일에 재정적인 후원과 지원을 아끼지 않았다. 그러나 이 모든 지적 작업은 그 지식을 활용하고 발전시킬 능력을 가졌던 보통 사람들에게는 공개되지 않았다. 모든 것은 추상적인 개념 상태로 전해졌고 그 사고들마저 종이가 없었던 관계로 상류층의 먼지 쌓인 선반 위에서 사라져 갔다.

기원전 275년─로마의 성장

로마인들은 알렉산드로스의 제국 중 서쪽 지역을 물려받았다. 소규모 무역도시로 출발했지만 기원전 275년 무렵 팽창주의적 자신감으로 가득 찬 로마인들은 이탈리아 반도 전역을 정복했다. 이로써 로마인들은 이탈리아에서 지중해만 건너면 만날 수 있는 세계 최강의 페니키아 도시, 카르타고를 마주보게 되었다. 이 두

아프리카

기원후 50년의 로마제국

강대국이 충돌했던 '포에니 전쟁'은 수백 년 동안 멈췄다 이어지기를 반복했다. 기원전 146년 로마는 카르타고를 파괴했고 주민 2십만 명을 학살하며 남은 5만 명을 노예로 팔아넘겼다. 이제 로마인들은 북아프리카와 에스파냐를 지배하게 되었다.

카르타고를 제거한 로마인들은 관심을 유럽으로 돌렸다. 이들은 이전의 제국들이 정복 전쟁을 벌일 때 갖고 있지 못했던 문명

전파라는 사명 의식을 가졌다. 로마의 군인들과 행정가들은 유럽, 특히 자신들이 '야만인'의 땅이라고 생각한 지역에 자신들의 관념과 문화를 받아들이라고 강요했다. 그 결과 근대 프랑스어, 에스파냐어, 이탈리아어, 포르투갈어, 로마어는 모두 라틴어에 근간을 두었고 이를 변형시키면서 발전되었다.

기원전 250년 – 로마의 계급투쟁

맑스의 전통에 따라 계급투쟁이라고 부를 만한 사건을 계기로 로마 자체의 성격이 변했다. 평민들(플레브스, plebians)은 귀족(파트리키, patricians)에 맞서 몇 세기 동안 행정에 참여할 발언권을 얻기 위해 싸웠다. 기원전 4세기 무렵 이들의 싸움은 일정한 소득을 얻었고 평민 남성에게 온전한 시민권이 생겼다. 귀족 가문은 여전히 존재했지만 빈부 격차를 걱정할 만한 수준은 아니었다.

제국이 되면서 모든 것이 변했다. 제1차 포에니 전쟁 당시만 해도 로마는 자유농민들의 공동체였다. 그러나 자유농민 대부분이 징집되어 해외에서의 전쟁에 투입되자 농장은 빚더미에 올랐다. 부족한 먹을거리를 생산하기 위해 노예가 투입되었다. 노예를 로마로 데려와 농장에서 일을 시키기도 했고 시칠리아 섬 같은 새로운 식민지에 거대한 노예 농장을 만들어 농사를 짓기도 했다. 제대한 로마의 평범한 시민들은 자신이 가난하며 자신들의 부채가 노예 소유제에 기초한 귀족의 부를 창출하는 새로운 방식이 되었음을 깨달았다. 또한 아테네처럼 남성이라면 누구나 투표할 수 있었던 평민회를 통해 모든 권력이 실행되는 것이 아니라 원로원을 통해 실행되었기 때문에 자신들의 공민권이 박탈당했음도 알게 되었다. 사실 원로원은 귀족들이 모여 토론하는 밀실에 지나지 않았기 때문이다.

역사서들은 부자와 가난한 자 사이에 벌어진 로마 내부의 정치 투쟁에 대해서는 상대적으로 적게 다룬다. 보통 우리는 귀족 가문 출신의 '위대한 인물'에 대한 이야기를 더 많이 듣는다. 그러나 기원전 2세기와 기원전 1세기에는 혁명적 격변이 잇달았다. 부자들의 대농장을 돌려받고 빈곤한 자들을 옭아매는 부채를 탕감하기 위한 시도로 혁명이 일어났지만 실패하고 말았다. 기원전 73년 스파르타쿠스가 이끌었던 반란은 로마군과 싸우며 2년을 버텼으나 역시 패배하고 말았다. 스파르타쿠스 가담자 중 6천 명은 로마로 이르는 길▪에서 십자가에 매달려 처형되었다.

■ 깊이 읽기

로마로 이르는 길, 아피아 가도Via Appia

고대 로마의 도로 가운데 가장 오래되고 유명한 도로다. 감찰관 아피우스 클라우디우스 카이쿠스가 기원전 312년에 건설하기 시작했고, 그의 이름을 따서 명명했다. 처음에는 로마와 카푸아까지 212킬로미터에 불과했지만, 기원전 244년경에 아드리아 해 연안에 있는 브룬디시움(현 브린디시) 항까지 이르렀다. 도로는 돌로 포장했는데 오늘날에도 일부가 사용되고 있다. 옮긴이

로마 평민들이 패배하면서 공화제의 정신은 파괴되었다. 전일제 직업군인으로 채워진 군대의 규모는 점차 커졌고 군대를 이끄는 귀족들이 휘두르는 정치권력도 군대의 성장과 함께 성장했다. 이런 지도자 중 먼저 등장한 마리우스와 나중에 등장한 율리우스 카이사르는 가차 없이 정적들을 살해하면서 자신들의 입지를 굳혔다. 독재관dictator에 올랐을 때 카이사르는 '왕'이라는 칭호를 거부했지만, 알렉산드로스의 휘하 장수였던 프톨레마이오스의 후손인 이집트의 클레오파트라를 방문한 뒤 자신이 '무적의 신' ▪이라는 생각을 가지고 돌아왔다. 카이사르는 이 관념 때문에 결국 살해당하게 된다. 카이사르의 조카 옥타비아누스는 자신을 신과 동일시하는 환상을 갖지 않았지만 스스로 아우구스투스 카이사르Augustus Caesar라는 칭호를 붙이고는 최초의 황제에 등극했다.

■ 깊이 읽기

무적의 신

카이사르는 공화제를 채택했던 로마의 시민으로서 왕이나 황제 같은 우월한 지위를 누리는 개인이라는 사고를 이집트에 가기 전까지 가지고 있지 않았다. 그러나 오랫동안 왕정을 유지해 왔고 신과 왕을 동일시하는 문화를 가진 이집트에 다녀온 이후로는 자신을 신으로 착각하는 사고를 가지게 되었음을 의미한다. 옮긴이

이 칭호는 후세의 군주나 독재자들을 높여 부르는 칭호가 되었다. 가령 이란의 국왕 샤Shah, 독일의 황제 카이저Kaiser, 러시아의 전제군주 차르Czar 같은 칭호는 모두 카이사르가 변형된 말이다.

로마 황제들이 가진 능력이나 허영심은 황제에 따라 달랐지만, 지금까지 기록된 역사의 다른 시기들과 비교한다면 광대한 영역에 비교적 오랫동안 평화를 유지했다. 황제들은 자신들의 문명이 영원할 거라 믿었다. 그러나 본국과 식민지에서 발생한 평민들의 소요를 진압하고 노예 문화가 정착되던 바로 그때부터 파괴의 씨앗을 자신 안에 품게 되었다. 이때부터 상류층은 먹을거리 생산지, 집안, 검투장에 활용할 수많은 노예의 시중을 받게 되었다. 특히 초창기에는 이 노예들을 잔인하게 대우했다. 노예들은 결혼하거나 재산을 소유할 수 없었다. 법은 주인 마음대로 노예의 팔다리를 자르거나 죽이는 일을 허용했다. 로마 상류층 남성들은 어린 소년 소녀들을 성적으로 학대했다. 로마의 가정에서 아버지는 여성과 아이들에 대한 생사여탈권을 쥐고 있었고 법이 말하는 유일하게 온전한 인간이었다. 그러므로 식민화된 토지에서는 '자유' 농민이라고 해도 가혹한 운명을 겪었으며 무거운 세금을 물었다. 북아프리카의 표준 세율에 따르면 이들은 6일의 노동과 수확물의 삼분의 일을 세금으로 바쳐야 했다.

350년—제국 내부로부터의 폭발

수많은 평민은 로마제국의 혜택을 누리지 못했다. 그래서 3세기와 4세기에 프랑크인Franks, 반달인Vandals, 서고트인 같은 ‘야만족 무리’가 중부 유럽에서 침입하기 시작하자 평민들 대부분이 이들을 해방자로 여기기도 했다.

군이 야만족의 침입이 아니더라도 제국은 이미 썩어 가고 있었다. 일단 확장을 멈추자 재정 수지를 맞춰 줄 전리품이 더 이상 들어오지 않았다. 게다가 그렇게 광대한 제국을 유지하는 경제적 비용이 악재로 돌아왔다. 상류 계급은 인도, 중국, 아라비아산産 사치품을 사들이는 데 돈을 몽땅 써 버렸다. 사치품을 구입하는 행위는 로마 화폐의 가치 하락을 불러와 결과적으로 엄청난 인플레이션이 발생했다. 276년 로마 속주屬州 이집트에서 2백 드라크마(drachma, 고대 그리스의 화폐단위, 옮긴이)였던 밀 가격이 314년에는 3천 드라크마로 상승했고, 334년에는 7만 8천 드라크마로 상승했으며, 얼마 지나지 않아 다시 2백만 드라크마까지 치솟았다. 이것은 서방 제국의 쇠퇴와 몰락이 어떻게 진행될지 보여 주는 지표일지도 모른다. 서방 제국은 핵폭발로 몰락하는 것이 아니라 안에서부터 달러가 폭발하는 구슬픈 소리와 함께 몰락할 것이다.

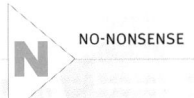

로마제국의 멸망

235년 무렵부터 훈족Huns과 서고트인Visigoths을 포함한 '야만족들'이 제국을 공격했고 영국, 프랑스, 독일 지역에 왕국을 세웠다. 크리스트교가 전파되고 점차 약해져 가던 제국은 395년 서로마제국과 동로마제국으로 분열됐다. 동로마제국의 수도는 비잔티움(콘스탄티노플)으로 정해졌다. 5세기 말엽이 되면 로마와 비잔티움의 권력은 '야만족' 군벌의 손아귀에 놓이게 된다.

생겨나고 또 생겨나는 종교

하나님 아버지의 말씀을 경청하라고 강력히 주장하는 사람들이 나타난다. 바로 예수와 무함마드. 시작할 당시에는 장래가 불투명했지만 열정은 대단해서, 제국을 이끌어 가는 세력으로 발돋움하고 우리가 살아가는 오늘날까지도 우리 내면의 세계를 이끌어 주는 빛으로 자리 잡는다.

로마는 문명을 전파한다는 자신의 소명을 끝내 잃어버리고 말았다. 전파할 사상도 더 이상 없었다. 그러나 로마는 소멸되어 가는 중에도 자신이 억압하고 거부했던 사상을 후대에 남겨 주었다.

아우구스투스 카이사르가 통치하던 시절에 예수라는 이름의 소년이 로마의 통치를 받던 유대 지역에서 태어났다. 예수의 소년 시절 행적은 알려져 있지 않다. 하지만 서른 살 무렵 예수는 사람들의 주목을 받기 시작했고 그를 종교적 예언자로 추종하는 세력이 나타났다. 예수는 앞서 간 유대교 예언자들 및 예언자 이사야Isaiah처럼 자신의 말에 호응하는 청중들에게 유일한 하나님에 대해 설파했다. 그는 유대인 전체와 유대인이 아닌 모든 이들을 설교 대상으로 삼았다. 예수가 전파한 하나님은 모든 민족, 모든 사람들의 하나님이었다. 앞서 간 예언자 이사야는 헤브라이인이 섬기던 진노하는 사막의 하나님을 불의에 저항하고 가난한 자를 돌보도록 촉구하는 보편적 신으로 재규정했는데, 예수가 설파한 인정 많고 자비로운 하나님은 예언자 이사야의 신 개념을 발전시킨 것이었다. 많은 유대인들이 예수의 활동을 자신들의 신조에 대한 명백한 강탈 행위로 생각해서 불쾌감과 위기감을 느끼는 것이 당연했다. 그리고 유대인과 로마의 권력자들은 예수의 새로운 가르침이 사회적으로나 정치적으로 반역에 해당한다는 사실을 깨달았다. 예수의 가르침은 평등주의 사상임이 명백했고 이는 혁명을 의미했기 때문이다. 사람들을 상대로 설교를 시작한 지 3년, 예수는 사회 전복을 꾀했다는 이유로 처형되었다.

50년─초대 교회

예수의 공생애와 가르침은 크리스트교의 신약성서 중 '4복음서'에 기록된다. 그러나 예수가 영감을 불어넣은 교회에 대한 내용은 대부분 초기 크리스트교의 저술, 특히 예수가 자신을 희생하고 부활해 인류에게 영생의 기회를 부여했다는 사고를 마음 깊이 간직했던 성 바울의 저술에 들어 있다. 성 바울은 교회에 대한 가부장적 태도를 고수했고 예수가 개개의 인간에게 부여한 혁명에 가까운 가치와

● **4복음서**─신약성서 맨 앞에 나오는 마태복음, 마가복음, 누가복음, 요한복음은 예수의 생애를 기록한 책으로 기쁜 소리를 전달한다 하여 복음서 福音書라 불리며 네 권이므로 4복음서라 한다. 옮긴이

부합할 수 없어 보이는 노예제를 수용했다.

　다른 예언자들처럼 예수가 전파한 내용도 추종자들의 견해와 열정에 의해 변형되었다. 고타마 붓다는 자신이 신이 아닌 스승일 뿐이라는 점을 분명히 못 박았지만 수세기 동안 불교도들은 붓다의 상을 만들어 경배하고 자신들의 삶을 축복해 달라고 불공을 드려 왔다. 예수가 죽고 난 뒤에도 마찬가지로 예수가 무엇을 뜻하는지를 두고 싸움이 벌어졌다. 초기 크리스트교도들은 예수가 하나님과 분리되었는지 아닌지, 하나님보다 열등한지 아닌지, 예수가 신인지 아닌지, 혹은 하나님 자신과 예수뿐 아니라 제3의 힘, 즉 성령을 포함해 하나님을 이루는지 아닌지를 두고 지독한 싸움을 벌였다. 이러한 여러 사고 중 마지막으로 등장한 사고인 성삼위일체Holy Trinity론이 승리를 거뒀다. 그리고 모든 이념적 징통이 그렇듯 싱삼위일체론이 크리스트교 주류에 의해 성통으로 받아들여지자 성삼위일체론을 인정하지 않는 자들은 크리스트교의 테두리를 벗어난 자, 즉 진정한 크리스트교도가 아니게 되었다. 복음서에 나온 예수의 모든 말을 다 믿는다고 해도 아무 소용없었다.

　또한 초대 크리스트교는 한 신이 세 측면을 가진다는 개념을 가진 알렉산드리아주의나, 희생 제의를 통해 부활을 이룬다는 오래된 신앙을 가진 미트라교 같은 당시에 유행하던 다른 종교의 특징도 받아들였다. 크리스트교 교회는 그들의 제단과 사원, 양초와 성가를 흡수했다. 이러한 내용은 새로운 개종자들이 크리스트교를 더 쉽게 받아들이도록 기여했다. 크리스트교의 도덕적 힘과

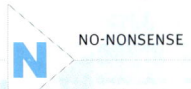

알렉산드리아주의와 미트라교

알렉산드리아주의Alexandrianism

알렉산드리아 교회의 장로였던 아리우스Arius는 성부, 성자, 성령의 위격이 동일하지만 영원한 것은 오직 성부라고 주장하여 예수의 신성을 부인하는 주장을 펼쳤는데 이를 아리우스주의라고도 한다. 성부와 성자와 성령의 관계에 대한 여러 설들이 난립하면서 논쟁이 극으로 치달았고 교회의 분열을 가져올 조짐을 보이기 시작하자 325년 니케아에서 열린 공의회를 통해 현재의 삼위일체론을 교리로 정립했고 니케아 신조Nicene Creed가 공포되었다. 옮긴이

미트라교Mithraism

북유럽 신화에 나오는 광명光明의 신 미트라를 믿는 밀의密儀 종교다. 기원전 1세기 전반 크리스트교의 유럽 침투 이전에 로마제국에 널리 유포되어 있어서 새 종교인 크리스트교와는 가장 경쟁이 심했다. 미트라의 기원은 고대 인도·이란의 민족 시대까지 거슬러 올라가는데, 기원전 3세기경에 페르시아에서 성행했다. 따라서 페르시아의 발전에 따라 그리스로 건너가게 되었으며, 거기서 자연히 로마로 전파되어 밀의 종교로서 특히 군인층에 널리 보급되었다. 미트라교에 대해서는 고대 페르시아의 아르탁세륵세스 2세(재위 기원전 404년~기원전 358년)의 비문碑文에 그 이름이 보인다. 그러나 로마에 나타났을 때에는 소아시아나 메소포타미아 지방의 토착 종교와 혼성되어 이미 그 내용이 크게 변질되어 있었다. 로마제국의 폼페이우스(기원전 106년~기원전 48년) 황제의 동정東征 이후에는 로마제국의 수호신으로까지 격상되었다. 그러나 콘스탄티누스대제가 크리스트교로 개종하고 크리스트교를 공인한 이후 점차 모습이 사라져 갔다. 미트라 신전에 건조되었던 우상은 크리스트교도에 의해 파괴되었지만, 당시의 건조물을 포함한 종교적 유적은 지금도 유럽에 많이 남아 있다. 옮긴이

모든 인간이 존엄하다는 열렬한 믿음 또한 인간의 굴레에 예속되어 있던 시대의 사람들에게 매우 매력적인 요인임에 틀림없었다.

324년—크리스트교 제국

로마 황제들이 이 새로운 신앙을 위험한 것으로 낙인찍었음에도 예수가 죽은 뒤 2세기 동안 그의 말씀이 퍼져 나갔다. 로마의 박해는 디오클레티아누스 황제의 칙령에 따라 교회의 재산을 몰수하고 종교 서적들을 불태우며 많은 크리스트교도들을 사형에 처했던 303년 정점에 달했다. 크리스트교도들은 디오클레티아누스의 크리스트교 대박해의 잔인성과 박해에 직면했고, 이때 이들이 보여 주었던 고요한 용기는 역설적이게도 극적인 반전을 가져오는 데 기여했던 깃으로 보인다. 다음 황제에 오른 갈레리우스는 크리스트교에 대해 관용을 베푸는 칙령을 공표했고 312년 갈레리우스의 뒤를 이어 황제가 된 콘스탄티누스는 신격화를 포기하고 군대의 방패와 군단 깃발에 크리스트교의 상징을 새겨 넣었다. 324년부터 크리스트교는 제국의 공식 종교가 되었고 세계의 지배적인 종교로서 입지를 굳히게 되었다.

450년—아틸라에서 교황까지

로마의 몰락은 지역 부족이 유럽에 대한 그들의 영향력을 다시 획득하는 계기가 되었는데 그 방식은 각기 달랐다. 지금의 프랑

아프리카의 크리스트교

크리스트교의 교리는 초기에 이미 아프리카 내륙에까지 닿았다. 쿠시 여왕이 예루살렘에 보낸 외교사절과 함께 쿠시의 전차에 오른 예수의 사도 빌립은 가자Gaza로의 여행길에 쿠시의 외교사절에게 예수의 말씀을 전했다.

쿠시의 관리가 고국에 돌아와 예수의 말씀을 전파했는지 여부는 아무도 모른다. 사하라 이남 아프리카에서 최초의 크리스트교 나라는 지금의 에티오피아 지역 티그레이에 있는 악숨Axum 왕국이었을 것으로 생각된다. 악숨 왕국은 기원후 1세기 무렵 등장해 무역을 중심으로 강한 왕국을 구축했다. 4세기 악숨 왕국의 홍해 무역은 금화를 발행할 만큼 번영했는데 금화에는 십자가를 새겼다. 에티오피아의 종교는 그 이후로 줄곧 크리스트교였다.

스 지역에 살았던 갈리아인Gauls은 도시를 접수하고 그곳에서 거주하면서 서로 결혼하는 일이 가능해졌고 라틴어를 배웠다. 그들은 단순히 로마인을 대신해 그 지역을 운영했던 것이다. 영국은 앵글인Angles, 색슨인Saxons, 주트인Jutes의 세 게르만 집단German Groups이 장악했는데 이들의 전략은 완전히 달랐다. 이들은 4세기 말엽 영국 전체를 침공했고 오늘날 캄보디아의 무장 단체 크메르 루주가 택한 것과 비슷한 정책을 도입했다. 농사를 짓던 자신들에게는 무용지물이었던 로마의 도시를 파괴했고 나중에 영어로 발전하는 그들 고유의 언어를 사용했다. 자신들만의 고유한 생활 방식을 가졌던 유목민 훈족이 서쪽으로 이동하게 된 이유는 중앙아시아 지역의 기후변화 때문일 것으로 여겨진다. 갈리아, 발칸, 이탈리아 전역을 날뛰며 돌아다녔던 훈족은 지도자인 아틸라가 죽고 나서 유럽에서 자취를 감췄다. 5세기 밀엽 로마는 두 번이나 약탈당했고 이 지역의 권력과 동로마제국의 수도인 콘스탄티노플의 권력은 '야만족' 군벌의 손아귀에 놓이게 된다.

실질적으로는 아무 의미가 없었지만 명목상 유럽은 여전히 로마의 권위 아래 놓여 있었다. 476년 10월 게르만 부족 연합의 지도자인 오도아케르가 로마제국의 황제는 더 이상 존재하지 않으며 황제를 대신해 교회의 수장 역할을 맡은 총 대주교 즉, '로마 교황'에게 권력을 이양한다고 선언했다. 그러나 계승 문제를 두고 황제의 두 아들이 분쟁을 일으킨 결과, 그리스어를 사용하며 제국의 동쪽 지역에 성립되었던 동로마제국은 이제 콘스탄티노플에 자신들의 황제를 모신 어엿한 제국으로 존립했다.

동로마제국, 혹은 비잔틴제국은 특히 유스티니아누스 1세와 그와 동등한 권한을 지녔던 아내 테오도라의 치세에서 잠시 그 생명력을 발했다. 그러나 종교적으로는 정통이라는 개념에 사로잡힌 시대였다. 상당히 자유로운 사상가였던 예수의 말씀은 아주 엄격한 신념 체계 안에 체계적으로 정리되었다. 그리고 비잔틴제국의 활력은 동쪽의 이웃 나라 페르시아와 영토 및 종교를 두고 벌인 무의미하고 끝없는 전쟁으로 사라져 버렸다. 페르시아의 왕들은 고대의 그 지역 종교였던 조로아스터교를 부활시켰고 크리스트교의 침투는 무엇이든 박해했다. 비잔틴-페르시아 전쟁은 오늘날의 시각으로 보아도 우울하고 진저리나는 일이다. 이 두 강대국 사이에 존재했다는 이유로 파괴되어 버린 이집트와 소아시아 지역 주민들의 고통은 이루 말할 수 없었을 것이다.

그러나 이미 제멋대로 돌아가는 종교의 세계는 바야흐로 이슬람의 불타는 검에 시달리게 되었다.

570년 - 무함마드의 이상

이슬람교는 현존하는 세계의 위대한 종교 중 가장 마지막으로 등장한 종교였다. 이슬람교는 무함마드 이븐 압둘라의 가르침에서 생겨났다. 570년 아라비아 사막의 조그만 도시 메카에서 태어난 무함마드는 부유한 과부와 결혼한 일 외에는 별다르게 기록할 만한 일을 하지 않았다. 그러나 마흔 살이 되면서 그는 예언자의 이상을 갖기 시작했다. 그는 자신을 아브라함, 모세, 예수의 계보를 잇는 유일신의 마지막 예언자라고 선언했다. 메카는 이교도 신전인 카바*, 즉 검은 돌Black Stone 신전의 근거지였다. 이곳에는 360여 개의 성스러운 돌과 조각상이 모셔져 있었다. 순례자들이 아라비아 전역에서 메카를 방문했다. 그러므로 무함마드가 그 교리에 반하는 설교를 하고 나섰을 때 지역 주민들은 무함마드를 공격했고 무함마드는 290킬로미터 떨어진 메디나Medina로 피신해야만 했다. 메디나 사람들은 무함마드의 설교를 잘 받아들였다.

■ 깊이 읽기

카바Ka' bah

사우디아라비아 메카에 있는 이슬람교 신전의 명칭이다. 대리석 기초 위에 회색 돌로 쌓아올렸으며, 정면 입구에서 내부로 들어가면 본전에는 나무 기둥이 즐비하고, 천장에는 금·은으로 된 램프가 매달려 있다. 동쪽 구석, 지면에서 1.5미터 정도 높은 곳에 검은 돌이 끼워져 있다. 전설에 의하면 이브라힘(아브라함)과 그의 아들 이스마일이 알라의 명을 받들어 창건한 것이라고 한다. 검은 돌이 있는 모서리의 반대쪽에 잠잠이라고 하는 성천聖泉이 있다. 오랜 옛날부터 이 샘 부근이 신성시되어 아라비아인 신앙의 중심으로서 이 건물이 세워졌으며, 2세기의 프톨레마이오스의 『지리서地理書』에 그것과 비슷한 내용이 기록되어 있다. 이슬람 이전에는 이곳에 많은 신상神像이 있었는데 무함마드가 메디나에 자리를 잡은 뒤 카바를 키브라(예배의 방향)로 정하고 630년 1월 스스로 메카로 들어가 우상을 파괴해 버렸다. 이때부터 카바는 이슬람교도의 제1성소가 되었다. 전 세계 이슬람교도는 그 방향을 향해 매일 예배하고 있으며, '핫지(메카 순례)'의 의식도 이곳에서 시작되고 끝난다. 옮긴이

메디나는 최초의 무슬림 국가가 되었다. 최초의 모스크가 메디나에 건설되었다. 메디나에서 만 명의 군대를 모은 무함마드는 메카를 공격했다. 메카는 무릎을 꿇었고 카바의 우상들은 파괴되었다. 그러나 빈틈없는 무함마드는 검은 돌 자체를 보존해 무슬림 순례자들에게 가장 중요한 순례지로 삼게 했다. 이곳은 오늘날에도 남아 있다.

크리스트교와 마찬가지로 이슬람은 앞선 종교들의 전통을 흡수했다. 이슬람은 당시 아라비아 남부의 주된 구성원이 유대인이었음을 감안해 유대교와 크리스트교를 받아들였고 그 밖에도 위대한 여신을 모시는 고대 종교를 포함해 지역의 이교도 의식까지 흡수했다.

이슬람교가 도래했다고 해서 그 지역의 수많은 여성들의 생활이 향상되었다고 할 수는 없다. 이슬람교가 도래하기 이전 아라비아 지역 여성은 남편을 고를 권리가 있었고 일처다부제가 시행되었다. 임신한 여성은 아버지가 될 남성을 고르면 그만이었다. 무함마드는 여성이 가졌던 성적 권한을 남성에게 주었고 일부다처제가 시행되었다. 예수의 경우와 같이 꾸란에 기록된 여성에 대한 무함마드 본인의 생각은, 종교로서의 모양을 갖추는 데 기여했던 추종자들이 가진 생각보다 훨씬 더 긍정적이었다. 이를테면 초기 무슬림 현인인 가잘리Ghazali는 남성이 999가지 장점을 가지는 데 반해 여성은 고작 한 가지 장점을 가졌을 뿐이라고 주장하기도 했다.

이슬람의 기술

초창기 물결쳤던 무슬림 침입자들은 꾸란을 중요하게 여겨야 할 유일한 책이라고 생각했다. 그래서 이들은 그 밖의 모든 것을 파괴하기 시작했다. 이들은 심지어 알렉산드리아 도서관마저 불태워 버렸다. 그러나 무슬림들은 곧 마음을 바꿨다. 중국과 인도에서 유래한 사고와 접촉하게 된 무슬림들은 지식 추구에 직접 나서기 시작했다.

바그다드는 새롭게 단장한 수도로 거듭났고 세계 문화의 중심이 되었다. 이슬람 학자들은 유럽에서는 잊혀진 그리스 고전을 연구했다. 또한 새로운 수학적 사고를 인도에서 수집해 제국 전역으로 퍼뜨렸다. 대수代數를 의미하는 영어 단어는 아랍어에서 유래한 것이다. 이슬람 학자들은 중국에서 종이 제조법을 배웠고 인쇄를 시작했다.

또한 이들은 의학과 물리학에서 그들만의 진전을 일궈 냈다. 신체 전체에 혈액이 순환한다는 발견은 보통 17세기 영국의 과학자 윌리엄 하비*의 공헌으로 알려져 있지만 사실 그보다 훨씬 이전부터 이미 무슬림들은 이 사실을 알고 있었다. 그리고 무슬림 화학자들은 지금 우리가 '과학적 방법' 이라고 배우는 체계적인 연구법을 도입했다. 8세기와 9세기에는 아랍 세계 전역에 대학이 세워졌다. 대학의 혜택은 남성들만이 누렸는데 이러한 현실은 오늘날에도 관례의 이름으로 이어지고 있다.

암흑시대의 유럽에서 생생한 배움의 빛을 수호했던 크리스트교 수도사들은 대부분 자신들만의 진전을 이뤘다기보다 고대의 문헌을 베꼈을 뿐이었다. 그러나 비슷한 자료를 가졌던 아랍인들은 이를 새롭고 흥미로운 것으로 변화시켰다. 그리고 세계 지성의 바퀴가 계속 굴러가도록 만들었다. 이슬람은 무함마드 탄생 이후 천 년 동안 서반구의 문명을 이끌어 가는 존재가 되었다.

금융 체계도 이때 탄생했다. 완전한 은행 활동을 통해 광대한 무슬림 제국 전역에서의 금융 거래와 산업이 성장했다. 메카의 은행 수표를 가지고 마라케시 marrakech에서 현금으로 바꾸는 일이 가능하게 되었다. 이들이 발명한 금융 체계에 고마움을 모르고 넘어갔던 시절이 있었을지도 모르지만 초기 무슬림들의 공헌이 없었다면 지금의 근대적 은행 체계는 존재할 수 없었을 것이다.

(《아주 특별한 상식 NN-이슬람》 편, 『이슬람, 우리는 무엇을 알고 있나?』 5장 문명과 학문 참조)

---

* 윌리엄 하비William Harvey, 1578~1657
영국 켄트 주 출생으로 1597년 케임브리지 대학을 졸업한 후, 이탈리아 파도바 대학에 유학하여 의학을 공부했다. 인체의 구조·기능, 특히 심장·혈관의 생리에 대해 연구했으며, 1615년 내과 의사로서 해부학과 외과학 강의를 맡았다. 1628년에 출판된 『동물의 심장과 혈액의 운동에 관한 해부학적 연구Exercitatio Anatomica de Motu Cordis et Sanguinis in Animalibus』에서 실험에 입각하여 심장과 혈액의 운동에 관한 생리학설을 밝혀 갈레노스 학설을 부정했다. 심장의 박동을 원동력으로 하여 혈액이 순환된다고 하는 그의 새 학설에는 당시 반론이 많았으나, 그 후 일반적으로 인정받게 되었다. 또 동물의 발생에 관해서도 실험 연구를 하고, 1651년 『동물발생론Exercitationes de Generatione Animalium』을 저술하여, '모든 생물은 알에서 생겨난다'고 주장, 중세 이래의 고전 의학에 코페르니쿠스적 전환을 이루었다. 옮긴이

무함마드는 무력을 활용해 아라비아의 나머지 지역을 이슬람으로 개종시키는 일에 자신의 남은 생을 바쳤다. 632년 무함마드가 죽자 추종자들은 그의 열정을 이어받아 알라의 이름으로 세계를 정복하는 일에 착수했다. 초기 아랍 군대의 수는 몇 천 명에 불과했기 때문에 이것은 터무니없는 생각이었다. 그러나 이슬람교는 이를 접한 사람들에게 열정을 부여하는 재주를 가졌고 그래서 막강한 군사력을 가지게 되었다.

636년 이슬람 군대는 비잔틴제국의 군대를 격파했다. 곧이어 이집트와 소아시아의 무너져 가는 나라들을 접수했다. 비잔틴제국의 억압적이고 엄격한 크리스트교와 페르시아제국의 신비적인 조로아스터교 사이에서 착취를 당하던 사람들은 틀림없이 이슬람교라는 새로운 종교 사상을 열정적으로 받아들였을 것이다. 이슬람교의 신앙은 아주 단순했기 때문이다. 이슬람교에는 인간과 신성을 가르는 장벽으로 기능하는 사제도 없고 사원도 없었다. 모든 민족과 계급 앞에 평등하고 진정한 유일신을 믿기만 하면 그만이었다.

이슬람의 단순하고도 열정적인 가르침은 파죽지세로 밀고 나갔다. 이들이 이룩한 일련의 정복 활동은 알렉산드로스, 아틸라, 카이사르의 정복 활동보다 훨씬 인상적이었다. 무함마드가 죽은 뒤 한 세기도 지나지 않아 무슬림들은 페르시아, 아프가니스탄, 투르키스탄을 정복했고 동쪽으로는 중국의 국경까지 이르렀다.

서쪽으로는 사하라 이북 아프리카와 에스파냐 및 프랑스 영토의 절반을 정복했고 732년 피레네 산맥으로 후퇴했다.

661년―수니파와 시아파

그러나 이슬람교에도 종파의 분열이 찾아왔다. 독자들은 오늘날 사우디아라비아에서는 이슬람 수니파가 득세하고 이란에서는 이슬람 시아파의 교리를 고수하는 이유를 궁금하게 여길 것이다. 이 분열은 이미 661년에 일어났다. 우마이야 가문은 정통 칼리프였던 무함마드의 사촌이자 사위의 지도자 계승권을 누르고 이슬람교의 지도자인 칼리프가 되었다. 우마이야 가문이 칼리프를 계승한 일을 인정하는 이들은 수니파가 되었고 이에 반대하는 이들은 시아파가 되었다. (《아주 특별한 상식 NN-이슬람》편, 『이슬람, 우리는 무엇을 알고 있나?』93쪽 '시아파의 독립' 참조)

비록 분열되긴 했으나 이슬람교의 문화와 영적 힘은 엄청난 것이어서 이슬람교가 불꽃처럼 타올랐던 첫 세기에 정복당했던, 아프가니스탄에서 모로코에 이르는 거의 대부분의 나라들은 오늘날까지도 무슬림으로 남아 있다.

동서양의 엇갈린 운명

동방의 빛

십자군 전쟁

WORLD HISTORY

유럽이 암흑시대에 빠져 있는 동안 동방의 빛은 얼
마나 퍼져 나갔나?
하나님의 말씀을 하늘에서 지상으로 훔쳐 온 세력
은 어떻게 세상을 혼란시켰나?

동방의 빛

유럽이 봉건적 암흑시대로 추락하는 동안 인도는 수학을 발견하고 중국은 합쳤다 흩어지기를 반복한다. 그래도 중국은 여전히 세계에서 가장 발전된 문화를 꽃피운다.

로마제국이 여러 곳에서 파탄을 초래해 무너진 뒤 대부분 크리스트교로 개종한 유럽의 '야만족'들은 중국의 봉선제와 유사한 새로운 사회 구조를 정착시켰다. 이 새로운 사회 구조는 자신들의 안전을 지키기 위해 성채를 건설하고 스스로를 왕이나 공작이라고 부르는 군벌의 권력을 기반으로 구축된 것이다. 농부들은 농사짓는 일 외에도 '보호'의 대가로 영주를 따라 전쟁터에 나가거나 영주의 비교적 사치스러운 취향을 맞춰 주어야 했다. 유럽은 수천의 작은 구역으로 쪼개졌다. 여행과 무역의 중요성이 사라지면서 도로의 보수도 중단되었다.

이 시대를 '암흑시대'라고 부른다. 유럽은 예술, 과학, 철학에 비췄던 고대 지중해 문명의 모든 빛을 잃어버렸다. 사제, 수녀, 수도사들만이 이 빛을 간직했다. 이들은 사실상 배움의 가치를 이해했던 유일한 사람들이기 때문에 작은 구역을 관할하는 폭군들조차 이들을 함부로 대하지 못했다.

그러나 세계의 다른 지역에서는 위대한 발전이 이루어졌다. 만일 7세기에 중국인들이 유럽을 여행했다면 별 감흥을 느끼지 못했을 것이다. 그리고 이를 통해 갖게 된 우월감을 자신들이 발명한 화약을 통해 발산했다면 오늘날의 세계가 어떻게 달라졌을지 알 수 없는 노릇이다.

많은 서양인들은 중국을 어떻게 이해해야 할지 난감해 한다. 명나라의 꽃병이나 '공자 왈' 같은 내용은 좀 익숙할지 모르나, 중국의 여러 왕조 이름은 생소하기만 하다. 세계사를 진정한 국제주의적 시각에서 파악하려면 세계에서 가장 인구가 많은 나라가 늘 그곳에 존재했음을 인정해야만 한다. 그러나 기준을 세우지 못한다면 여러 왕조 및 각 왕조의 황제, 군벌, 야만인의 침입 등을 기록한 기나긴 목록을 마주하는 순간 흥미를 상실할 위험이 있다.

23년─반복되는 중국 역사

중국 역사는 확실히 되풀이된다. 동일한 형식의 사건들이 반복적으로 일어난다. 예수의 탄생 전후 약 4세기간 지속되었던 한漢 왕조처럼 새로운 제국적 왕조가 중국을 접수해 비교적 통일된 중국을 지배할 것이다. 왕조는 언제나 만리장성 너머 스텝 지역의 유목민들이 침입할 위험을 안고 있다. 왕조는 유목민 침입의 위협만큼이나 자주 일어나는 혁명 때문에 무너질 수도 있는데 중국 역사에서는 농민 반란이 다른 지역에서보다 자주 일어난다. 동양 사람들이 '운명을 중시하는' 동양적 특색 때문에 운명의 의지 및 엄격한 제국적 신분제에 복종하는 사람들이라는 생각은 서양인들이 가진 신화에 불과하다.

한 왕조를 무너뜨린 농민 반란이 일어난 이유 중에는 끔찍한 전염병도 있었다. 이 전염병은 2세기의 고대 세계를 휩쓸었다. 그러나 농민 반란은 주로 무거운 세금 때문에 일어나는 경우가 많았다. 이러한 반란은 184년에 시작되어 3십 년 넘게 중국을 휩쓸었던 '황건적의 난'처럼 본격적인 내전으로 발전하는 일도 많다. 중국에서 일어난 농민 반란을 보면 영국의 청교도혁명淸敎徒 革命쯤은 소규모 분쟁에 지나지 않는 것처럼 보인다.

220년—거대한 격변

중국의 역사 변동 모형에 따르면 왕조의 몰락 이후에는 중앙집 권적 통제가 없어지고 혼돈의 시대가 찾아온다. 지역의 군벌들이 광대한 영토를 퍼즐 모양으로 나누어 놓은 듯한 작은 국가를 다스리며 서로 권력과 영향력을 다투는 것이다. 이런 탈중앙화가 나쁘다고만 할 수는 없지만 사실상 중국 역사상 나타나는 모든 위대한 발전은 물질적 발전이건 문화적 발전이건 간에 모두 지역의 자치권이 보장되던 시기보다는 제국의 엄격한 통제가 이루어지던 시기에 일어났다고 할 수 있다. 그러므로 혼돈의 시대로 알려진 한나라의 몰락 이후 시기에는 중국 북부 대부분이 물물교환 경제로 되돌아갔던 것으로 보인다.

중국 역사는 거대한 격변과 같아서 형성하고 분열하고 형성하고 분열하고를 끊임없이 반복한다. 이후 북서부에서 등장한 투르크 중국계 귀족 세력이 세운 수隋나라가 중국을 다시 통일했다. 수 제국은 공자의 사상을 제국의 운영 원리로 채택한 최초의 제국이다. 교육과 행정에 적용된 '유교'의 원리는 20세기를 살아가는 오늘날까지 이어져 내려왔다. 수 제국은 남부의 농업과 북부의 군사 및 행정 중심지를 연계하는 대운하 건설에도 착수했다. 이 운하 중 일부는 여전히 중국에서 사용 중이다. 그러나 수는 값비싼 대가를 치르며 지금의 베트남인 안남安南과 지금의 한국인 고구려高句麗를 정복하기 위한 전쟁을 치르는, 현명하지 못한 모습을 보여 주었다. 전쟁 자체도 재앙적인 수준이었지만 전쟁을 치르기 위해 물어야 하는 세금이나 강제징집은 더욱 끔찍했다. 중국 전역에 대중 반란이 빈번히 일어났고 결국 618년 수나라의 황제 양제煬帝는 살해당하고 말았다.

626년─최고의 문명국

새로 제국을 수립한 왕조는 당唐이었다. 당 태종太宗 치세에 중국은 세계에서 가장 진전되고 가장 문명화된 나라로 변모했다. 당의 수도 장안長安은 유례를 찾아볼 수 없을 만큼 거대한 도시였다. 8세기 장안에는 백만 명이 살았는데 런던이나 파리 같은 도시가 인구 백만이 되려면 무려 1100년이나 기다려야 했다. 장안은 국제적인 도시였다. 장안에는 인도인, 터키인, 일본인 방문객으로 넘쳐 났다. 불교는 종교와 철학을 부활시켰다. 문학과 시를 가르치는 학교들이 새로 생겨나 아름답고 위대한 작품이 만들어졌다. 중국에서는 이미 5세기부터 종이를 사용했지만 당대에 들어서는 목판을 새겨 종이에 인쇄하기 시작했다. 세계에 현존하는 가장 오래된 인쇄 문헌은 중국의 불교 경전인 금강경金剛經이다.

무엇보다 당나라에는 아테네의 전성기 때 존재했지만 이후에는 세계에서 사라졌던 연구 정신이 꽃폈다. 태종의 궁중에 찾아온 크리스트교와 무슬림 선교사들은 융숭한 대접을 받았다. 이들의 종교는 흥미로운 것으로 생각되어 교회와 모스크를 지을 수 있었다. 낯선 유럽의 궁중에 찾아간 중국인들은 이같이 관대한 대접을 받아 본 적이 없었을 것이다.

907년－하늘의 뜻에 따른 정치

당 왕조는 거의 3세기에 걸쳐 중국을 통치했다. 군사적인 측면에서 볼 때 당 왕조는 이슬람 세력과 티베트인들의 위협을 받고 있었다. 8세기에 티베트인들은 수도 장안에서 160킬로미터 앞까지 접근했다. 티베트가 처음부터 중국의 일부였다고 근대 중국 정부가 주장하고 있기 때문에 이 사실을 기억해 두어야 한다. 그러나 결국 당 왕조는 외부의 침략 때문이 아니라 내부 반란 때문에 붕괴했다. 당 왕조 말엽이었던 9세기의 중국은 일련의 끔찍한

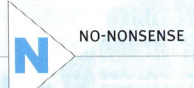

중국의 왕조

▶기원전 1700년—상 왕조, 중국 최초의 문명을 지배하다.

▶기원전 1000년—유목 민족이 상을 정복하고, 최초의 봉건제를 구축한 주 왕조를 세우다.

▶기원전 771년—주 왕조가 전복되다.

▶기원전 221년—최초의 황제인 시황제, 중국을 통일하다. 만리장성 축조가 바로 시작되다.

▶기원전 202년—한 왕조가 세워지다.

▶23년—유목민 침입자들이 수도 장안을 약탈하다.

▶220년—한 왕조 멸망하다.

▶626년—당 왕조, 태종太宗 치세에 예술과 종교를 꽃피우다.

▶907년—당 왕조가 멸망하고 남쪽에서 송 왕조가 부상하다.

▶1368년—주원장朱元璋, 명 왕조 초대 황제가 되다.

▶1644년—반란군이 수도 베이징을 점령하자 마지막 명 황제가 자살하다. 만주족이 청 왕조를 수립하다.

전염병, 홍수, 기근에 시달렸다.

지금도 마찬가지로 가장 가난한 사람들이 자연재해로부터 가장 많은 고통을 받는다. 아무리 끔찍한 기근이 찾아와도 부자는 절대로 굶어 죽지 않는다. 역사상 중국 농민들은 이 기본적인 정치적 사실을 누구보다도 가장 잘 이해한 사람들이었던 것으로 보인다. 이들은 이런 상황에 처했을 때마다 통치자를 상대로 반란을 일으켰기 때문이다. 중국 왕조가 종말을 고하는 원인에 언제나 끔찍한 자연재해가 등장하는 이유가 바로 여기에 있다.

907년 당나라의 몰락으로 중국의 거대한 격변에는 또 다른 국면이 펼쳐졌고 중국의 절반인 북부 지역은 혼돈에 빠졌다. 그러나 남부 지역에는 송宋 왕조하에서 인상적인 새로운 문명이 등장했다. 송의 주요한 진전은 농업 기술 부문에서 나타났다. 새로 개발된, 더 많이 수확할 수 있는 쌀 품종에 물을 댈 수 있는 관개망을 구축해 초창기 녹색혁명이라 부를 만한 성과를 일궜다. 인구의 급속한 증가는 농업 혁신을 촉발했고 또한 장려했다. 중국의 인구는 1100년까지 3세기 동안 거의 두 배 증가해 1억 1천만 명에 육박했다. 무역과 산업이 더욱 중요해졌고 상인들의 지위도 훨씬 높아졌다. 공자의 사고가 더 엄격하게 적용되었기 때문에 혈연보다는 능력에 따라 공무 수행 인력을 선발했다. 송의 중국은 능력을 중시한 사회였으며 동시에 가장 부유하고 훌륭히 통치되는 나라였으며 세계 최대의 문화국이었다.

유럽이 암흑시대를 지나는 동안 인도 역시 계몽기를 거치고 있었다. 아소카의 제국이 붕괴한 이후 인도아대륙은 여러 왕국으로 쪼개졌다. 그러나 320년 무렵 아소카 왕이 수도로 삼았던 파트나 지역에서부터 주변을 정복하며 확장해 갔던 굽타 왕조가 북인도 대부분을 재통일했다. 굽타 왕조 중 가장 탁월한 왕의 이름은 과거 탁월했던 통치자의 이름을 따라지었는데 평화를 추구했던 아소카 왕의 이름이 아니라 전쟁을 중시했던 찬드라굽타의 이름을 따랐다는 사실은 의미심장하다. 찬드라굽타 2세는 인더스 강에서 벵골 만에 이르는 광대한 영토를 지배했다.

전쟁에서 승리한 굽타 왕조는 더 많은 전쟁을 치르기보다 위대한 평화와 번영기를 추구했다. 이 경우에는 수단이 목적을 결정하지 않았던 것이다. 인도는 산스크리트어로 씌어진 주요 문학을 발전시켰다. 마하바라타나 라마야나Ramayana 같은 서사시의 결정판이 등장한 것도 이때다. 서사의 힘은 너무나도 강력해서 동남아시아 전역의 고전적 문학 형식으로 자리 잡았다. 불교를 믿는 오늘날의 타이나 무슬림 나라인 오늘날의 인도네시아에 가 보면, 이 힌두교 서사시들이 연극으로 상연되고 무용으로 공연되며 노래로 불려지고 이야기로 구전되고 있다는 사실을 알게 될 것이다.

굽타 왕조가 오늘날 우리에게 남긴 것은 따로 있었다. 이들은 우리가 매일 사용하는 십진법과 가치를 따질 수 없는 0이라는 개념을 창안해서 우리에게 유산으로 남겼다. 이들은 오늘날 전 세계가 사용하는 간단한 숫자 표기법(일반적으로 아라비아 숫자라고 알려져 있다. 옮긴이)을 고안해 냈다. 보통 우리는 아랍인들이 이룬 업적으로 알고 있지만, 유럽인에게 그 내용을 전수한 이들이 아랍

마하바라타와 라마야나

마하바라타Mahabharata

『마하바라타』는 인도 고대의 산스크리트 대서사시로 '바라타인의 전쟁을 읊은 대서사시'란 뜻이다. 오랜 세월에 걸쳐 구전되어 오다가 4세기경에 지금의 형태를 갖추게 된 것으로 여겨진다. 바라타인의 일파인 쿠르인과 반두인의 불화로 인한 싸움이 벌어져 반두인이 승리하는 내용이며 신화, 전설, 종교, 철학, 도덕, 법제, 사회제도 등에 관한 삽화가 많이 들어 있다. 이 삽화들은 후세의 사상과 문학에 많은 자료를 제공해 인도 국민의 정신 생활에 크게 영향을 끼쳤을 뿐만 아니라, 인도 문화가 보급됨에 따라 동남아시아의 인형극이나 그림자극에도 단골 소재가 되었다. 옮긴이

라마야나Ramayana

『라마야나』는 『마하바라타』와 더불어 세계 최장편의 서사시로 알려져 있다. 작품의 성립 연대나 기원은 기원전 11세기까지 거슬러 올라가며, 오늘날 전하는 것과 같은 모습을 갖춘 것은 기원전 2세기경으로 추정된다. 코살라국의 왕자인 라마의 파란만장한 무용담이 주제이다. 제1편과 제2편에서 역사적 인물인 라마를 힌두교의 세 주신 중 하나인 비슈누의 화신으로 설정해 놓고 수많은 삽화를 곁들임으로써, 이 역사시에 종교적인 의의를 부여하고 라마 숭배를 왕성하게 하여 후세의 문학과 종교 및 사상에 커다란 영향을 미치고 있다. 이 작품의 문체는 기교적으로 매우 세련되어 있어, 그 뒤로 발달한 미문체美文體 작품의 모범이 되었다. 옮긴이

인이라는 이유만으로 아라비아 숫자로 알려졌을 뿐 실제로는 모두 인도인들의 발명품이며 읽기, 말하기 혹은 바퀴만큼이나 인류 발전에 중요한 것들이었다.

굽타 왕조는 훈족의 잦은 침공으로 쇠퇴했고 마침내 6세기 중반 몰락했다. 인도는 다시 한 번 분열의 시기로 빠졌고 서로 다투는 나라들이 얽히고설키면서 5백 년의 세월이 흐르게 된다. 훈족은 이 중 일부를 다스렸지만 곧 철저하게 인도에 동화되고 말았다. 근대 인도 북동부 지역의 라지푸트인Rajputs은 이들의 직계 자손이다.

십자군 전쟁

크리스트교가 정치 무대의 중심으로 나선다. 로마 교황은 술수를 부리고 보통 사람들은 신념을 방어하고자 무기를 든다. 군주들은 하늘의 보상보다 지상의 권력을 중요하게 여긴다. 그리고 유럽 대륙은 지구의 나머지를 노략질할 채비를 한다.

유럽의 봉건 체계는 이제 고도로 발전되어 오늘날 다국적기업의 관리 방식과 비슷한 신분제를 고착시켰다. 원래 유럽의 봉건 체계는 지역 군벌과 가신 사이의 관계에 불과했다. 그러나 이제 각 영주(lord, 여성의 지위는 미미했으므로 여성형은 존재하지 않음)는 연공을 바쳐야 하는 대영주overlord를 모시게 되었고 그 대가로 대영주는 영주들을 보호해 주었다. 이런 식으로 거슬러 올라가면 이들 중 가장 강력한 군벌이 왕 또는 공작으로 불렸다.

보통 남성과 여성은 정치적 음모와는 대체로 무관하게 살았다. 들에서 일하는 남성은 자신들의 영주에게 소출의 일부를 세금으로 바쳤고 이따금씩 영주의 군인이 되어 전투에 나섰다. 들에서 일하는 여성들은 자질구레한 가사 일을 했다. 물을 길어 나르고 곡물을 빻아 가루를 만들고 음식을 만들고 아이를 돌봤다. 그리고 매주 교회에 나가 신이 보시기에는 남성이 여성보다 우월하다는 말씀을 들었다. 크리스트교 문화가 여성에게 부여한 새로운 지위는 제도화되었다. 여성은 재산을 소유할 권리도 상속받을 권리도 없었고 아버지가 남편에게 '건네주는' 물건과 같았으며 그러므로 이혼할 권리도 없었다.

이 시대 보통 사람들은 봉건적 사회의 피라미드 꼭대기에 누가 앉아 있는지 생각해 보지 않았다. 그러나 8세기에 이르면 사실상 대부분의 유럽인들이 단 한 명의 대영주를 모시게 되었다. 지금의 프랑스, 벨기에, 네덜란드 지역을 아울렀던 프랑크 왕국의 통치자 카롤루스 마르텔이었다. 아랍 군대가 에스파냐 너머로 제국을 확장하려고 했을 때 이를 저지한 것도 마르텔의 군대였다. 마르텔의 아들은 프랑크 왕국의 영향력을 동쪽의 게르만어 사용 지역까지 확장했고 768년 그의 손자 카롤루스에게는 사실상 통합된 유럽 왕국을 물려주게 되었다. 카롤루스는 로마를 정복했고 로마 교황에게 황제의 관을 받아 명실상부한 신성로마제국의 초대 황제가 되었다.

1054년 – 크리스트교의 소모성 논쟁

신성로마제국 황제는 황제의 칭호를 어떤 방법으로 얻어 냈건 간에 로마 교황과 사이가 나쁜 것이 보통이었다. 이 경쟁 관계는 이후 수세기 동안 지속되었다. 그리고 이 같은 정치적 논쟁 이외에도 로마의 가톨릭교회와 콘스탄티노플의 그리스 정교회 사이에서 종교적 논쟁이 벌어졌다. 결국 1054년 이 두 크리스트교 세계가 갈라서는 것으로 논쟁은 막을 내렸다.

유럽인들이 벌인 사소한 논쟁과 음모들은 세계사라는 태피스트리 전체로 보았을 때는 사소하기 짝이 없는 것이다. 그러나 그즈음의 로마 교황은 유럽에서 가장 중요한 인물이었다. 교황은 각지의 수도사와 사제들을 등에 업고 거기에서 나오는 권력으로 왕과 황제의 권위에 도전할 수 있었다. 또한 교황은 보통 사람들에게 직접적인 영향을 미칠 수 있었다. 동아시아 전역에서 불교가 미치는 영향력, 서아시아와 북아프리카에서 이슬람교가 미치는 영향력을 유럽에서는 이제 크리스트교의 하나님이 미치게 되었다. 종교의 보편화는 인류가 지역과 집단의 관심사를 초월한 사고에 반응할 수 있도록 만들어 주었다.

1095년 – 교황의 묘안

11세기에는 중앙아시아의 평원에서 침입한 세력의 물결이 이슬람을 부활시키면서 종교의 영향력이 선명하게 드러났다. 투르크는 10세기 바그다드를 지배했던 무슬림 칼리프를 정복했다. 최근 이슬람으로 개종한 투르크는 최초의 성전을 벌인 전사들만큼의 열정을 가지고 있었기 때문에 무슬림 신앙의 힘이 사실상 갱신되었다. 이슬람의 갱신 현상은 1055년 바그다드에 자신들의 왕국을 건설하고 지도자를 '술탄'이라고 불렀던 두 번째 투르크의 침입으로 반복되었다. 이들은 팔레스타인에 대한 지배권을 획득

유럽이 모양새를 갖추다

814년 카롤루스가 숨을 거둘 무렵 유럽의 국가들은 알아볼 수 있는 모양새를 갖추기 시작했다. 신성로마제국을 이루는 두 주요 민족은 나중에 프랑스어가 되는 라틴어의 프랑크 방언을 사용하는 민족과 다양한 형태의 게르만어를 사용하는 민족이었다. 두 민족 사이에 경쟁 관계의 뿌리는 깊어서 20세기인 오늘날까지 이어지게 되었다.

동쪽에는 슬라브인, 불가리아인, 폴란드인들이 살았고 민족의 이름을 딴 나라로 정착하여 오늘날에 이르렀다. 스칸디나비아의 핀란드인, 스웨덴인, 노르웨이인, 덴마크인은 대부분 크리스트교 세계 영역의 외부에 머무르면서 자신들의 전통을 유지했다. 또 다른 북방 민족인 러시아인들은 동쪽으로 이동해 키예프에 정착하면서 자신들의 이름을 딴, 세계에서 가장 큰 나라를 가지게 되었다. 또 다른 북방 민족들은 대서양을 건너 콜럼버스가 북아메리카 대륙에 발을 딛기 5 내지 6세기 전 그곳에 발을 디뎠다. 나머지 '스칸디나비아 민족'은 서유럽의 해안을 약탈하며 살았다. 이들은 886년 알프레드Alfred 대왕이 지배하던 영국의 절반을 얻기 위해 전투를 벌였다. 또 다른 집단은 912년 프랑스 북부를 점령했고 자신들의 이름을 따 노르망디Normandy라 이름 붙였다.

영국 역사책에는 카누트Canute라고 기록되어 있는 크누트Knut는 1016년 영국 전체를 정복했다. 동시에 그는 노르웨이 왕과 덴마크 왕위에도 올랐다. 1066년 마지막 노르만인들이 영국 해협을 건너갔다. 노르만인들은 최근에 획득한 프랑스어를 영국 언어에 이식했다. 오늘날까지도 영국 상류층이 사용하는 단어 중 많은 단어들은 그 기원을 프랑스어에 두고 있다. 왜냐하면 수세기 동안 프랑스어를 사용했던 노르만 정복자들이 앵글로-색슨인 농민들을 지배하는 귀족 계급을 형성했기 때문이다.

했고 콘스탄티노플의 황제를 위협했다. 콘스탄티노플 황제는 소원했던 우방인 로마 교황에게 사력을 다해 도움을 청했다.

당시의 교황 우르바누스 2세Urban II는 묘안을 짜냈다. 유럽 사회는 소규모 군벌과 그들이 징발한 농민 군사들 사이에 소소한 분쟁이 들불처럼 번지고 있었다. 곤란에 처한 황제의 전갈이 도착했을 때 우르바누스 2세는 그 모든 에너지를 한데 흡수해 콘스탄티노플에 대한 자신의 패권을 재구축할 방법을 찾았다. 우르바누스 2세는 크리스트교도들 사이에서 모든 전쟁을 중단할 것을 요청했고 1095년 '십자가의 전쟁' 혹은 십자군을 선언했다. 전쟁의 목적은 성가신 투르크의 수중에 떨어진 예루살렘을 되찾는 것이었다. (278쪽, '흑사병' 참조)

1100년―최초의 선전전

전쟁의 열기를 불러일으키기 위해 선전전이 동원됐다. 이것이 아마 역사상 최초의 선전전일 것이다. 교황의 전령들은 프랑스와 독일 전역에서 자행된 투르크의 잔학 행위에 대한 이국적인 이야기들을 퍼뜨렸고 대중적인 분노의 물결을 자아냈다. 21세기를 사는 우리들은 그런 정보를 들으면 한번쯤 회의적으로 생각해보게 마련이지만 11세기의 사람들은 그 소식을 불신할 이유가 없었다. 사람들은 공식 군대가 소집되기를 기다리지 않고 성지로 가서 '이교도'로부터 성묘(Holy Sepulcher, 예루살렘에 있었던 예수의 무덤. 옮긴이)를 되찾을 거대한 무리를 형성하기 시작했다.

사람들이 보여 준 이러한 태도는 보통 사람들의 삶에 크리스트교가 얼마나 깊이 뿌리내리고 있었는가를 보여 주는 주목할 만한 현상이었다. 이러한 움직임이야말로 세계 최초로 벌어진 진정한 의미의 '국제적' 운동이었지만 그 결과는 재앙에 가까웠다. 길을 잘못 든 다섯 집단이 유럽 전역을 유랑했다. 이 중 두 집단은 헝가리를 지나가면서 생김새가 다르니 이교도임이 틀림없다는 이유만으로 마자르인Magyars을 살육하기 시작했다. 사실 마자르인은 최근 크리스트교로 개종한 상태였다. 마자르인은 복수를 위해 이 두 집단을 학살했다. 라인 지방의 유대인 공동체를 살육했던 세 번째 집단 역시 같은 최후를 맞았다. 남은 두 집단만이 사실상 콘스탄티노플에 도착했지만 투르크군의 습격을 받고 전멸하고 말았다.

진정한 의미의 '제1차 십자군'은 노르만인들이 이끄는 훨씬 전문적인 집단으로 구성되었다. 2년간의 전투 끝에 끔찍한 살육의 현장 한복판에서 예루살렘을 탈환했다. 제1차 십자군은 탈환한 예루살렘을 한 세기 정도 지켰고 이후 무슬림이 예루살렘을 되찾아 갔다. 그 뒤로도 몇 차례에 걸쳐 추가로 십자군이 조직되었는데 그중에는 지금의 수단 지역에 있던 크리스트교 왕국인 누비아에서 온 십자군도 있었다. 이들은 너무도 철저하게 패배한 나머지 누비아 문명 자체의 몰락을 가져왔다. 누비아의 위대한 도시들은 무너져 폐허가 되었으며 누비아인들은 오두막 생활로 되돌아갔다. 그러나 교황이 자신을 위한 정치적 도구로 십자군을 이용하기 위해 조작했다는 사실이 너무나도 명백했기 때문에 십자군이라는 사고는 초기에 보여 주었던 위력을 다시는 회복하지 못했다.

크리스트 교회의 정치적 지배력은 대체로 그 힘을 점점 잃어가기 시작했다. 크리스트 교회는 교회가 가진 부와 독립성을 괘씸하게 생각했던 유럽의 왕들과 자주 마찰을 빚었다. 자녀가 없는 사람들은 자신의 토지를 교회에 유산으로 남겼고 그 결과 교회는 엄청난 재산을 가지게 되었다. 그리고 수도원은 왕에게 세금을 내지 않고 로마에 세금을 냈다. 이 말은 나라의 사분의 일이 속세의 통치자로부터 사실상 독립적으로 활동한다는 의미다. 유럽의 군주들이 이러한 사실을 유쾌하게 받아들였을 리 만무했다.

또한 교회는 보통 사람들의 공감도 잃어버리기 시작했다. 사제들과 수도사들의 질적인 역량이 점차 떨어졌기 때문이었다. 교회에 몰려든 신참들은 하늘의 보상보나는 세속적인 금선에 너 많은 관심을 보이는 사람들이었고 이들은 글자 그대로 제멋대로 행동했다. 이들은 시민 법정에 고발당할 염려가 없었기 때문에 대체로 이러한 특권을 남용했다.

편협한 시야를 가졌던 로마 교회는 의견을 달리하는 사람들을 악의적으로 억압했으며 이로 인해 더욱 약화되었다. 발데스 Waldes나 아시시Assisi의 성 프란체스코St. Francis 같은 종교 지도자들은 빈곤했던 예수의 단순했던 생활로 돌아가자고 설교했다. 이들을 추종한 사람들은 잔인하게 박해받거나 투옥되었고 살해당했다. 교황의 입맛에는 엄격한 도미니크 수도회가 더 잘 맞았다. 도미니크 수도회는 교황을 도와 누가 이단인지 아닌지를 판단하는 이단심문소를 설치했다. 신앙과 희망을 지키는 피난처였던 교회가 유럽 전역에서 두려움의 대상과 분노의 대상이 되었다는 사실은 크게 놀랄 일도 아니다.

1350년―유럽, 마침내 거듭나다

유럽의 문화와 지적 전통을 부활시킨 '르네상스' 가 교회의 정통성에 도전했기 때문에 교회는 의견을 달리하는 자들을 강하게 탄압해야만 했다. 중국과 이슬람의 문화를 접하게 되면서 유럽인들은 사고의 지평이 넓어지면서 위대한 그리스 문헌에 대한 관심이 새롭게 갱신되었다. 물론 처음부터 사고를 발전시켜 나가려고 노력했던 것은 아니어서 초창기에는 맹목적으로 모방하는 수준이었다. 볼로냐, 파리, 옥스퍼드에 대학이 설립되었고 이탈리아에서는 크리스트교의 하나님을 찬미하는 내용이 주를 이루는 기막히게 아름다운 예술 작품이 만들어졌다.

마지막으로 도착한 인쇄술과 종이 덕분에 이러한 내용이 날개돋친 듯 확산될 수 있었다. 중국에서는 이미 2세기부터 종이를 사용했다. 8세기에 아랍인들은 중국인들로부터 종이 만드는 법을 전수받았다. 그러나 유럽은 15세기까지도 넓은 지역에 유통시킬 만큼의 책을 인쇄하기 위한 양질의 종이를 충분히 제조할 능력이 없었다. 15세기 이후가 되어야 글을 읽는 일이 평범하고 누구나 할 수 있는 활동으로 자리 잡게 되었다. 그리고 사람들은 라틴어보다 자신들의 언어로 문서를 작성하기 시작했다.

몽골의 세기

정착 문명은 언제나 비교적 농업 활동에 제약이 많은 지역에 사는 유목민의 위협을 받아 왔다. 13세기의 몽골 민족은 그중에서도 가장 큰 위험이었다.

1206년 몽골 민족은 투르크 집단과 동맹을 맺고 세계에서 가장 생기 넘치는 세력을 형성했다. '대양 사이에 존재하는 모든 것의 왕자' 라는 의미를 지닌 칭기즈 칸의 지도 아래 몽골 민족은 1215년 베이징을 파괴했다. 그 뒤 말머리를 서쪽으로 돌려 페르시아, 아르메니아, 북인도, 러시아 남부를 정복했다. 칭기즈 칸의 아들 오고타이 칸은 정복 전쟁을 계속 이어갔고 폴란드와 러시아를 초토화했다. 역사상 겨울에 러시아를 침공해 성공한 경우는 이때가 유일하다. 1241년에는 폴란드와 독일의 연합군에 맞서 승리를 거뒀다.

몽골 민족은 '유목민 무리' 에 불과했을지 모르나 어떤 측면에서는 매우 복잡한 성격을 띠기도 했다. 몽골 민족은 중국의 발명품인 화약을 들여와 유럽 역사상 처음으로 전투에서 사용했다. 그리고 몽골 민족은 유럽 측 상대들이 활용했던 모든 정보를 능가하는 정보를 가지고 군사작전을 계획했다. 몽골 민족은 정보를 얻기 위해 염탐 활동을 했으며 수집된 정보를 토대로 공격할 최적의 시기를 결정했다. 그러나 몽골 민족을 다른 민족과 다르게 만드는 궁극적인 활동은 그들의 파괴적 공포정치에서 찾아볼 수 있다. 몽골 민족은 즉시 항복한 적들을 모두 가차 없이 노예로 삼고 나머지는 나이나 성별에 상관없이 모두 살육했다. 유목민이었던 몽골 민족은 도시 생활을 거의 이해하지 못했기 때문에 베이징에서 키예프에 이르는 도시를 모두 쓸어버렸지만 결국에는 자신에게 손해임을 알게 되었다.

몽골의 군대는 자신들이 정복하고자 했던 서유럽을 쉽게 정복할 수 있었을 것이다. 하지만 오고타이의 사망으로 계승 논쟁이 불거지면서 되돌아가고 말았다. 그 결과 몽골 민족은 동방에 더 집중하게 되었고 13세기 중반에는 송 제국을 물리치고 중국의 통치자로 나서게 되었다. 1280년 쿠빌라이 칸은 공식적으로 황제의 자리에 올랐다.

그 사이 쿠빌라이의 형제 훌라구가 페르시아와 시리아를 초토화하고 수도 바그다드의 무슬림을 사로잡았다. 훌라구 역시 계승 논쟁 때문에 말머리를 돌렸다. 훌라구의 정복 활동의 결과는 오래 지속되었다. 메소포타미아는 수메르 문명이 이룩했던 정교한 관개 시설을 활용해 높은 농업 생산력을 유지해 왔다. 훌라구 칸의 몽골 세력은 도시를 파괴하고 사람들을 살육한 데서 그치지 않고 주민들의 생활을 지탱해 왔던 관개 시설도 파괴했다. 그 결과 메소포타미아 지역의 사막화가 진행되었고 그 이후로는 농업적으로 쓸모없는 땅이 되었다.

그러나 앞서 간 유목 민족의 제국들이 그러했듯이 몽골제국 역시 오래가지 못했다. 몽골제국의 동부 절반은 불교 국가가 되었고 서쪽 절반은 이슬람교로 개종했다. 그리고 몽골 민족은 본래 가졌던 적대적인 민족성을 버리고 자신들이 정복한 문명의 문명화된 생활에 빠르게 적응했다. 쿠빌라이 칸과 훌라구 칸은 자신들이 축출했던 중국과 페르시아의 문명과 문화를 답습했다. 몽골 민족은 도시 정착민들과 경작인들을 심각하게 위협한 초원 지역의 마지막 유목 민족이었다. 이후 몽골 민족은 점차 중국과 러시아 같은 이웃 강대국의 지배를 받게 되었다.

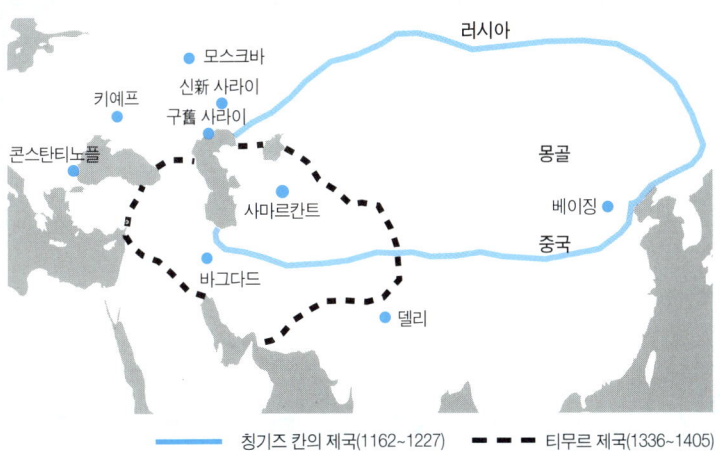

몽골제국

칭기즈 칸과 그의 자손들은 지금의 중국 동부에서 터키를 아우르는 지역을 정복해 역사상 가장 큰 제국 중 하나를 건설했다. 두 번째 제국은 14세기 티무르 치하에서 번성했다.

1517년─루터가 이기다

초창기에 인쇄된 책 중 하나는 성서였다. 성서가 인쇄되자 성직자들이 더 이상 종교적 의사소통을 독점할 수 없게 되었기 때문에 교회의 권위는 더욱 손상되었다. 로마와 아비뇽에 각각 교황이 나타나 서로의 추종자들을 저주하고 파문하는 일이 발생하자 교황의 영향력은 더욱 쇠약해졌다. 로마 교회가 스스로 개혁을 단행할 역량이 없다는 사실이 분명해지면서 종교개혁의 기회가 무르익어 갔다.

마르틴 루터는 1517년 독일에서 가장 효과적인 공격을 감행했다. 루터는 본래 수도사였으나 인쇄물을 활용해 교회의 정통 교리를 두고 논쟁을 벌였다. 불행히도 루터는 여성에 대한 정통 교리에는 도전하지 않았다. 루터는 다음과 같이 설교했다.

"하나님은 여성의 신체를 남성에게 속하도록 만드시고 아이를 가지고 돌보도록 하셨습니다. (…) 여성은 죽을 때까지 아이를 가져야 합니다. 그것이 그들에게 주어진 일이기 때문입니다."

루터의 종교 사상은 사람들의 마음을 움직였다. 한 세대도 지나지 않아 대부분의 북유럽 나라들이 로마와 갈라서고는 신교 Protestantism라 불리는 이 새로운 크리스트교를 토대로 각자의 국교회를 형성했다. 국교회를 설립한 나라들의 군주들이 가진 일반적인 동기는 종교적 확신보다는 로마의 권력에 대한 분노였다. 그리고 군주들은 교회의 재산을 몰수해서 자신들의 금고를 키웠다.

맹공격에 맞선 가톨릭교회는 자기 혁신을 통해 오늘날까지 살아남았다. 가톨릭교회는 과거 에스파냐의 군인이었던 성 이그나티우스 로욜라St. Ignatius of Loyola의 공으로 소생할 수 있었다. 로욜라는 거의 군대와 같은 규율을 가진 예수회Jesuits를 조직해 선교 활동과 교육 활동에 매진했다. 그러나 로마 교회가 누렸던 과거의 권력은 다시 돌아오지 않았다.

5

사라진 역사,
멈춰 버린 이야기

신세계에서 누린 영광과 그곳에서 저지른 살인

숨겨진 대륙

WORLD HISTORY

신대륙을 향한 개척과 도전 정신의 이면에는 무엇
이 숨겨져 있을까?
인류의 발생지였던 아프리카가 왜 가난하고 불행
한 대륙이 되었을까?

09

신세계에서 누린 영광과
그곳에서 저지른 살인

피라미드 신전은 하늘까지 닿는다. 마야의 천문학자들은 정교한 달력을 추정해
낸다. 아스텍인들은 피에 굶주린 신을 위해 포로를 바친다. 잉카인들은 광대한 산
악 지역에 제국을 건설한다. 그러나 유럽인들의 배가 수평선에 나타나고……. 이
야기는 거기서 멈춘다.

몽골제국은 중국인들의 사고를 유럽에 옮기는 가교 역할을 함
으로써 유럽이 암흑시대에서 빠져나오도록 도왔다. 유럽인들은
세계가 완결적 실체라는 사실을 처음으로 깨달았다. 그들은 다양
한 민족과 사물로 가득 찬 세계에 마음을 빼앗겼다. 세계는 방문
할 만한 가치가 있고 측량할 수 있으며 이해할 수 있는 곳이었다.
쿠빌라이 칸이 다스리던 중국에서 경이로운 일들을 경험한 마르
코 폴로 같은 여행자들의 이야기는 유럽인들의 상상력과 모험심
을 자극했다. 세계는 둥글다는, 중국인·인도인·무슬림은 이미
알고 있었던 사실을 15세기의 유럽인들도 알게 되었다. 크리스토
발 콜론(콜럼버스)이라 불렸던 선원은, 세계가 둥글다면 서쪽으로
항해해서 중국에 도달할 수 있을 것이라 생각했다. 그는 1492년

항해 끝에 인도에 도착했다고 여기면서 카리브 해 어딘가에 발을 디뎠다. 그리고 그 증거로 두 명의 원주민과 금, 기묘한 동물을 싣고 돌아갔다.

유럽인들은 곧 자신들이 신세계를 발견하게 되었다는 사실을 깨달았다. 그러나 콜럼버스의 실수 때문에 모든 아메리카 원주민들은 '인디언'이라는 얼토당토않은 이름을 갖게 되었고 카리브 해의 섬들은 서인도제도라고 불리게 되었다.

다행히도 대륙 자체는 덜 혼란스러운 이름을 갖게 되었다. 1507년에 발간되어 많은 영향을 미쳤던 마르틴 발트제뮐러

톨텍
테오티와칸
아스텍
　올멕
　마야

메소아메리카의 문명들

● 인디언Indians─콜럼버스는 자신이 도착한 곳이 인도라고 믿었고 그래서 그곳 주민들에게 인도인이라는 이름을 붙였다. 옮긴이

의 지도에 등장한 이 새로운 대륙의 이름은 그의 친구이자 탐험가인 아메리고 베스푸치의 이름을 따라 지어졌다. 그러나 유럽인들의 신세계는 그곳에 처음 도착했던 아메리카 개척자들의 자손이 무려 3천 년을 살아왔던 터전이었다.

기원전 6000년─장엄한 수수께끼

아메리카에서 정착 문명 생활이 궤도에 오르기까지는 더 많은 시간이 소요되었다. 중앙아메리카와 남아메리카의 농업 활동은 유럽인들이 도착하기 수천 년 전부터 이루어져 왔다. 안데스에서

는 기원전 6500년 전 무렵부터 농업이 이루어졌고 멕시코에서는 그로부터 5백 년 후에 이루어졌다. 그러나 농업과 동물을 길들이는 일은 매우 천천히 퍼져 나갔다. 그 이유는 채집과 수렵을 통해 얻을 수 있는 것 이상의 먹을거리가 필요치 않을 만큼 인구가 밀집되어 있지 않았기 때문일 것이다. 사람들은 야생식물을 길들이려고 시도했지만 경작으로 생산되는 먹을거리는 오직 평균적인 식생활을 보충하는 수준이었다. 그래서 농업이 발견되고 나서도 4천 년이 지난 후에야 사람들은 마을에 정착했다. 정착하기까지 걸린 시간은 아프리카와 아시아에서 걸린 시간의 세 배나 되었다. 구세계가 신세계보다 먼저 정착을 시작했다는 사실은 신세계 주민들의 운명을 결정짓는 중대한 요인이었음이 밝혀졌다.

사제와 피라미드, 다른 지역 주민들과 아무런 교류 없이 철저히게 독립적으로 지냈다는 사실 때문에 사람들은 고대 아메리카 문명의 역사에 매력을 느낀다. 그러나 우리는 여전히 그들의 문명에 대해 아는 것이 거의 없다. 문자로 기록된 것이 없기 때문에 모든 연구는 고고학에 의존할 수밖에 없고 그래서 이들의 문화가 갑자기 붕괴한 이유같이, 여전히 풀리지 않는 수수께끼도 있다.

기원전 1200년―산산이 부서진 신의 머리

최초의 아메리카 문명으로 알려진 것은 올멕Olmecs 문명으로 기원전 1200년 무렵부터 멕시코 만 주변의 열대 저지低地로부터 확장해 갔다. 올멕인들이 구축한 문명은 이후 다른 곳에 수립된 문명들의 표본이 되었다. 사제 계급으로 이루어진 상류층이 엄격한 신분제 국가를 통치했는데 이들은 보통 사람들이 바치는 세금으로 먹고 살았고 이들이 거주하는 건물은 보통 사람들의 노동력을 동원해 지었다. 보통 사람들은 훨씬 기본적인 건물에서 생활했다. 올멕인들은 상형문자와 숫자 체계를 발전시켰고 이는 대륙 전역에 퍼져 나갔다. 그리고 이들이 지은 피라미드 모양의 건축물은 다른 지역의 피라미드와 대비해도 손색이 없었다. 전쟁에서 패배하고 고통받았다고는 하지만 올멕 문명이 사라진 일은 하나의 수수께끼다. 기원전 5세기에 올멕 문명의 수도는 파괴되었고 올멕인들이 섬기던 신들을 새긴 석상의 머리는 대부분 부서졌다.

600년—시간과 마야 문명

다음으로 등장한 위대한 민족은 마야인들로 이들은 600년이 되어서야 전성기를 구가하기 시작했다. 마야인들은 지금의 과테말라, 벨리즈, 유카탄(멕시코) 지역에서 왔으며 인상적인 피라미드 신전과 여러 층으로 이루어진 궁궐을 지었다. 피라미드를 건설한 이집트인들이 그랬던 것처럼 마야의 피라미드도 많은 노동력의 희생이 필요했다.

평범한 마야인들은 주로 농부였다. 산 중턱을 깎아 만든 계단 모양의 밭은 매우 정교하게 만들어졌다. 마야인들은 지적인 방면에서도 이룬 바가 있다. 이들은 20진법을 활용한 올멕 문명의 숫자 체계를 더욱 발전시켰고 구세계의 인도인들이 0을 발견한 지

얼마 지나지 않아 0의 개념을 깨달았다. 마야인들은 시간을 기록하는 데 온 힘을 기울였다. 천문학을 근거로 만들어진, 52년마다 한 세기가 반복되는 마야의 달력은 놀라우리만큼 복잡하다. 마야 사회 또한 아주 갑자기 붕괴했다. 900년 무렵 마야인들은 도시를 파괴하지 않고 그대로 남겨 두고 떠났다. 그래서 마야인들이 외부의 침입으로 멸망했다기보다는 전염병으로 고통받았거나 파국적 자연재해로 멸망했을 것이라 추정된다.

650년 ─ 거석과 제국

티아우아나코Tinahuanaco와 우아리Huari를 중심으로 하는 위대한 안데스 문명에는 수수께끼가 아직도 남아 있다. 7세기 무렵 건설된 이 거석 도시는 800년경 버려졌고 문명은 흔적도 없이 사라졌기 때문이다.

100년에서 750년 사이 멕시코에는 인구가 12만 5천 명에 달했던 테오티우아칸Teotihuacan 같은 도시국가도 등장했다. 구세계 대부분의 도시보다도 규모가 컸고 신세계에서도 가장 컸던 테오티우아칸은 13제곱킬로미터의 지역에 펼쳐져 있었다. 이들이 남긴 유적을 둘러보면 이들이 세심하게 도시를 계획했다는 사실을 알 수 있다. 그러나 남아 있는 기록물은 전혀 없으며 8세기에는 미지의 세력에게 침공을 받아 이들의 도시 역시 심하게 파괴됐다.

16세기 에스파냐 선교사가 구전되는 역사를 수집했던 덕분에 오늘날 멕시코의 역사는 다른 지역의 역사에 비해서 많이 알려진 편이다. 에스파냐 선교사는 사나운 유목 민족이 더 발전된 문명을 공격했던 고대 구세계의 역사 발전 모형이 이곳에서도 반복됐다는 사실을 발견했다. 이들 중 하나가 10세기 멕시코에 제국을 건설했던 톨텍Toltecs 문명이다.

1325년—피로 물든 아스텍의 제의

1325년 아스텍인들 역시 건조한 북부에서 내려와 지금의 멕시코시티인 테노치티틀란Tenochititlan을 건설했다. 알맞은 땅을 찾아 개척할 능력이 있음을 깨닫기 전까지 그들은 약 한 세기 정도 용병으로 활동했다. 1428년 아스텍인들은 자신들의 영역에 대한 지배권을 확립했고 정복을 통해 확장하기 시작했다. 아스텍인들은 한 국가와 연합해 다른 국가를 파괴하고 다시 다른 국가와 연합한 후 과거의 동맹국을 파괴했다. 정복된 민족은 테노치티틀란의 확장 비용을 충당하기 위해 무거운 조공을 바쳐야 했다.

포로를 바치는 것도 조공의 한 형태였다. 이 포로들은 피의 희생 제물로 바쳐졌는데 제의의 규모나 소름 끼치는 광경은 다른 지역에서는 유래를 찾아볼 수 없는 독특한 것으로 놀라지 않을 수 없다. 수만 명의 심장을 도려냈는데, 1487년 새로 지은 신전의 봉헌식에서 한꺼번에 2만 명의 사람들을 이런 식으로 살육한 적도 있었다. 이런 의미에서 아스텍의 종교는 매우 비관적인 성격을 띠었다. 아스텍인들은 신들이 자신들에게 등을 돌리지 않도록 하기 위해 꾸준히 피를 바쳐 신들의 비위를 맞춰야만 했다.

아스텍 문명은 2500만 명을 지배했던 고도로 발전된 국가였지만 매우 잔인하고 무자비한 문명이었다. 15세기 들어 기근이 자주 발생하고 농민들은 반란을 일으켰다. 이러한 일들은 1502년 사제 몬테수마 2세가 새로운 황제로 선택된 이후 증가했다. 그는 조공국이 바쳐야 할 조공의 규모를 늘렸고 이는 이웃 국가의 저항을 불러왔다. 또한 국내에서는 흉작 때문에 그의 권위에 도전하는 반란이 발생했다. 파멸의 징후가 온 땅을 뒤덮었다. 1510년에 관측된 혜성은 고대 톨텍 문명이 섬겼던 신, 케트살코아틀 Quetzalcoatl의 귀환을 알리는 징조로 해석되었다. 신화에 따르면 케트살코아틀은 옥, 나비, 뱀을 상징하는 희생물을 원했다. 그러나 인간의 피를 선호했던 사제들에 의해 추방되었다고 한다.

1519년―정복자들

1519년 쿠바에 상륙했던 에스파냐인들은 아스텍이 겪고 있던 혼란을 기회로 활용할 줄 알았다. 에스파냐는 이미 카리브 해 연안의 여러 섬에 정착한 상태였다. 멕시코에 상륙한 6백 명의 원정군을 이끌었던 것은 쿠바의 새로운 수도 아바나Havana의 시장이었던 에르난 코르테스였다. 일단 상륙한 뒤에는 앞으로 나아갈 수밖에 없었던 코르테스 일행은 말, 총, 강철, 검, 갑옷으로 무장한 채 지역의 저항을 차례로 제압해 갔다. 에스파냐인들이 사용한 막강한 화력과 특이한 용모는 이들을 신으로 여기도록 만들었다. 아스텍의 통치 방식에 대한 분노로 가득했던 지역민들은 테노치티틀란으로 진격하던 에스파냐의 군대로 모여들었다. 몬테수마는 코르테스가 케트살코아틀인지 아닌지 확신하지 못했지만 그가 코르테스를 상냥하게 맞이했을 때 코르테스는 그를 포로로 잡아 화답했다. 흥분한 군인들이 아스텍인들을 신전에서 학살하자 전면전이 벌어졌고 1521년 에스파냐인들은 포위 공격 끝에 테노치티틀란을 수중에 넣었다. 아스텍 제국에는 신新 에스파냐라는 이름이 부여되었고 비극적인 식민지 역사가 시작되었다.

1525년―잉카의 승리와 자연재해

에스파냐인들은 다음으로 잉카Incas제국을 정복했다. 잉카인들은 파차쿠티Pachacuti가 왕위에 올랐던 1438년 안데스 지역에서 독보적 존재로 떠올랐다. 이 시기에 잉카는 일련의 정복 전쟁을 성공적으로 수행했다. 고지에서 지내던 이 작은 집단은 4십 년 만에 오늘날의 에콰도르에서 칠레에 이르는 지역 전체를 아우르는 거대한 제국을 건설했다. 잉카제국은 수도 쿠스코Cuzco와 제국의 변경을 연결하고자 1만 4천 킬로미터의 포장도로를 정교한 다리와 터널을 활용해 건설했다. 이 같은 토목공사는 잉카 사회가 매우 체계적으로 조직된 사회임을 보여 준다. 이러한 대규모 토목공사가 가능했던 이유는, 우리가 아는 과거 남아메리카에 존재했던 모든 민족과 마찬가지로 잉카 사회가 엄격한 신분제 사회였기 때문이다. 꼭대기에는 신으로 받들어지는 왕이 있었고 바닥에는 토지 없는 농민들이 있었다. 국가의 중앙집권적 통제는 절대적이어

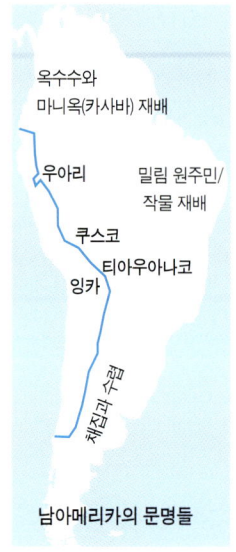

옥수수와
마니옥(카사바) 재배

우아리

밀림 원주민/
작물 재배

쿠스코

티아우아나코

잉카

제정과 수렵

남아메리카의 문명들

서 20세기의 여러 파시스트 독재 정권도 부러워할 만한 수준이었다.

그러나 강력하고 도전받지 않는 신성한 왕의 통치에 의존했던 잉카의 지배력은 1525년 왕위 계승 문제 때문에 내전이 발발했을 때 제국이 약화될 수밖에 없는 이유가 되었다. 프란시스코 피사로가 이끄는 180여 명의 에스파냐 군사들이 전쟁의 여파로 시달리고 있던 잉카제국에 도착했다. 그들은 멕시코를 정복했던 코르테스를 본받아 새로 즉위한 신성한 왕 아타우알파Atahualpa를 납치했다. 협상을 통해 몸값을 받은 피사로는 왕을 살해했다. 1533년 말 에스파냐인들은 쿠스코를 정복했고 잉카제국 전체를 장악했다. 이들이 전파한 이국의 질병(천연두를 말한다. 옮긴이)이 정복에 성공한 원인 중 하나로 꼽히는데 이 질병이 지역의 인구를 급격하게 감소시켰기 때문이다. 이때부터 아메리카 원주민은 주변화되었고 몰려든 정복자들의 무리 속에 흡수되었다.

1607년—백인들이 몰고 온 죽음

에스파냐 사람들이 라틴아메리카 원주민에게 미친 영향은 인류 역사상 가장 끔찍한 사건 중 하나다. 그 결과는 흑사병보다도 훨씬 끔찍했다. 1519년 멕시코의 인구는 2천백만 명이었지만 1565년에는 2백5십만 명으로 급감했다. 1607년에는 백만 명만이 살아남았다. 천백만 명이 살았던 페루의 경험도 비슷해 결국 백5십만 명만이 살아남았다.

이 사건은 자주 흑사병과 비교된다. 대부분의 사람들이 검이 아니라 질병에 희생되었다. 수천 년 동안 고립된 채 발전했기 때문에 아메리카 원주민들은 천연두, 홍역, 감기 같은 구세계의 질병에 대한 면역이 없었다.

그 밖에도 많은 사람들이 광산에서의 과중한 노동으로 죽어 갔다. 이들은 에스파냐의 식민지 건설에 동기를 제공했던 은광에서 채찍질에 시달리며 노동했다. 이들은 놀랄 만한 부를 생산했다. 1650년 1만 6천 톤의 은제품과 180톤의 금제품이 배에 실려 신세계에서 유럽으로 이전되었다.

1650년 ─ 노예제도의 성립과 악화되는 상황

1542년 에스파냐 정부는 원주민을 노예로 삼는 일을 금지하는 놀라운 법을 발표했다. 그러나 기득권층은 압력을 행사해 이 법안을 완화시켰다. 인디언들이 광산과 플랜테이션 농장에서 가혹하게 착취당하는 일이 이어졌다. 그러나 이들의 수가 줄어들면서 아프리카에서 수입한 노예가 빈 자리를 채웠다. 아프리카에서 노예를 실어 나른 사람들은 포르투갈인들로 이들은 1440년대 이후로 줄곧 체계적인 노예무역을 주도했다. 1455년에는 교황의 특별허가가 내려지기도 했는데 역사상 크리스트교가 저지른 여러 끔찍한 사건 중 하나가 되었다. 1650년 멕시코의 아프리카인 노예는 4만 명에 가까웠고 페루에는 3만 명 정도가 있었다. 그러나 17세기와 18세기 사이에 카리브 해 연안에 있었던 영국, 프랑스, 네덜란드의 플랜테이션 농장에서 2백만 명에 달하는 노예를 끌어들였다는 사실을 생각하면 이 수치는 아무것도 아니었다.

브라질에는 더 많은 노예가 상륙했다. 1500년 포르투갈은 브라질을 자신의 영토라고 선언했고 5십 년도 지나지 않아 거대 플랜테이션 농장을 만들어 사탕수수를 재배하기 시작했다. 사탕수수 플랜테이션 농장에서의 노동은 인류가 알고 있는 노동 중 가장 힘겨운 것이다. 그러므로 이 지역 전체가 노예로 채워지게 되었다. 1550년에서 1800년 사이 브라질 한 지역에서 흡수한 아프리카인 노예는 250만 명에 달했을 것으로 추정되지만 1800년의 흑인 인구는 100만 명에 불과했다.

나머지는 다 어디로 갔을까? 대부분은 죽고 극소수는 탈출했다. 노예 소유주들은 노예 노동을 통한 이윤이 2년 후부터 나기 시작한다고 노골적으로 주판알을 튕겼다. 5년 내지 6년이 지나면 노예들은 기력이 쇠하기 때문에 새로운 노예로 대체해야만 했는데, 노예들이 일하다가 죽으면 다른 노예로 대체하는 게 이들의 생활 조건을 향상시키거나 가족을 갖도록 장려하는 것보다 비용 측면에서 훨씬 효율적인 것으로 판명되었다. 인류 역사상 돈을 만들어 내려는 욕망이 인간의 존엄을 더럽힌 사건 중 이보다 더 끔찍한 사례는 없다.

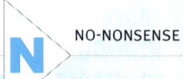
대서양의 노예무역(1450~1870)

포르투갈, 영국, 프랑스, 에스파냐, 네덜란드는 모두 아프리카로부터 아메리카 및 카리브 해로 노예를 수출했다. 1200만 명의 아프리카인들이 자신들의 땅을 강제로 떠나 유럽의 플랜테이션 농장으로 팔려 갔고 그곳에서 강제노동에 시달렸다. 다음의 도표는 1450년~1870년 사이 매년 수출된 노예의 수를 보여 준다.

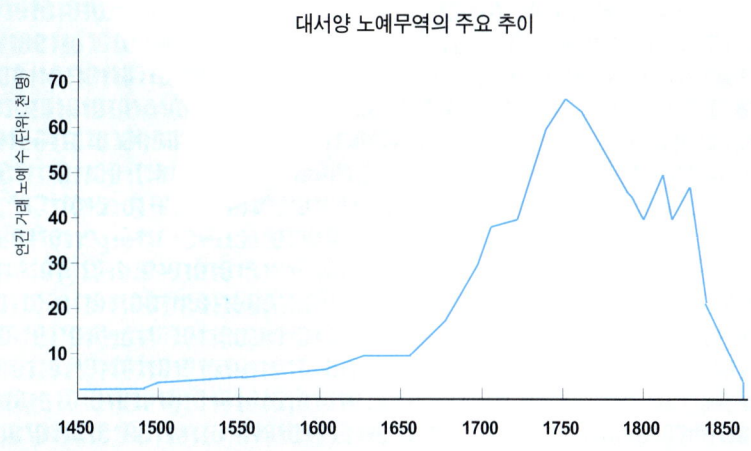

대서양 노예무역의 주요 추이

▶출처―Third World Atlas, Open University 1994.

숨겨진 대륙

아프리카의 반투인은 적대적인 자연환경을 활용한다. 아프리카 서부와 남부에서 위대한 황금 문명이 등장하고 스와힐리 무역 상인들은 인도와 중국에서 온 사람들을 만난다. 그러나 유럽인들은 노예를 거래하는 끔찍한 무역 방식을 창안한다.

아프리카 이야기에서 중요하게 취급되었던 나라는 이집트였다. 한편 쿠시 왕국, 누비아 왕국, 악슘 왕국도 최소한 이프리키 이야기에 한번쯤은 등장한 적이 있었다. 그러나 아프리카의 나머지 지역은 전혀 드러나지 못했다. 사하라 사막이라는 거대한 황무지에 막혀 세계사의 흐름에 섞이지 못하고 고립되었던 것이다.

그러나 사하라 사막을 가로질러 이루어졌던 사하라 횡단 무역은 이익이 많이 나는 중요한 활동이었다. 사하라 횡단 무역은 유럽인들이 아프리카에 도착하기 전까지 천 년 이상 이어져 왔던 활동이었다. 북쪽으로 금을 실어 나르는 낙타의 행렬이 이어졌다. 그리고 서아프리카의 금은 유럽에서 르네상스가 꽃필 수 있도록 만든 자금줄이 되었다. 금은 위대한 문명에서 도래했는데 유럽인들은 아프리카가 야만인들의 세계라는 자신들의 관념을 보존하기 위해서 이러한 사실을 간단히 무시했다. 3천 년 전부터 사하라 이남 아프리카 전역에는 여러 집단이 흩어져 살았다. 이들은 함정을 파서 동물을 잡거나 야생 열매나 식물을 채집하며 생계를 유지했다. 그러나 반투어로 의사소통하는 민족Bantu-speaking people이 서아프리카의 열대우림에서 이주해 왔다. 이들은 기원전 500년 콩고에 도달했고 기원후 100년에는 케냐에 도달했으며 300년 무렵에는 남아프리카에 이르렀다. 이상하게도 아프리카에서 오래전부터 사람이 살았다는 역사적 사실이 20세기 후반의 정치에서 중요한 요인 중 하나로 자리 잡았다. 아파르트헤이트 시대에 남아프리카의 많은 백인들은 17세기에 네덜란드인들이 최초로 이곳에 정착했을 당시 반투어를 사용하는 농민들이 토지를 점유하고 있지 않았다고 주장했다. 그러나 사실 코사인Xhosa, 츠와나인Tswana, 줄루인Zulu의 조상들은 천 년 넘게 남아프리카에서 생활해 왔다.

　반투어를 사용하는 아프리카인들은 작은 들판을 개간해 경작했고 물이 흐르는 계곡에 마을을 세우기 위해 자신들이 마주친 채집-수렵 민족을 대체하거나 흡수했다. 이들은 혹독한 환경이라는 가장 큰 어려움을 극복하거나 길들였다. 인류의 발생지는 아프리카였지만 이곳은 인간의 생존에 가장 적대적인 환경을 가진 대륙이기도 했다. 그리고 유럽인들도 20세기에 들어서야 극복 방안을 찾아냈던 아프리카의 질병, 기후, 지형적 조건을 아프리카의 반투인이 이미 극복했다는 사실은 인류 발전사에서 이룩한 주요 업적 중 하나라고 할 수 있다.

그러나 아프리카에서 최초로 위대한 도시의 등장 무대는 다시 서아프리카의 심장부로 돌아갔다. 가장 거대했던 제국은 가나 Ghana 제국이었다. 가나를 방문했던 무슬림 무역 상인들은 그곳에서 깊은 인상을 받았다. 사하라 횡단 무역에서 나오는 세입으로 왕국은 부강해졌다. 아프리카 제국은 로마나 영국 같은 유럽의 제국과는 달랐다. 아프리카 제국은 지역의 전통에 큰 관용을 베풀었다. 세금을 걷는 일에 만족했고 의례적인 충성 표현을 받아들였다. 1076년 모로코에서 침입한 유목민들이 가나 제국을 무너뜨린 이후로 제국은 과거의 장엄함을 다시는 회복하지 못했다.

돈이 되는 사하라 횡단 무역을 독점한 다음 세력은 만딘카인 Mandinka이었다. 이들은 13세기부터 서인도 및 중국과 더불어 세계에서 가장 부유한 국가 중 하나로 성장했던 말리Mail 제국을 개척했다.

이집트
누비아
쿠시
가나 송하이 악숨
말리 이페
베닝

콩고

짐바브웨

아프리카의 문명들

14세기 칸칸 무사Kankan Musa 왕의 통치기에 말리 제국의 권력은 최고조에 이르렀다. 1324년 메카로 성지순례를 떠난 칸칸 무사 왕과 측근들이 카이로에서 뿌린 황금의 양이 얼마나 많았던지 카이로 시장에서의 금 가격이 12년 후까지도 회복되지 못할 정도였다.

칸칸 무사 왕의 선왕(바카리 2세Mansa

Bakari II를 말하며 만사Mansa는 말리 제국의 왕을 의미하는 칭호다. 옮긴이)은 대서양에 2천 척의 배를 띄워 반대편에 있는 땅을 탐험한 일로 이름을 남겼다. 원정대는 돌아오지 못했다. 당시 이들이 타고 갔던 배는 바람의 도움을 받아 서쪽으로 향해 갔지만, 바람은 그 배가 돌아오는 일을 허락하지 않았을 것이기에 돌아오지 못한 것은 당연했다. 검은 피부의 아프리카인들이 콜럼버스가 서인도 제도를 발견하기 2세기 전 이미 그곳에 도착했었는지의 문제는 의문으로 남았다.

1300년―열대우림에서 탄생한 아름다움

1450년 무렵 말리는 사하라 횡단 무역로 전반에 대한 통제권을 상실했다. 권력을 접수한 것은 송하이Songhay 제국이었다. 송하이 제국은 1590년 갑작스러운 모로코의 침입을 받기 전까지 사하라 횡단 무역권을 장악했다. 그러나 초원 지대에 수립된 이 두 제국은 서아프리카 해안가의 열대우림을 근거로 발생한 문명과 서로의 위대함을 다투게 되었다. 열대우림 지역에서 탄생한 도시 중 크게 세력을 떨친 두 도시는 이페Ife의 요루바Yoruba 시와 베닌Benin의 에도Edo 시였다.

1300년 무렵 요루바는 농업 생산력을 향상시켜 상류층이 등장할 수 있을 만큼의 잉여 농산물을 생산하게 되었다. 요루바의 예술가들은 상류층을 위해 뛰어난 아름다움을 지닌 예술 작품을 만들어 내기 시작했다. 청동과 테라코타로 빚은 왕의 두상은 이페

미개한 아프리카인이라는 신화

미개하고 길들일 수 없는 아프리카. 어둠의 중심 아프리카. 난쟁이가 살고 식인 풍습을 가진 아프리카.

서양인들의 태도는 아프리카 대륙의 모습을 표현한 만화의 내용을 그대로 반영했고 이러한 사고는 놀랍게도 최근까지도 이어지고 있다. 유럽인들은 아프리카가 독자적으로 이룩한 모든 성취와 그들의 위대한 문명을 완고하게 부인했다. 유럽인들은 아프리카인들이 유아적이어서 확고한 통치를 받아야 하며 진보하기 위해서는 우월한 백인의 지적 능력을 필요로 한다고 믿을 필요가 있었다.

근대의 인종차별주의와 함께 아프리카를 무시하는 유럽인들의 사고는 노예제에 그 뿌리를 둔다. 유럽인들은 아프리카인들이 인간 이하의 존재라는 논리로 노예제를 합리화했다. 유럽인의 자손들이 접한 흑인은 플랜테이션 농장의 가혹한 조건에서 저급하고 단순하며 반복적인 노동을 하는 흑인뿐이었다. 유럽의 위대한 철학자들마저 흑인이 본디 백인에 비해 열등한 존재라는 사고에 감염되었다. 흄은 '깜둥이들이 태생적으로 백인보다 열등한 존재가 아닌지 미심쩍게 여기는 경향'이 있었다. 헤겔의 경우 아프리카인들이 '철저하게 야생적이고 길들여지지 않은 자연인의 표상이며 이런 종류의 특성은 인간성에 어울리지 않는다'고 언급하기도 했다.

게다가 다윈의 진화 이론은 아프리카인에 대한 이런 사고를 뒷받침하는 허위 과학을 낳았다. 이 허위 과학은 아프리카인을 자연적 위계질서의 사닥다리 최하단에 두었다. 사닥다리의 중단에는 아시아인이 있고 최상위는 영광스럽게도 유럽 백인이 차지했다. 나아가 노예무역을 둘러싼 이기적인 동기는 이 허위 과학을 강화했다. 만일 유럽인들이 아프리카를 침공해 분할한다면 그 일은 부도덕한 탐욕이 아니라 열등한 야만인들을 문명화시키려는 도덕적 의무를 다하는 일임에 틀림없다고 해석되었다.

위대한 아프리카 문명이 존재했음을 증언하는 역사적 증거는 모두 폐기해야만 했다. 그렇지 않을 경우 혼동을 일으켜 위험에 빠질 수 있기 때문이었다. 14세기 위대한 짐바브웨Great Zimbabwe의 쇼나Shona 궁전은 고전적인 사례다. 쇼나 궁전을 처음 발견한 백인 탐험가들은 이 건축물을 아프리카인들이 건설했다는 사실 자체를 믿을 수 없었다. 그래서 솔로몬 왕의 광산이라거나 시바Sheba 여왕이 살았던 궁전이라거나 페니키아인의 정착촌이었다거나 하는 설이 등장했다. 1910년 거대한 일곱 개의 테라코타 조각상이 나이지리아에서 발견되었을 때도 마찬가지로 오래 전에 사라진 그리스의 식민지가 세운 조각상이라는 설과 그보다 더 오래 전에 사라진 아틀란티스의 흔적이라는 설이 등장했다.

그래서 20세기 중반까지도 아프리카의 역사는 그들이 인류의 가족 구성원이 아니었다는 듯 철저하게 공백인 상태로 남아 있었다. 그리고 이러한 이유로 아프리카의 유산을 들춰내는 일은 우리 시대의 위대한 문화적 도전 중 하나가 되었다.

제국이 과거 누렸던 영광을 짐작할 수 있게 하는 유일한 유물이다. 미래 세대는 과거의 위대함에 탄복하지만, 과거의 위대함은 언제나 그렇듯 부의 집중과 노동력 착취를 통해서만 가능한 것이었다. 사하라 이남 아프리카의 현실도 이집트의 피라미드, 유럽의 궁궐, 아시아의 사원 건설과 마찬가지로 현실과 다르지 않았다.

베닌의 수도 에도 시는 약 11세기경 위대한 무역도시로 등장해서 1450년경 최대의 권력을 누렸던 것으로 추정된다. 1600년 직전 베닌을 방문했던 네덜란드 상인은 암스테르담보다도 커 보이는 에도 시의 규모에 깊은 인상을 받았다. 또 다른 네덜란드인은 '훌륭한 법'과 '잘 조직된 경찰력'에 찬사를 보냈다.

1300년—폐허의 제왕

아프리카 동부 해안을 조사하던 포르투갈 선원들은 별개의 두 문명을 알게 됐다. 스와힐리Swahili 문명과 위대한 짐바브웨 문명이다. 아프리카 동부 해안에서 해상 무역의 가능성을 철저하게 활용했던 최초의 사람들은 아랍인이었다. 7백 년 정도 지난 후 아프리카 동부 해안의 무역 문화는 완전히 무슬림화 되었고 아랍어로 '해안'을 의미하는 스와힐리로 불리게 되었다. 사하라 남부 해안을 사헬Sahel이라 부르는 것도 이와 비슷한 과정을 거쳤다.

스와힐리인은 내륙과 인도 및 중국에서 들어오는 배를 연결하는 매개자 역할을 했다. 아프리카인들은 금과 상아를 주고 면직물과 사치품을 수입했다. 유럽인들은 수세기에 걸쳐 이뤄졌던 원거리 지역 간의 평화적이고 풍요로웠던 무역을 강탈했다. 스와힐리는 무역에서 얻은 자신들의 몫을 이용해 아프리카와 아랍의 연합을 표현하는 양식의 건축물로 장식한 도시를 건설했다.

그렇다면 스와힐리인들과 거래했던 내륙인들은 누구였을까? 포르투갈인들이 들은 이름은 '모노모타파Monomotapa'였다. 이들은 지금의 짐바브웨 지역을 장악했던 쇼나인의 조상이 조그만 왕국을 발전시켰던 1100년 무렵 등장했다. 모노모타파가 무역을 시작하자 왕들이 소유한 부가 증가했고 거대한 궁전이 지어졌다. 이 궁전 중 가장 큰 것은 오늘날 위대한 짐바브웨('고귀한 궁정'을 뜻함)로 알려진 궁전으로 1300년 무렵 건설되었으며 거대한 석벽이 지금까지 남아 있다. 1425년 쇼나의 무토타Mutota 왕은 궁전을 버리고 새로운 수도로 이전해 주변 민족들을 정복하기 시작했다. 정복 전쟁에 성공한 무토타 왕은 폐허의 제왕을 의미하는 므와나-무타파Mwana-Mutapa라는 칭호를 얻었다. 이 칭호가 포르투갈인들의 귀에는 모노모타파로 들렸던 것이다.

1415년 ─ 포르투갈의 손아귀에 넘어가다

그러므로 유럽인들이 아프리카에 도착하기 전에 이미 서아프리카와 동아프리카에 문명들이 존재해 왔다. 처음 아프리카에 도착한 사람은 포르투갈 모험가 바스코 다 가마였다. 그가 여행을 떠나게 된 최초의 이유는 케이프 곶을 돌아 인도로 가는 직항로를 찾아보려는 것이었고, 동아프리카에 아무런 해를 입히지 않았다. 그러나 두 번째 항해의 목적은 정복으로 바뀌었다. 킬와와 몸바사에 있었던 거대한 스와힐리의 도시들은 약탈당했고 파괴되었다. 포르투갈인들이 떠난 후 몸바사의 왕은 탄식했다.

"도시에 살아 있는 것이라고는 아무것도 없구나. 남자나 여자나, 젊은이나 노인이나, 갓난아기까지도 모두 죽었도다. 피하지 못한 자들은 죽거나 불태워졌도다."

서아프리카인들의 도시는 해안에서 멀리 떨어져 있었기 때문에 포르투갈인들의 침략에서 비교적 안전했다. 그리고 포르투갈인들과 무역을 시작할 당시 둘의 관계는 평등한 사업 관계였다. 유럽인들은 해안에 무역 기지를 건설했고 새로운 무역 상대를 찾아낸 기쁨에 젖은 아프리카 왕국에 지대를 지불했다. 베닌의 왕은 포르투갈 군인을 자신의 친위대로 기용했고 1486년에는 리스본에 외교사절을 파견하기도 했다. 지금의 앙골라인 콩고 왕의 아들은 포르투갈의 초청을 받고 포르투갈로 가서 사제 교육을 받았고 교황에 의해 주교로 임명되어 1518년 고향으로 돌아왔다.

우리는 아프리카를 미개발된 낙후 지역이라고 생각하는 경향이 있다. 그러나 15세기 서아프리카와 유럽의 기술적인 차이는 미미했다. 유럽인들이 아프리카인들보다 더 성능 좋은 총과 배를 가졌고 더 무자비한 전쟁을 치를 줄 알았던 것은 사실이지만 정치적인 의미에서는 아프리카인들이 유럽인들에 비해 확실히 우월했다. 네덜란드만이 유일한 예외였다. 물론 당시 아프리카를 방문한 유럽인들 중 원래 열등한 인간들을 만났다고 생각한 사람은 아무도 없었다. 이 치명적인 사고는 훨씬 후에 도입되었다.

1460년―노예로 전락하다

포르투갈인들이 금을 실어 돌아가고 아프리카의 통치자들은 면직물, 모직물, 황동 제품을 가지게 되어 행복했던 나날은 3십 년 동안 이어졌다. 그리고 처음부터 소수의 노예를 거래하는 일이 포르투갈인들에게 허용되었다. 왜냐하면 노예제는 아프리카 처벌 체계의 일부로 범죄에 대한 기본적인 처벌은 노예로 삼는 것이었다. 그래서 아프리카 국가들에는 '마음대로 처분할 수 있는' 사람들이 있었고 기꺼이 포르투갈인들에게 넘겨주었다. 1460년대에는 매년 7백 명가량의 노예가 유럽으로 실려 갔고 유럽에서는 이들을 하인으로 고용하는 일이 유행하게 되었다.

우리는 노예제가 유럽인들에게는 낯설었을 것이라고 생각하기 쉽다. 그러나 사실 노예제는 포르투갈인들이 황금 해안을 만나기 수세기 전부터 유럽 무역상들의 거래 중 일부였다. 크리스트교 침입자들은 동유럽의 비크리스트교인들을 납치해 프랑크인에게 노예로 팔아넘겼다. 프랑크인들은 다시 이 노예들을 북아프리카의 무슬림 왕자에게 팔아넘기기도 했다. 베니스나 제노바 같은 거대한 상인의 도시가 축적한 부의 대부분은 노예무역으로 벌어들인 것이었다. 이 중 일부는 르네상스의 불을 지피는 데 사용되기도 했다. '노예'라는 단어 자체도 유럽 노예무역의 주요 희생자였던 슬라브인Slavic에서 유래한 것임은 말할 것도 없다. 고대 로마의 플랜테이션 농업 전통이 되살아난 지중해의 섬에서는 유럽 시장에 설탕을 공급하기 위해 노예 노동을 활용했다.

포르투갈인들이 상투메Sáo Tomé 같은 대서양 섬 지역에서 노예 노동을 동원해 사탕수수 플랜테이션을 운영하기 시작했던 15세기 후반부에 접어들면서 노예무역은 아프리카의 통제를 벗어나기 시작했다. 아프리카 통치자들이 포르투갈인들에게 제공할 범죄자들을 근방에서 찾을 수 없게 되자 대량 납치가 시작되었다. 콩코의 왕은 더 예의바른 관계에 익숙했기 때문에 1525년 무역 상대자인 포르투갈인들에게 납치 행위를 멈출 것을 요청했다.

"우리 왕국에서는 더 이상 노예를 사고팔거나 무역을 해서는 안 됩니다." 그러나 그의 요구는 묵살당했다.

상투메는 20세기가 되어서도 노예의 섬으로 남았다. 노예의 봇물이 터져 나온 것은 신세계에서 노예를 원하면서부터였다. 1510년 서인도제도로 팔려 간 최초의 흑인이 나온 이래 1515년에는 노예가 생산한 카리브 해의 설탕이 에스파냐로 팔려 나갔다. 17세기 중반에는 영국, 프랑스, 네덜란드, 포르투갈이 서아프리카 해안에 노예를 잡아들이기 위한 4십 개의 요새를 운영했다. 모두가 총구 앞에 사로잡힌 것은 아니었다. 아프리카의 통치자들은 충분한 노예를 공급하거나 유럽에서의 모든 수입을 일체 중단해야 하는 선택의 기로에 놓였는데, 자신들의 권력이 유럽에서 수입한 것들에서 나왔으므로 노예의 공급을 선택했다. 이웃 나라에서 포로를 사들이지 못한다면 군대를 동원해 잡아오면 그만이었다.

이 일은 강압에 의해 이루어진 역사상 최대 규모의 이주였고 근대 세계에 장기적인 불평등이 들어서게 되는 기초를 이뤘다. 아프리카 노예제는 산업혁명으로 소용돌이쳤던 유럽 경제성장의 원동력이 되었다. 또한 미국이 도약할 수 있는 발판을 마련해 주었다. 미국이 이룩한 발전은 아프리카의 노예 없이 정착민들의 이마에 흘린 땀만으로는 꿈도 꿀 수 없는 일이었다.

이 등식의 다른 편에 놓인 아프리카는 황폐해졌다. 이들이 겪은 경험들, 고향을 강제로 떠나 움직일 공간도 없는 갑판에 쑤셔 넣어져 사슬에 묶인 몸으로 옴짝달싹 못한 채 자신의 배설물 사이에 누워 있다가 이쪽 끝에서 비틀거리며 나와 채찍을 맞으며 절반은 죽은 것이나 다름없는 중노동을 이겨야 하는 농장으로 실려 갔던 일들은 모두 상상을 초월하는 것이다.

그러나 이 경험들은 노예의 후손인 흑인들의 뼛속 깊이 새겨졌을 뿐 아니라 아프리카 대륙 자체의 뼛속에도 새겨졌다. 4세기에 걸친 노예무역으로 천만 명에서 천2백만 명의 아프리카인들이 아메리카로 팔려 갔고 2백만 명은 가는 도중 죽었다. 모두 젊고 건강한 사람들이었다. 이로써 아이를 가질 수 있는 계층과 노동할 수 있는 계층이 아프리카에서 사라졌다. 아프리카 발전의 기초는 손상되었고 오늘날에도 여전히 대가를 치르고 있다.

NO-NONSENSE

6 소수를 위한 희생

태양왕의 그늘
미국의 길
아시아의 권력과 풍요

WORLD HISTORY

소수의 쾌락을 위해 다수의 안전을 위협하는 행위
는 어떤 식으로 이루어졌나?
문명의 위대한 성과나 찬란한 정신적 발전이 모든
사람에게 평등하게 주어졌을까?

태양왕의 그늘

유럽의 군주들은 자신들의 신성한 힘에 강박적으로 집착하고 자신들이 다스리는 국가의 부와 영광이 주는 아름다움을 감상한다. 보통 사람들은 통치자들과 그들의 궁전이 더욱 빛나 보이도록 더 많은 돈을 바쳐야 한다. 곳곳에서 보통 사람들의 저항이 시작된다.

신성로마제국이라는 시고에 대한 유럽의 강박(제국과 제국의 황제에 오르는 일에 대한 집착. 옮긴이)은 정책을 결정했고 국가의 야망을 불러왔으며 수세기에 걸친 전쟁을 낳았다. 이 현상은 찰스 5세 황제의 치세에 마지막으로 찬란하게 꽃폈다가 1558년 그의 죽음과 함께 사라졌다. 찰스 5세를 계승한 오스트리아 왕가인 합스부르크는 스스로를 황제 또는 여제라고 칭했다. 그러나 사실 이들은 군주 이상이 아니었다. 황제가 사라지고 군주만 남은 유럽은 새로운 것, 즉 절대왕정에 집착하게 되었다. 예외적으로 네덜란드는 언론의 자유를 적극적으로 장려하는 공화국이 되었고 공화제를 채택한 여러 주가 모여 스위스를 이루기도 했다. 이후 21세기까지도 스위스는 유럽 정치의 밀물이나 썰물에서 자유로웠다.

그러나 교황의 권력이 약화된 지역에서는 국가의 왕과 왕비들이 개인적 권위를 주장하는 일이 가능해졌다. 이들은 자신의 이익과 국가의 이득을 등치시켰다. 프랑스의 루이 14세는 절대 군주의 표상이었다. 루이 14세의 아버지와 할아버지 대에 이미 권력이 개인의 손에 집중된 상태였다. 프랑스는 유럽의 다른 어떤 주권국보다도 효과적으로 권력을 집중시켰다. 그러나 루이 14세의 재위기(1643년~1715년)에는 모든 권력이 한 사람의 손에 집중(그는 '레따 쎄 므와L'état c'est moi, 짐이 곧 국가'라는 유명한 말을 남겼다.)되었을 뿐 아니라 모든 영광과 미덕이 그에게 귀속되는 것으로 여겨졌다.

루이 14세는 태양왕으로 알려졌다. 그리고 다른 사람들은 모두 그에게 종속된 존재였다. 오직 그만이 빛을 비출 수 있었다. 만일 그가 문화를 장려했다면 그것은 자신의 위엄을 더 돋보이게 하기 위함일 뿐이다. 만일 외교적인 음모를 꾸미거나 국민을 전쟁터로 내몬다면 정복을 통해 자신의 광휘를 배가시키기 위함이다. 보통 사람들로부터 거둬들이는 세금을 늘린다면 보통 사람들의 몫을 증진시키기 위함이 아니라 베르사유 궁전에 호화로움을 유지할 사치품을 사들이기 위한 재원을 마련하기 위함이다. 특정한 방식으로 배설해야만 한다는 사실을 루이 14세가 포고하지 않는다면 배설조차 할 수 없다는 사실을 가장 천한 국민들도 알고 있다는 것, 이것이 바로 절대 권력의 의미였다.

16세기에서 18세기 유럽의 통치자들 대부분은 개인의 권력 추구에 몰두했다는 점에서 모두 비슷했다. 개인적인 권력 추구의 과정은 신성한 왕이라는 고대의 사고를 세련화하는 방식으로 진행되었다. 개인의 능력만으로도 충분히 절대 권력을 입증할 수 있었지만 이들은 절대 권력을 주장하는 근거로 개인의 능력을 내세우지 않았다. 이들은 자신이 크리스트교 하나님의 신성한 의지를 체화한 존재이며 크리스트교 하나님의 뜻대로 자신의 땅을 통치한다고 생각했다. 찰스 1세는 '왕권신수설'을 가장 열정적으로 신봉했던 사람이었다. 그는 아버지 제임스 왕 시절에 이웃했던 지역과 스코틀랜드를 통합해 사실상 오늘날의 영국 지역을 통치했다.

그러나 절대군주제를 향해 가는 추세만이 당시의 유일한 정치발전의 흐름은 아니었다. 영국 의회를 장악했던 신교도 토지 소유주 집단은 왕의 무능함과 가톨릭적 성향에 질린 나머지 1649년 찰스의 처형과 공화국 선포로 막을 내리는 혁명전쟁을 벌였다.

청교도혁명은 종이가 널리 사용되고 개인의 양심에 대한 신념을 가진 신교도들이 늘어났으며 사제에게 독점되었던 교육이 확대되면서 나타난 최초의 위대한 정치적 결과였다. 더 많은 사람이 배우게 될수록 더 많은 과거의 낡은 틀이 부서지기 시작했다. 그리고 작은 나라를 다스리는 여러 통치자들이 지상에서 하나님의 대변자임을 자처하면서 내세우는 논리는 너무나도 빈약해서 무너지는 일은 시간 문제였다. 정치권력을 다투는 전투가 벌어질 필요도 없었다. 당시에 최초의 '사회주의자'들이 등장하기 시작했다. 영국에서 등장했던 수평파와 진정수평파眞正水平派, 그보다 나중에 프랑스에 등장한 생시몽 같은 이들이 바로 그들이다. 플라톤 이후로 세계를 조직하는 더 나은 방법을 추구했던 개인은 늘 존재했다. 하지만 이 새로운 유럽인들은 평등주의적 사회가 자신의 시대

● **수평파와 진정수평파**—레벌러스Levellers는 수평파 혹은 평등파라고도 한다. 청교도혁명 당시 의회파 중 급진파를 이르는 말로 소상인, 장인, 도제, 소생산자, 농민 등 소자본가의 이익을 주장한 정치적 당파를 말한다. 디거스Diggers는 수평파의 좌익으로 진정수평파라고 자처하는 당파로 토지를 잃은 소농의 이익을 대변하려 했던 당파다. 옮긴이

에 실제로 이루어질 수 있다고 믿는 최초의 사람들이었다.

이러한 이상주의자들의 세계조차 유럽의 보통 사람들과는 동떨어진 것이었다. 그들은 사회의 최하위 계급이 포함되지 않는 평등 개념을 가진 부유한 토지 소유주들이었다. ('보통 선거제' 도입을 주장했던 19세기의 행동주의자들 중 여성을 포함시켜야 한다고 생각한 이들은 극히 드물었다.)

1660년—세금도 안 내는 귀족들

어느 시대에든 그 시대의 위대한 건축물, 모든 아름다운 의상, 경이로운 예술 작품은 보통 사람들의 노동이 이루어 낸 것들이었다.

그러나 이제는 눈에 띄는 차이점이 생겨났다. 사람들은 이러한

현실이 자신들의 생활을 더욱 악화시킨다는 사실을 알게 된 것이다. 궁정과 '지체 높은' 사람들의 시골 저택이 더 풍요로워지고 위엄이 높아질수록 그 밖의 사람들이 부담해야 하는 희생은 더욱 커졌다. 심지어 프랑스, 프로이센, 에스파냐에서 귀족은 세금조차 내지 않았다. 더욱이 동유럽 농민들의 곤경은 나아지기는커녕 악화되어 갔다. 가령 프로이센에서 '농노serfs'라 불리는 예속 농민들의 아이들은 모두 4년간 주인을 위해 무보수 하인으로 일해야만 했다.

도시에 중간 계급이 등장했지만, 무거운 세금 부담은 더욱 가중되어만 갔다. 그리고 중간 계급은 세습 군주로부터 정부를 쟁취할 가능성이 가장 높은 이들이었다. 그러나 정부 권력을 완전히 장악하기란 여간 어려운 일이 아니었다. 공화제를 경험했던 영국에서조차 일시적인 현상에 불과했다. 1660년 찰스 1세의 아들 찰스 2세가 왕위에 복귀했다. 영국의 지배 계급이 군주제를 매우 선호했다는 사실도 증명되었다. 1688년 왕을 폐위시킨 영국의 지배 계급은 네덜란드 공작 오렌지공 윌리엄William of Orange을 불러들여 왕위에 대신 앉혔기 때문이다. (279쪽, '오스만 제국' 참조)

1700년―계몽 군주

17세기와 18세기 내내 유럽 군주제의 전성기가 이어졌다. 이 시기에는 루이 14세를 모범으로 삼은 모방 국가도 새로 나타났다. 몽골제국의 지배에 휘둘려 왔던 러시아는 1480년 모스코바 대공Grand Duke of Moscow의 휘하에서 하나의 국가로 처음 그 모습을 드러내었다. 그의 손자 폭군 이반Ivan the Terrible은 1547년 제국 황제라는 의미인 차르라는 칭호를 쓰면서 옛 신성로마제국의 절반인 비잔티움 제국의 계승자로 자처했다. 그러나 러시아는 여전히 유럽의 다른 지역과 동떨어진 상태였으며 그 거리는 표트르대제의 통치기(1689년~1725년)가 되기 전까지 좁혀지지 않았다. 표트르대제는 최근의 예술적 사고와 철학적 사고를 프랑스와 독일에서 받아들이고 네덜란드와 영국에서 선박 건조 기술을 받아들이는 데 많은 열정을 쏟았다. 게르만 국가로 새로이 등장하고 있던 프로이센의 왕인 프리드리히 대왕Frederick the Great이 그랬던 것처럼 베르사유 궁전에 필적할 만한 자신만의 멋진 건축물을 짓는 일도 자연스럽게 연결되었다.

오스트리아-헝가리의 마리아 테레지아Maria-Theresa와 요제프 2세Joseph II 및 러시아의 예카테리나 여제Catherine the Great는 모두 '계몽 군주'였다. 이들은 자신들의 가혹한 절대 권력과 무의미한 전쟁욕을 예술, 음악, 철학 같은 활력 넘치는 관심으로 승화시켰다. 이들은 수없이 많은 나쁜 통치자들 중에서 최상의 통치자였다고 할 수 있다. 이들이 바흐나 모차르트 등의 예술가들이 지녔던 지적이고 예술적인 재능을 꽃피우는 데 기여했다고 말할 수 있다. 통치자들은 유럽 전역에 있던 수많은 보통 사람들의 생활 조건 향상에는 아무런 관심을 보이지 않았지만 이들 가운데 어떤 또 다른 잠재적 재능이 숨겨져 있었을지 아무도 모르는 일이다.

미국의 길

아메리카 최초의 민족인 북아메리카 원주민들은 유럽의 침입자로부터 자신들의 땅을 지키기 위해 항쟁한다. 땅을 차지한 유럽의 침입자들은 다시 자신의 독립을 쟁취하기 위해 싸운다. 라틴아메리카 또한 정치적 자유를 획득한다. 오직 캐나다만이 식민지로 남는다. 자유는 미국인의 어휘집에서 가장 중요한 단어로 자리 잡지만 원주민에게는 자유라는 단어를 사용할 권리가 주어지지 않는다.

아메리카 북부에 사는 토착 집단은 적대적인 환경에 익숙해졌다. 이누이트인Inuit은 북쪽 끝의 얼어붙은 툰드라 지역에서 바다표범을 잡았고 지금도 여전히 잡고 있다. 반면 남쪽의 건조한 사막에 사는 민족들은 구근을 채집해 생존해야만 했다. 이 두 집단 사이에 펼쳐져 있는 너른 지역에 사는 집단들은 맘모스, 낙타, 말을 매우 효율적으로 사냥했고 끝내 멸종시키고 말았다. 아마도 멸종의 경험이 최초의 아메리카인들에게 생태적 교훈을 남겼을 것으로 보이는데, 유럽인이 도착할 때까지 이들은 생태적으로 지속 가능한 생활양식을 발전시키며 살았기 때문이다. 후기 산업사회를 살아가는 우리들은 이제야 겨우 그러한 생활양식을 존중하는 법을 배우고 있다.

동부의 비옥한 숲 지역에 살았던 민족만이 농장에 정착해 살게 되었다. 옥수수 재배가 발전해 감에 따라 이들은 부족의 상류층을 위해 정교한 집을 집중적으로 지었고 이것이 도시로 변모해 갔다. 지금의 세인트루이스 지역인 카호키아Cahokia는 가장 규모가 큰 도시였다. 또한 북아메리카 최초의 도시였으며 1000년 무렵에는 인구가 4만 명에 달했다.

1607년 — 금을 찾는 사람들과 그들의 노예 아내

이 고요함을 가장 먼저 방해한 유럽인들은 금과 은을 찾아 나선 남자들이었다. 1607년 영국인들은 버지니아에 제임스타운을 건설했다. 그리고 이듬해에는 프랑스인들이 퀘벡에 자리를 잡았다. 처음 도착한 여성들은 강제로 데려온 여성들이었다. 거지나 고아 소녀들은 대서양을 건너는 배에 태워져 거친 남성 개척자들에게 팔려 갔다. 그러나 17세기 청교도들이 종교 박해를 피해 영국에서 건너오게 되면서 결국 대서양을 건너는 배에는 여성과 남성으로 이루어진 완전한 공동체가 실려 오게 된다. 예수의 가치에 대한 청교도들의 신념이 원주민과 평화로운 공존이라는 개념까지 확장되지 않은 것이 그곳에 이미 살고 있던 민족들에게는 대단히 불행한 일이었다.

이 두 집단은 토지에 대한 매우 상이한 태도를 가지고 있었다. 아메리카 원주민은 토지를 거주지로서만 생각했던 것이 아니라

우주를 길러 내는 요인으로도 생각했다. 이들에게는 공기를 소유하지 않는 것처럼 토지에 대한 소유도 상상할 수 없는 일이었다. 정착민들에게는 이 새로운 영역이 다른 물건들과 마찬가지로 점유하고 울타리를 치고 통제할 대상이었다.

우월한 화력을 가진 유럽인 정착민들은 가차 없이 아메리카 원주민들을 동부 해안에서 내륙으로 밀어붙였다. 한 부족과 연합한 후 이들을 무장시켜 다른 부족과 싸우게 만들어서 특정 지역을 장악하는 데 성공하곤 했는데 프랑스인들은 퀘벡에서 이로쿼이족Iroquois이 후론족Huron을 파멸시키도록 돕기도 했다.

1776년—미국 혁명

1760년까지도 정착민들은 메인에서 조지아에 이르는 좁은 해안에서 더 이상 나아가지 않고 지냈다. 순례의 조상(18인의 여성들은 언급에서 제외되곤 한다)이 뉴플리머스를 건설하고 최초의 아프

리카인 노예가 해안에 발을 내딛은 지 140년이 된 해였다. 프랑스, 스웨덴, 네덜란드 등 여러 공동체가 공존했음에도 영국은 이 지역 대부분이 자신의 영토라고 주장했고 유럽에서 벌어진 전쟁 또한 프랑스가 차지했던 아메리카 및 캐나다 식민지를 빼앗을 기회를 제공했다.

영국은 프랑스의 식민지를 빼앗은 일

• **순례의 조상 Philgrim Parents**
—일반적으로 순례의 아버지 Philgrim Fathers라고 쓴다. 이때 아버지들이라는 표현은 여성의 공헌을 도외시하는 표현이라고 볼 수 있다. 이에 저자는 Parents, 즉 부모들이라고 표현함으로써 여성에 대한 존중을 보여 준다. 옮긴이

을 최종 승리로 간주했다. 그러나 식민지 내부에서 싹튼 더 독립적인 정신을 인식하지 못한 채 정착민들이 서쪽으로 나아가지 못하도록 막으면서 새로운 세금을 물리려고 했다. 영국 정부는 아메리카의 나머지를 가장 높은 값을 부르는 자에게 팔아넘기고자 했던 것으로 보였다. 국가의 자산을 매각하려던 이 일은 민영화를 외치는 오늘날의 정치인들조차 혀를 내두를 일이었다. 정착민들은 분노했고 폭력적인 대중 시위가 발발했다. 영국은 시위를 엄격하게 진압했고 항의하는 미국인들을 살해하는 일이 벌어졌다. 미국인들은 절충을 원했으나 영국 정부가 모든 시도를 막았고 결국 전면전이 벌어졌다. 전쟁은 곧 독립 전쟁으로 승화되었다. 반란을 일으킨 주들은 1776년 독립선언서를 작성했다. 7년을 끌었던 전쟁은 영국 군대가 주요 전투에서 패배한 뒤 끝나게 되었다.

새로 독립한 주들은 유럽의 나라들만 한 여러 나라들을 형성할 것으로 생각되었다. 청교도들이 개척한 뉴잉글랜드의 특성이나 관심사는, 남부의 노예 소유제에 기반해 플랜테이션을 운영하는 농부들의 특성이나 이해관계와는 사뭇 달랐기 때문이다. 그러나 영국이나 프랑스의 적대감이 여전한 상태에서 분열이란 위험한 일이었다. 1788년 매우 진전된 형태의 연방 공화국 헌법이 작성되었고 1812년 영국과 또 다른 전쟁을 치르면서 하나의 국가라는 의식이 고양되었다. 하지만 이면에서는 해결을 기다리는 북부와 남부의 차이점이 곪아 가고 있었다.

• 뉴잉글랜드New England—매사추세츠, 코네티컷, 로드아일랜드, 버몬트, 뉴햄프셔, 메인 등 미국 북동부 여섯 개 주를 말한다. 옮긴이

노예 해방

19세기 서양의 나라들은 노예제를 폐지했다. 수세기에 걸쳐 노예제에서 나오는 이익을 거두어들인 뒤였다. 예로부터 영국의 윌리엄 윌버포스William Wilberforce 같은 양심 있는 개인들이 노예제 폐지에 공헌했고 열정적으로 노예제에 반대했던 여러 자유주의 행동주의자들도 한몫 거들었다.

그러나 정부가 노예제를 금지한 것은 순전히 실용적인 이유에서였다. 노예를 잘 돌보지 않더라도 편의 시설과 음식을 제공해야 했고 감시도 해야만 했다. 산업혁명과 함께 공장이 생겨나자 이런 번거로운 일이 필요 없어졌다. 임금을 지불하고 사람들의 노동을 착취하는 편이 훨씬 쉬웠다. 임금노동자들은 생활에 필요한 것들을 스스로 '자유롭게' 찾으면 그만이었다. 세계 최초로 산업화된 국가였던 영국이 노예제 폐지를 선도한 이유이기도 했다.

가장 극적으로 노예제가 폐지된 곳은 미국이었다. 남부의 주들은 아프리카 노예를 기반으로 세워졌고 면화를 재배해 뉴잉글랜드와 유럽의 공장에 팔아넘겼다. 그러나 북부의 주들은 산업혁명을 받아들였고 유럽에서의 이민으로 점차 생기를 찾아갔다. 그러므로 북부의 주들은 아프리카인 노예(흑인 노예)가 필요 없었고 북부에서는 1833년부터는 노예제 반대 운동이 지지를 받기 시작했다. 그 결과 남부의 주들은 막대한 이익을 안겨 줬던 노예를 기반으로 하는 산업을 보호하기 위해 연방에서 탈퇴하자는 논의를 시작했다. 그리고 카리브 해와 중앙아메리카에 노예를 기반으로 하는 제국을 수립할 꿈까지 꾸었다.

1860년 선거는 논쟁을 극한으로 몰아갔다. 노예제 확대를 반대했던 후보인 아브라함 링컨이 선거에서 승리했다. 취임 연설도 하기 전에 남부의 일부 주들은 연방에서 탈퇴했고 사실상 전쟁을 선언했다. 남북전쟁은 노예제 폐지를 위한 십자군에 비유되는 경우가 많고 노예제 폐지에 대한 열정 때문에 연방 군대에 자원해 싸운 사람들도 분명 있었다. 흑인들도 다수 참여했다. 그러나 링컨과 북부의 주들에게는 미합중국의 보존이 더 중요한 문제였다.

전쟁은 4년을 끌었고 백만 명의 사망자를 낳았다. 1865년 남부는 항복했고 노예제는 폐지되었다. 그러나 인종차별주의 자체는 사라지지 않았기 때문에 이후 백여 년간 남부의 흑인들은 매우 가난했고 천대받으며 살아갈 수밖에 없었다.

북아메리카가 독립을 추구하도록 영감을 불어넣었던 자유, 민주주의 같은 계몽된 사고는 대부분 유럽에서 수입된 것으로 라틴아메리카의 에스파냐 식민 지역에도 북아메리카와 같은 열정을 고취시켰다. 또한 이 나라들은 저 멀리 북쪽에서의 성공 때문에 고무된 상태였다. 1808년부터 2십 년간 대부분의 나라들이 독립을 쟁취했다.

이 2십 년 동안 유럽에서 에스파냐는 프랑스와 벌인 전쟁 때문에 혼란스러운 상태였다. 이러한 상황에 고무된 한 무리의 영국군 용병들이 1808년 부에노스아이레스를 거머쥐었다. 그러나 대중 반란이 일어나 이들은 쫓겨났다. 대중은 이후에도 자신들이 얻어 낸 것을 지켜 냈다. 보통 사람들은 머스켓 총에서 악취 탄에 이르는, 손에 잡히는 것이면 무엇이든 들고 싸웠다. 그 이후로 아르헨티나의 독립은 에스파냐나 영국의 간섭을 받지 않았다. 아르헨티나의 독립 획득은 전 대륙에 울려 퍼졌다.

그러나 에스파냐가 지배하는 아메리카의 나머지 지역들은 독립하기 위해 더욱 쓰라린 투쟁을 해야만 했다. 멕시코의 경우 원주민으로 이루어진 농민들이 토지에 대한 권리를 주장하며 1808년 반란을 일으켰다. 독립에 공감하나 진정한 혁명은 바라지 않았던 중간 계급 자유주의자들의 도움을 받은 신경과민의 식민지 상류층이 반란을 진압했다. 중간 계급은 자신들의 입맛에 더 잘 맞는 독립을 1821년에 쟁취했다. 당시 가장 큰 권력을 누리며 가장 큰 부를 소유하고 있던 멕시코인조차 자신들이 누리는 특권적 지위를 위협할지도 모르는 위험한 자유주의적 사고에 빠져 에스파냐와의 관계를 끊고 싶어 했기에 가능한 일이었다.

1816년 — 해방의 손길

남아메리카 대부분 나라의 독립운동은 교육받은 크리오요 criollos들이 이끌었다. 크리오요는 유럽인의 직계 후손을 말한다. 이 중 핵심적인 인물은 베네수엘라의 시몬 볼리바르였다. 1816년 볼리바르는 장기간에 걸친 군사작전을 수행했고 대륙 대부분의 지역에 독립을 안겨 주었다.

베네수엘라에서 구성된 해방군은 페루로 건너가서 싸웠다. 그사이 남부의 이웃 국가에서 에스파냐 세력을 쫓아내고 아르헨티나의 독립을 지키기 위해 두 번째 해방군이 구성되었다. 이 두 번째 해방군은 1821년 남아메리카에서 에스파냐의 수도 역할을 했던 리마를 점령했다. 1825년 에스파냐의 수중에는 과거 광대했던 제국 중 카리브 해의 쿠바 섬과 푸에르토리코 섬만이 남게 되었다.

1825년 — 독재자들

그러나 남아메리카 연방은 성취되지 못했다. 지역적 차이가 너무 심해 오늘날 지도상에 나타난 나라들의 모습으로 각자 나라를 형성했다. 나아가 자유 운동의 성격이 근대 라틴아메리카의 사회

구조를 결정하는 데 기여했다. 이런 의미에서 멕시코에서 실패한 원주민 반란은 하나의 조짐이 되었다. 권력과 부는 특권층인 크리오요의 손에 집중되었고 에스파냐인과 인디언의 후손인 메스티소mestizos는 크리오요의 아래에 놓이게 되었다. 그리고 원주민은 에스파냐인들이 도착한 이후로는 줄곧 토지에서의 노동을 통해 생계 수단을 마련하고자 분투했다.

그러나 더 큰 문제가 있었다. 처음 자유주의적 이상주의를 심어 준 볼리바르조차도 라틴아메리카 사람들이 민주주의를 실현할 준비가 되지 않았다는 이유로 독재적 정부가 필요하다는 생각을 하게 되었다. 그래서 라틴아메리카 여러 나라에서 작성된 새로운 공화국 헌법은 국가적 위기나 사회적 무질서가 찾아오면 대통령의 독재를 허용하게 되었다. 그 이후로 라틴아메리카의 정치에는 무슨 희생을 치르던 아랑곳하지 않고 질서를 유지하는 강력한 통치자(또는 크리오요)가 늘 따라다녔다.

1822년—아메리카의 황제

그 동안 브라질은 포르투갈의 통제를 받았다. 1807년 나폴레옹의 포르투갈 침공 당시 포르투갈 왕가가 사실상 브라질에서 본국을 통치하기도 했다. 1821년 포르투갈 왕가가 본국으로 돌아갔을 때 후계자였던 페트로 왕자는 포르투갈에 남았고 1822년 독립 제국을 선언하도록 설득당했다. 브라질 사람들은 단순한 식민지의 입장으로 되돌아갈 준비가 되어 있지 않았던 것이다. 그러나 아메리카에서는 세습 군주라는 사고의 뿌리를 뽑아낼 수 없었고 브라질이 경험한 제국적 통치는 1889년 공화국으로 탈바꿈하면서 막을 내렸다.

1830년―대량 학살을 정당화하다

미국이 일단 독립을 쟁취하자 정착민들은 1810년 무렵 도입된 새로운 증기선과 1830년부터 사용하기 시작한 철도의 도움을 받으며 빠르게 확장해 갔다. 필요한 시기에 때맞춰 새로운 기술이 영국에서 도착했다. 이러한 새로운 기술의 도움을 받지 못했다면 미국이 대륙 전체를 가로지르는 일이 불가능했을 것이다.

그러나 땅은 여전히 선주민들이 장악하고 있었다. 그리고 생명, 자유, 행복 추구라는 미국 헌법에 명시된 고결한 이상은 원주민에게까지 적용되지는 않았다. 대신 선전 활동이 시작되었다. 이때 사용된 선전 내용 중 하나는 1960년대 이전에 만들어진 거의 모든 할리우드 서부영화에 반영되어 있다. '인디언들'은 노예제가 성립될 당시의 아프리카인에 대한 묘사나 십자군 전쟁 당시 투르크에 대한 묘사처럼, 원시적이고 야만적인 존재들이며 아무 이유 없이 폭력을 행사하는 포악한 존재로 묘사되었다. 원주민들은 사람들의 머리 가죽을 벗겨 전쟁의 영예로 삼는다고 묘사되었다. 하지만 실제로 인디언의 머리 가죽을 벗겨 '살해'의 증거로 가져오면 그 수만큼 현금으로 보상해 주었던 이는 영국 왕 조지 3세였다. 인디언에 대한 근거 없는 선전은 효과를 거두어 정착민들의 분노를 불러일으켰고 대량 학살을 그럴듯한 것으로 정당화하는 구실을 제공했다.

1835년―기병대와 인디언

일부 아메리카 원주민 집단은 이제 맞서 싸웠다. 이들은 에스파냐에서 말을, 프랑스와 영국에서 총을 구입했고 이러한 무기를 특히 잘 활용했던 이들은 아파치족Apache과 라코타족Lakota(혹은 수족Sioux)이었다. 그러나 정착민들의 화력이 월등할 수밖에 없었기 때문에 인디언들은 조상에게서 물려받은 땅에서 강제로 떠날 수밖에 없었다. 1830년의 경우 5만 명의 체로키족Cherokees이 조지아를 떠나 집단 수용소에 모였다가 인디언을 분리시키기 위해 마련된 보호 거주지로 한겨울에 행렬을 이루어 떠났다. 체로키족 대부분은 가는 도중 죽었다.

보호 거주지는 백인들에게 쓸모없었던 특정한 지역에 마련되었다. 만일 원주민들이 거주지 밖으로 나오면 군대는 이들을 죽이는 일도 불사했다. 다른 부족보다 더 맹렬히 저항한 경우도 있었다. 라코타족은 정착민들이 금을 발견했던 자신들의 고향땅을 지키기 위해 전쟁을 선언했다. 라코타족은 커스터 장군의 지휘 아래 파견된 미국 기병대를 몰살시켰다. 그 뒤 광포한 역습을 받았고 결국 1890년 운디드니 전투에서 최종적으로 패배했다. 1500년 북아메리카에 살았던 원주민 인구는 450만 명에 달했지만 1890년 당시의 원주민 인구는 50만 명도 채 남지 못했다.

아시아의 권력과 풍요

유럽인들은 인도양에 진입해 노략질을 하다가 인도 및 중국과 마주친다. 유럽인
들이 놀란 것은 당연하다. 한 포르투갈 시인은 인도가 '풍요로운 부의 땅' 이라고
말하고 어떤 이탈리아 저술가는 중국보다 '더 위대하고 더 인구가 많으며 더 좋은
물건이 풍요로운 왕국은 세상에 없다' 고 기록한다.

1413년 중국 황제 영락제永樂帝는 63척의 배와 2만 8천 명의 신
원으로 이루어진 함대를 보내 아프리카 동부 해안 스와힐리까지
이르렀다. 그러나 전쟁을 벌이기 위해 함대를 보낸 것은 아니었
고 단순히 영락제가 세계에서 가장 위대한 통치자임을 세상에 널
리 알리기 위한 모험이었다. 반대로 바스코 다 가마는 고작 4척의
배와 5백 명의 선원을 대동하고 15세기 말엽 인도양에 들어섰지
만 그는 맹렬한 전쟁을 벌였고 포르투갈 왕의 이름으로 그가 얻
을 수 있는 모든 부를 빼앗았다.

이 사건은 아시아와 유럽의 태도가 매우 달랐음을 말해 준다.
포르투갈인들이 인도양으로 향하는 길을 발견했고 그 뒤를 이어
네덜란드, 에스파냐, 영국 인들이 인도양으로 들이닥쳤다. 이들

은 무역 기지를 강화하기 시작했고 해적질과 보호비 명목의 갈취 행위를 뒤섞은 방식으로 해상무역을 장악하려고 시도했다.

그러나 인도와 중국 같은 위대한 문명을 대할 때는 더 겸손한 자체를 취해야만 했다. 그리고 그들이 가져가는 물품에 대한 값을 치러야만 했다. 아메리카에서 들여온 금과 은 대부분이 결국 인도와 중국으로 흘러갔다. 왜냐하면 유럽인들은 자신들이 원하는 향신료, 실크, 여타 동양산 사치품들과 바꿀 마땅한 다른 물건을 가지고 있지 않았기 때문이다.

아시아는 부와 물자의 생산 측면에서 유럽을 앞질러 가고 있었다. 중국 난징에 있는 도자기 공장은 매년 백만 점의 품질 좋은 도자기를 생산했다. 대부분이 수출을 위한 생산이었다. 그리고 유럽과 이슬람 구매자들의 입맛에 맞도록 다양한 형태의 제품을 생산했다. 인도의 구자라트에서는 매년 수출을 위한 면직물 3백만 점을 생산했다. 17세기 말 세계에서 가장 강력한 군주는 루이 14세도 아니고 표트르대제도 아닌, 중국의 황제 강희제(康熙帝, 1662~1722)와 인도 무굴제국의 황제 아우랑제브(Aurangzeb, 1658~1707)였음은 두말할 나위 없다. 1750년 중국과 인도의 인구는 각각 1억 5천만 명에 달했는데 유럽 전체 인구의 두 배에 해당하는 것이었다. (280쪽 '일본의 봉건제' 참조)

1368년~1644년─승려, 산적을 거쳐 명을 세우다

쿠빌라이 칸이 죽은 뒤의 중국은 과거의 역사 발전 모형을 되풀이했다. 유럽을 초토화시켰던 것과 같은 페스트를 포함한 일련의 자연재해 뒤에는 농민 반란이 뒤따랐다. 일련의 사건 끝에 따라 등장한 왕조는 명明이었다. 중국 역사상 최초이자 유일하게 농민이 황제의 자리에 올랐다. 주원장은 고통스러운 가난 속에서 태어났고 반란군의 지도자가 되기 전에는 불교의 승려로, 산적으로 활동했다.

명 왕조가 통치했던 2세기 동안 중국의 인구는 두 배로 늘었냈고 경제는 부흥했다. 그리고 아직까지도 세계에서 가장 명성이 뛰어나고 가장 비싼 자기들이 수출을 위해 생산되기 시작했다. 그러나 명의 황제는 농민 출신이었음에도 정작 가난한 이들의 곤경에 무관심했고 베이징에 출입을 극히 제한하는 도시를 건설한 뒤 스스로를 격리시켰다. 1580년 명나라의 황제들은 일련의 가뭄, 기근, 전염병이 지나간 뒤 따라온 농민 반란에 직면함으로써 그 대가를 치렀다.

반란이 일어난 시기에 만주족의 침공이 이루어졌다. 제국의 군대는 협공을 받게 되었다. 마지막 명 황제는 1644년 반란군이 베이징으로 진격해 들어오자 목을 매어 자살했다. 그러나 반란군의 승리는 오래가지 못했다. 만주족 침입자들은 반란군에게서 수도를 빼앗고 모든 저항을 진압했다. 게다가 압제적인 청淸 왕조를 세우기까지 했다. 청 왕조는 1911년까지 이어졌으며 〈마지막 황제The Last Emperor〉가 바로 청 왕조의 최후를 담았던 영화다.

1644년~1800년대―가장 위대한 반란

청 왕조는 평화롭지 못했다. 중국 농민들은 수세기 동안 줄기차게 자신들의 처지를 호소함으로써 세상을 놀라게 했다. 다른 나라의 역사에서도 '농민 반란'이라는 내용을 명백하게 언급할 수 있지만 중국의 역사에서는 주요 봉기 없이 지나가는 세대가 없었다. 근대 중국의 공산주의자들이 황제 못지않은 권위주의적인 성격을 띠면서도 과거의 황제들이 겪었던 대중 반란을 경험하지 않을 수 있었던 것은 먹을거리와 부를 상대적으로 평등하게 분배했기 때문이다. 만일 지금의 자유 시장이 가진 강박의 결과로 부자와 가난한 사람 사이의 격차가 점점 벌어지기만 한다면 틀림없이 과거의 역사 발전 모형이 되살아날 것이다.

제국의 행정가들인 청 왕조의 '관료mandarins'는 점점 더 변화를 반가워하지 않게 되었다. 그들의 이름과 태도는 후세에 남겨져 오늘날 근대 서양의 '복지부동형' 공무원에게 이어졌다. 그들은 은을 얻을 수 있는 무역 외에는 다른 무역에 관심이 없었고 외교 문제를 가장 경멸했다. 영국과 러시아는 중국의 차에 중독되어 갔지만 중국인들이 원할 만한 물건을 찾지 못했다. 마침내 영국은 자신들이 중독되었던 물질, 아편을 중국에 도입했다.

1536년~1806년―인도의 무굴제국

1526년 인도의 무굴Mughal제국이 세워졌다. 칭기즈 칸의 몽골인 후예들이 건설한 무굴제국은 무슬림 왕조 중 문화를 가장 크게 꽃피웠던 왕조였고 타지마할을 포함해 세계에서 가장 장엄한 모스크와 궁궐을 지었다.

무굴제국은 1억 5천만 명의 농민들에게서 거둬들이는 세입에 의존했다. 그리고 한 세기 반 동안 국민들에게 과중한 부담을 지우지 않은 채 부와 문화를 촉진하면서 제국을 유지했다. 이들이 남긴 세밀화는 이슬람 최고의 예술적 성취 중 하나였다. 그러나 아우랑제브 황제는 전쟁을 치르기 위한 비용을 대느라고 이 균형을 깨뜨렸고 시크교도Sikhs와 힌두교도의 반란으로 제국은 더욱 쇠약해졌다.

페르시아는 이 기회를 노려 1739년 델리를 공격했고 3만 명이 죽었다. 페르시아는 전설적인 공작 왕좌▪를 전리품으로 챙겨 페르시아로 돌아갔다.

영국의 동인도회사가 권력의 공백이 생긴 인도에 들어왔다. 동인도회사는 분할되어 있는 여러 지역의 자원을 착취해 캘커타와

■ 깊이 읽기

공작 왕좌(孔雀 王座, Peacock Throne)

타지마할 묘당을 지은 무굴제국 5대 황제 샤 자한Shah Jahan이 만든 왕좌를 말한다. 다이아몬드, 루비, 사파이어 등의 보석으로 치장해 세계 최고로 화려한 왕좌라고 하며 무굴제국의 상징이다. 무굴제국을 침략, 정복한 페르시아제국이 무굴제국의 가보인 세계적으로 유명한 인도산 다이아몬드 코에누르(koh-i-nor, 빛의 산이라는 의미)와 함께 전리품으로 가져갔다. 옮긴이

마드라스 같은 무역도시의 통제권을 장악했고 벵골의 모든 토지세에서 나오는 수입을 가로챘다. 동인도회사는 이득을 내는 이 체제를 통해 인도 내의 모든 권력에 도전할 수 있는 고도로 훈련된 군대를 유지할 수 있었다. 1806년이 되면 인도 전체가 직간접적으로 영국 사기업의 통제를 받았다. 마이크로소프트 사社가 통탄할 일이 아닌가.

7 근대의 물결

자유, 평등, 박애

혁명

WORLD HISTORY

혁명의 회오리바람을 탔던 자유, 평등, 박애의 씨앗
들은 어떻게 퍼져 나갔나?
눈부신 발전을 가져왔던 산업혁명 아래에서 노동
계급들이 단결했던 이유는 무엇인가?

자유, 평등, 박애

프랑스는 혁명으로 동요한다. 그리고 이상주의라는 질병이 퍼져 나갈 조짐을 보인다. 그러나 혁명은 과대망상증에 사로잡힌 군인이 낚아채고 구질서는 안도의 한숨을 내쉴 수 있게 된다. 구질서의 신봉자들은 흩어지지 않고 왕과 여왕은 모든 협상 석상에서 제외된다.

구질서의 유럽은 점점 금이 가기 시작했다. 더 이상 토지를 일구어서 생존할 수 없게 된 사람들은 소도시와 도시로 몰려들었다. 인구가 급속하게 증가한 것도 하나의 원인이지만, 부유한 토지 소유자들이 자신들의 낭비적인 생활 습관을 유지하기 위한 자금을 마련하고자 더 많은 들과 사유지에 울타리를 쳤기 때문이기도 했다.

이러한 현상은 여러 측면에서 오늘날의 개발도상국들이 겪는 사건과 평행을 이룬다. 개발도상국들은 급속한 인구 증가와 이주 현상을 겪고 있으며 동시에 소수의 손에 부가 집중되는 현상을 경험하고 있다. 오늘날에 추가된 요소가 있다면 토지에서 추출된 돈이 다시 서양으로 유출된다는 점이다. 그러나 18세기의 농민들은 나라의 부가 쌓이게 되는 곳이 어디인지 알아내기 위해 깊은 안목을 가질 필요가 없었다.

1789년 — 프랑스혁명

프랑스는 왕과 여왕, 공작과 공작부인으로 대표되는 유럽 구질 서의 축도였다. 귀족은 세금도 전혀 내지 않았다. 평화기에나 전시에나 나라를 유지해야 하는 이들은 중간 계급과 가난한 사람들이었다. 왕실이 평소의 생활 방식을 유지할 수 있는 것도 이들이 있기 때문임은 두말할 나위 없었다.

1789년 루이 16세는 성직자 대표, 귀족 대표, 평민 대표를 만나 과소비로 인한 재정 악화 문제를 논의했다. 참석자 중의 유일한 납세자인 평민 대표들은 당연히 접근 방식을 변화시키고자 갈망했고 왕을 저지하기 위한 국민의회를 구성하기로 결심했다.

이 소식을 듣고 분노한 루이 16세는 프랑스 전역에서 군대를 소집했다. 그러나 이번엔 한두 사람의 처형으로 끝날 문제가 아니었다. 국민의회를 제안한 사람들 뒤에는 파리의 보통 사람들이 포진하고 있었고 이들은 혐오스러운 왕실의 권력을 상징하는 바스티유 감옥으로 쳐들어갔다. 용맹한 여전사 차림의 여성 테루아뉴르 메리쿠르가 선두에서 군중을 이끌었다. 이후 그녀는 8천 명의 여성이 빵 부족 문제를 호소하며 베르사유 궁전으로 행진할 때도 그 대열을 이끌었다. 혁명은 지방으로 퍼져 나갔다. 많은 귀족들이 살해되거나 추방당했다.

국민의회는 구질서의 습속과 부정의의 한복판에서 새로운 사회질서를 창출하는 일을 시급한 과제로 설정했다. 2300년 전 플라톤은 새로운 사회질서를 창조하는 일이 가능하다고 생각했을 뿐이지만 이번엔 처음으로 이를 실천으로 옮겼다. 미국이 공화국을 먼저 선포했지만 이번엔 종이에 기록으로 남겼다는 이점이 있었다.

혁명은 훌륭한 시도였다. 농노제, 귀족 칭호, 세금 면제가 모두 폐지되었다. 고문, 이단에 대해 임의로 자행되는 투옥, 박해는 금지되었다. 그러나 혁명에서 많은 역할을 담당했던 여성들의 지위는 달라진 점이 별로 없었다. 1791년 올랭프 드 구즈는 이에 항의하는 의미로 「여성 인권 선언A Declaration of the Rights of Woman」을 출판했다.

그러나 바로 그해에 남성의 권리마서 위험에 처했나. 왕실과 추방당한 귀족들이 모의한 대로 오스트리아와 프로이센 군대가

테루아뉴르 드 메리쿠르Theroigne de Mericourt, 1762년~1797년
여성들을 정식 회원으로 받아들인 최초의 정치 모임인 '법의 친구들'의 설립자이자 혁명가다. 여성의 참정권과 남성과 동등한 권력을 얻기 위해 투쟁했다. 올랭프 드 구즈처럼 좀처럼 조용히 있을 수 없었던 메리쿠르는 결국 두 번이나 투옥됐고, 벌거벗겨져 그녀의 생각에 동의하지 않는 여성들이 던진 돌에 맞기도 했다. 그 후유증으로 평생 두통에 시달렸다. 옮긴이

올랭프 드 구즈Olympe de Gouges, 1748년~1793년
가난한 푸줏간 집에서 태어난 올랭프 드 구즈는 정치가이자 작가로 활동하며 최초의 여권주의자가 되었다. 1789년의 프랑스 시민혁명에서 공포된 「프랑스 인권 선언」이 여성의 인권을 배제했다고 비판하고, 여성도 인간으로서 남성과 동일하게 공직에서의 참여권, 자유의사에 의한 결혼 및 재산권과 상속권을 가졌음을 천명한 「여성과 여성 시민의 권리 선언」을 발표했다. 그녀는 "여성이 단두대에 오를 권리가 있다면 의회의 연단에 오를 권리도 있다."고 주장했고 결국 단두대의 이슬로 사라졌다. 옮긴이

동쪽 국경에 모였다. 프랑스 전체가 분노의 열정으로 타올랐다. 메리쿠르는 용맹한 여전사들로 이루어진 대부대를 이끌고 다시 한 번 왕궁을 공격했다. 프랑스로 진격하는 모든 나라에 대한 전쟁이 선포되었다. 프랑스는 공화국이 되었고 왕은 반역죄로 처형되었다.

1791년—이상주의와 공포정치

점진적 민주주의라는 사고는 위기 상황에서는 적용되지 않았다. 새로운 프랑스의 고결한 원칙은 어떤 희생을 치르더라도 지켜져야 했다. 여성이나 남성이나 가릴 것 없이 모두 전쟁에 뛰어들어 국가적 이익을 뛰어넘은 이상을 위해 열정적으로 싸웠다. 십자군 전쟁 이후로 지엽적 이해관계를 초월하는 이상을 위한 전쟁이 처음 벌어진 것이다. 이들은 어떤 어려움도 견딜 준비가 되어 있었고 어디를 가나 프랑스군이 승리를 거뒀다. 1791년 말엽 프랑스의 공화주의를 사방팔방으로 전파하기로 결심한 프랑스군은 사실상 유럽 전역에서 전쟁을 수행했다.

그러나 프랑스 내부에서는 그 같은 혁명의 열정이 가진 부정적인 면이 드러났다. 의심하는 풍조가 생겨났고 예전의 귀족만 처형하는 것이 아니라 여럿 무고한 사람들도 처형하는 일이 벌어졌다. 혁명을 철저하게 보호해야 하며 새로운 세계는 과거의 것을 파괴하는 불로 정화되어야 한다는 진심 어린 신념이 이런 일을 가능하게 했다. 그러나 이상주의를 품은 대중의 충동적 행동은 길을 잃었고 여성주의자였던 올랭프 드 구즈 등의 위대한 혁명가들이 아무 이유 없이 단두대의 이슬로 사라졌다. 이런 공포 분위기는 온건파였던 사람들이 정권을 장악했던 1794년까지 이어졌다.

해외에서의 전쟁은 계속 이어졌다. 그러나 시간이 흐를수록 이들은 처음에 가졌던 특별한 사명감을 잃어 갔고 전쟁은 과거의 왕들이 추구했을 법한 단순한 확장 전쟁으로 변모해 갔다.

1799년―나폴레옹의 쿠데타

이를 확증해 주기라도 하듯 군인 중에서 새로운 '왕'이 탄생했다. 새로운 왕은 나폴레옹 보나파르트라 불리는 코르시카 출신의 평민이었다. 나폴레옹은 공포정치가 몰락한 이후 통치를 맡고 있던 의회에 맞서 최초의 군사 쿠데타를 도모했다. 율리우스 키이사르처럼 나폴레옹도 왕관 수여를 거부했다. 그러나 나폴레옹이 공화제를 염려하는 모습은 속임수였다. 그는 이미 제1통령dictator 으로 임명된 상태였으며 1804년에는 스스로 황제라 칭하게 되었다. 나폴레옹이 통치하게 되면서 혁명을 전파한다는 생각은 더 이상 찾아볼 수 없었다. 나폴레옹의 전쟁은 자신과 프랑스의 더 위대한 영광을 위한 것이었다. 나폴레옹은 이탈리아와 에스파냐의 대부분을 점령했고 프로이센과 오스트리아를 능가하면서 전 유럽을 통치할 만한 기세를 떨쳐 거의 십 년간 유럽을 위협했다. 러시아 공격을 감행했던 나폴레옹은 결국 자신의 이기적인 야망 때문에 패배했다. 1812년 러시아와 러시아의 겨울은 그의 공격력을 최종적으로 꺾어 버렸다. 프랑스에 대항하는 반란이 곳곳에서 일어났고 1814년 나폴레옹은 강제로 권좌에서 끌어내려졌다. 이 듬해 나폴레옹은 유배지에서 돌아와 또 다른 전쟁을 시도했지만 벨기에의 워털루에서 벨기에, 영국, 프로이센의 군대에 패배하고 말았다.

1815년―왕 빌려주기

프랑스혁명을 계기로 풀려나온 민중의 위대한 힘은 비참한 최후를 맞았다. 그리고 거드름 피우는 또 다른 독재자의 손에 휘둘리게 되었다. 유럽의 구체제는 군대를 해산하고 아무 일도 없었다는 듯 행동했다. 1815년 세계 최초의 '강대국' 회의인 빈 회의에서 자신들이 생각하기에 적당한 대로 세계를 분할했다.

군주제가 이들이 제시한 만병통치약이었다. 유럽 전역에 배어 있는 공화주의의 위협적인 기억은 말살되었다. 공화국이었던 네덜란드는 왕국으로 바뀌어 벨기에를 합병했다. 스웨덴과 노르웨이는 하나가 되었다. 폴란드와 이탈리아는 강대국들이 나누어 가졌다. 프랑스에서는 왕이 복위했고 에스파냐 사람들이 군주제에 반대하자 프랑스 군대는 유럽의 나머지 국가들의 승인하에 에스파냐 사람들의 반란을 진압했다.

이 같은 군주들의 결탁은 오스트리아에까지 영향을 미쳤다. 오스트리아는 볼리바르가 라틴아메리카에서 반식민지의 기치를 들고 일으킨 군대에 맞서 에스파냐 왕의 편에서 싸우기 위한 유럽의 군대를 소집하자고 제안했다. 1823년 미국의 먼로 대통령이 아메리카에 대한 유럽의 개입은 모두 적대 행위로 간주하겠다고 선언함에 따라 간섭을 멈추게 되었다. 먼로주의는 다음 세기에 유럽에서 벌어진 권력 다툼에 신세계가 상관하지 않고 지내는 데 도움을 주었다.

복위한 각 군주들은 절대주의와 특권의 시대로 시계를 돌려놓으려고 했다. 그러나 자신들 마음대로 일이 진행되지는 않았다. 프랑스 왕은 귀족정치에 대해 과도한 금전적 보상을 시행하는 바람에 1830년 파리에서 발발한 또 다른 폭동으로 폐위되었다. 이번에는 파리 시민들이 덜 고상한 야심을 가졌기 때문에 더 온건한 입헌 군주제가 수립되었다. 1830년에는 폴란드, 이탈리아, 독일에서 공화주의자들의 반란이 잇달아 일어났다. 독립 투쟁을 벌였던 벨기에는 결과적으로 독일 계통의 왕이 즉위하는 벨기에 왕국이 되었는데, 일 년 전 그리스 공화국도 이와 같은 운명을 맞았다. 독일은 이 광란의 시대에 유럽의 나머지 국가에 왕을 빌려주는 역할을 떠맡은 것처럼 보였다. 이러한 역사는 20세기의 유럽 왕실 대부분이 왜 아직도 서로 밀접하게 연계되어 있는지 그 이유를 설명해 준다.

NO-NONSENSE

프랑스 인권선언

국민의회를 구성하고 있는 프랑스 인민의 대표자들은 인권에 대한 무지, 망각, 또는 멸시가 공공의 불행과 정부의 부패를 초래하는 유일한 원인이라고 생각하여, 인간의 자연적이고 양도할 수 없는 신성한 권리들을 엄숙한 선언으로 제시할 것을 결의한다. 그 목적하는 바는 이 선언을 사회 전체의 모든 구성원들에게 항상 제시함으로써 (…) 시민의 요구가 앞으로 간결하고도 자명한 원칙에 기초함으로써 언제나 헌법의 유지와 모두의 행복을 지향하도록 하기 위함이다. 그 결과 (…) 인간과 시민의 권리를 아래와 같이 승인하고 있다.

제1조—인간은 자유롭게, 그리고 권리에 있어 평등하게 태어나 존재한다. 사회적 차별은 공공 이익을 근거로 해서만 있을 수 있다.

제2조—모든 정치적 결사의 목적은 인간의 자연적이고 소멸될 수 없는 권리를 보전함에 있다. 그 권리란 자유, 소유, 안전, 압제에 대한 저항이다.

제3조—모든 주권의 원천은 본질적으로 국민에게 있다. 어떠한 단체나 개인도 국민으로부터 명시적으로 유래하지 않는 권위를 행사할 수 없다.

제4조—자유는 타인에게 해롭지 않은 모든 것을 행할 수 있음을 뜻한다. 따라서 모든 개인의 자연권 행사는 사회의 다른 구성원에게 똑같은 권리의 향유를 보장하는 이외의 제약을 갖지 않는다. 그 제약은 오로지 법에 의해서만 규정될 수 있다.

제5조—법은 사회에 해로운 행위가 아니면 금지할 권리를 갖지 않는다. 법에 의해 금지되지 않는 행위는 어느 누구도 방해할 수 없으며, 또 누구도 법이 명하지 않는 것을 행하도록 강제 받지 않는다.

제6조—법은 일반 의지의 표현이다. 모든 시민은 스스로 또는 대표자를 통하여 법 제정에 참여할 권리를 갖는다. 법은 보호하는 경우에나 처벌하는 경우에나 모든 사람에게 동일한 것이어야 한다. 모든 시민은 법 앞에 평등하므로, 그 능력에 따라서, 그리고 덕성과 재능의 차별 이외에는 평등하게 공적인 위계·지위·직무에 취임할 수 있다.

제7조—법이 정한 경우를 제외하고는, 또한 법이 규정한 절차에 따르지 않고는 어느 누구도 소추, 체포, 또는 구금될 수 없다. 자의적 명령을 요청·발령·집행하거나 집행시키는 자는 처벌되어야 한다. 그러나 법에 따라 소환되거나 체포된 시민은 누구나 이에 즉각 복종해야 한다. 이에 저항하는 것은 범죄가 된다.

(…)

제17조—소유는 불가침적이고 신성한 권리이므로, 적법하게 확인된 공공 필요성이 명백히 요구하는 경우 및 정당한 사전 보상이 제시된 조건이 아니면 어느 누구도 그 권리를 침해당할 수 없다.

혁명

인간의 희생을 요구하는 산업이라는 거대한 전차는 속도를 더한다. 공장과 빈민굴의 지옥 같은 조건을 배경으로 서로 뭉친 노동계급은 그 모양을 갖추기 시작한다. 그리고 새로운 사회주의적 사고가 노동계급에 조그만 희망을 던진다.

세계는 절대로 전과 같아질 수 없었다. 보수주의자들과 자유주의자들은 유럽과 아메리카에 각자의 방식으로 새로운 사회를 건설하기 위해 투쟁했다. 그러나 구세계의 노쇠한 정치 구조의 운명을 결정할 또 다른 혁명이 도래했으니 바로 과학이다.

과학적 연구는 이미 18세기에 비료와 새로운 기계를 발명해 냄으로써 먹을거리 생산 증대에 크게 공헌한 바 있다. 그러나 야금술이야말로 가장 큰 충격을 미친 과학 분야일 것이다. 5천 년 전철이 발견된 이후로 아무런 진전이 없던 야금술에 큰 변화가 일어났다. 이제 철을 낱장으로 대량생산할 수 있었고 이로써 증기기관이 탄생할 수 있었다. 새로운 형태의 두 가지 운송 수단이 등장했다. 하나는 1802년 클라이드 만에 등장한 최초의 증기선이었고 다른 하나는 1804년 최초로 개발된 기관차였다. 그 뒤를 이어

1825년 최초의 철도가 티사이드에 건설되었다.

이 새로운 운송 수단은 여행의 속도를 열 배는 빠르게 만들었고 그 영향은 심대했다. 이전의 여행 속도는 말의 속도로 제한되었다. 나폴레옹은 갈리아와 로마를 오가는 카이사르와 같은 속도로 프랑스와 이탈리아를 오갔다. 말은 정치 조직에도 역시 영향을 미쳤다. 유럽에서 가장 규모가 큰 국가라고 해고 말을 이용해 의사소통하는 데 무리가 없는 수준의 크기를 유지했다. 그러나 미국의 경우 철도를 활용하면서 완전히 새로운 정치 지도가 펼쳐졌다. 열차는 중앙의 평원 지대에서 태평양까지 가로질러 갔다. 또한 전신의 발달로 하나의 단일 정부가, 그리고 하나의 동질적인 문화가 광대한 지역을 포괄할 수 있게 되었다.

1830년 – 악마의 공장

그러나 이 새로운 기술의 비용과 이득은 공평하게 나누어지지 않았다. 농촌 경제가 붕괴하면서 농촌의 가정은 새로운 도시의 구불구불하고 더러운 골목으로 이주해 적은 임금에 끔찍한 조건으로 일하는 일자리를 찾아볼 수밖에 없었다. 이 사람들에게 산업혁명의 이득은 그 비용을 절대 넘을 수 없었다.

농촌공동체의 생활도 고된 것이었지만 어쨌든 자연적으로 주어진 것이었고 납득할 만한 어려움이었다. 게다가 여성과 남성은 협력 관계를 형성하며 함께 일하는 경우가 많았다. 하지만 도시에서는 정신적, 육체적 고통을 수반하는 장시간의 노동을 수행해야만 했다. 그리고 참기 어려운 생활 조건 때문에 폐병이나 각종 전염병에 걸리는 경우가 많았다. 공장 소유주들은 자신들이 고용한 노동력에 대한 절대적인 지배권을 가지고 있었다. 엥겔스는 공장에서 노동하는 여성은 공장 소유주가 성적으로 접근할 경우 거절할 권리가 없는 현실을 기록했다. 그리고 가정의 관계에서도 협력적이라는 과거의 사고가 훼손되었다. 남성과 여성이 노동을 통해 받는 임금이 달랐기 때문에 가장은 남성이라는 개념이 생겨났고 과거의 관계는 아직도 온전히 회복하지 못하고 있다.

1848년 – 노동계급의 정치학

이 모든 조건은 프랑스혁명이 전 유럽에 퍼뜨린 급진 정치사상을 자극했다. 곤경에 처한 사람들은 모두 함께 도시로 내동댕이 쳐졌기 때문에 연대감이 형성되었다. 이들이 수천 개로 쪼개져 있는 농촌 마을에서 생활할 때는 가져 보지 못한 정서였다. 노동계급은 자신들이 사회의 밑바닥을 이루고 있는, 억압받는 대중이라는 사실을 깨달았다.

교육 또한 급진적 사고를 확산하는 데 공헌했다. 사람들은 최소한 새로운 기계를 다룰 수 있을 만큼은 배워야 했다. 그리고 이것이 19세기에 대중 교육이 도입된 주된 이유였다. 대중 교육은 박애주의나 크리스트교의 자선사업 때문에 가능했던 것이 아니라 (물론 이러한 이유도 일부 제 역할을 해냈음은 부인할 수 없다.) 자본의 필요 때문에 가능했던 것이다. 이제 보통 사람들도 사회주의, 공

들에서 공장으로 (1860~1960)

국가들이 산업화될수록 노동자들은 농업을 떠나 산업으로 이동했다. 1930년 아
프리카 국가 대부분에서 농업이 흡수한 노동력은 전체 노동력의 80퍼센트였다.
반면 이 시기 유럽에서는 40퍼센트에 불과했다. 이미 1860년에 산업화를 마친
미국과 영국은 일본에 비하면 비교적 완만한 곡선을 그린다.

농업 노동력에서 산업 노동력으로 (비율 변화)

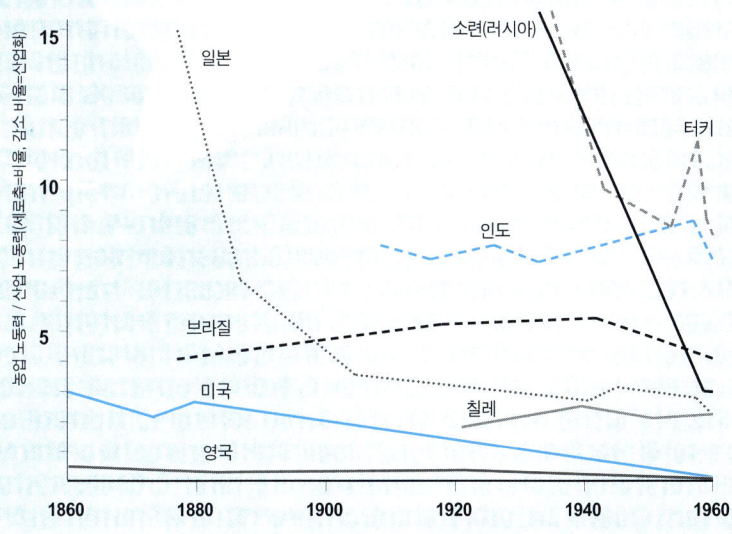

▶ 출처―Third World Atlas, Open University 1994.

산주의 혹은 단순한 사회정의 같은 새로운 정치적 사고에 대한 글을 읽을 수 있었다. 그리고 이들은 19세기 중반 유럽 전역에서 산업혁명이 유발한 끔찍한 불평등과 생활 조건에 저항하는 반란을 이따금씩 일으켰다.

차티스트 운동은 영국에서 최초로 벌어진 진정한 노동계급의 정치운동이었다. 차티스트 운동은 1838년에서 1848년 사이에, 비록 남자만을 대상으로 한 것이지만, 보통 선거권과 전반적인 노동조건의 향상을 요구했던 운동이다. 그러나 새로운 산업 노동자층에서 집단 동요가 일어났음에도 영국에서는 혁명이 일어나지 않았는데, 중간 계급이 1832년 이루어진 온건한 선거법 개혁에 만족했기 때문이었다.

유럽의 나머지 지역에서는 자유주의적 중간 계급이 혁명을 일으켰다. 1848년 프랑스에는 다시 왕이 폐위되었다. 이번에는 공화국이 수립되었고 다시는 군주제로 돌아가지 않았다. 유럽 전역에 전신을 통해 이 소식이 전해졌고 빈, 로마, 밀라노, 대부분의 독일 도시에서 낡아빠진 구질서에 저항하는 반란의 발단이 되었다.

노동계급의 새로운 정치학은 영국에 살았던 두 명의 독일인, 칼 맑스와 프리드리히 엥겔스의 저술로 지적인 모양새를 갖췄다. 이들은 노동계급이 결국에는 사회구조에 대해서 더 많은 것을 깨우치고 자신들이 받고 있는 억압에 대해 충분히 인식하며 공동선을 위해 권력과 재산을 거머쥘 것이라고 믿었다. 이들이 발표한 「공산당 선언Communist Manifesto」은 사회주의라는 새로운 사고에 추진력을 부여했다.

그러나 맑스와 엥겔스의 사상은 유럽의 자유주의적 중간 계급 반란자들을 고무하기보다는 공포에 빠뜨렸다. 중간 계급은 만일 노동계급이 정치권력을 획득하면 자신들이 소유한 재산을 위협할 것이라고 두려워했다. 그래서 오히려 중간 계급은 의회에서의 발언권을 얻는 조건으로 구체제와의 타협을 선택했다. 이러한 결과는 유럽 전역에서 나타났다. 이제부터 혁명은 노동계급의 몫이 되었다.

1850년~1914년―산업의 동력

그 사이 산업이라는 가차 없는 수레는 추진력을 얻었다. 미국이 가졌던 잠재적 부가 실현되고 있었다. 막대한 물량의 밀, 면화, 담배가 수출용으로 생산되었고 1841년에서 1860년 사이 450만 명의 이민자들이 유럽에서 새로 유입되어 커져만 가는 국내시장은 번영을 보장하고 있었다. 산업을 개척했던 영국의 공장은 석탄과 증기를 동력으로 삼았다. 영국의 경쟁국들은 새로운 형태의 동력원에 적응할 수 있었다. 독일인들은 1860년대에는 완벽한 발전기를, 1870년대에는 내연기관을 가지게 되었다. 미국 펜실베이니아 주에서 발견된 석유는 1858년부터 활용되었다. 그 결과 독일과 미국의 더 새로운 산업 경제가 발전하기 시작했고, 또한 그들의 많은 인구가 동력이 되어 경제를 뒷받침했다. 그래서 1870년에서 1914년 사이 영국의 산업 생산은 두 배 성장했지만 미국은 세 배, 독일은 네 배나 성장했다.

1850년부터는 모든 나라에서 민간 은행 체계가 자리 잡아 가고 있었고 로스차일드 사社 같은 국제적 은행도 등장했다. 은행은 중간 계급이 자산을 구매할 수 있도록 돈을 빌려주기 시작했다. 영국의 파운드화와 프랑스의 프랑화가 전 세계에서 통용되는 교환 수단으로 받아들여졌다. 그리고 비용을 절감하기 위해 거대한 산업 기업들이 소규모 기업들을 인수하기 시작했다. 1905년 스탠더드 오일 사社는 미국에서 생산되는 석유의 85퍼센트, 국제 석유 거래의 95퍼센트를 통제했다.

1860년~1914년─여가의 산업화

산업혁명은 서양 보통 사람들의 생활을 바꿔 놓았다. 1860년대 미국인과 유럽인 대부분은 농촌 마을에 살았지만 1914년이 되면 대부분이 도시에서 살게 되었다. 이러한 변화는 영국에서 가장 뚜렷했는데 1900년에는 노동력의 십 퍼센트만이 농촌 지역에서 살게 되었다.

인구가 과밀한 빈민가와 끔찍한 노동조건도 존재했지만 어떤 측면에서는 삶의 질이 향상되기도 했다. 19세기 중반 소녀와 소년을 위한 초등교육이 미국의 북동부와 중서부 지역 전체에서 거의 보편적으로 실시되었다. 영국에서는 의무적인 초등교육이 1870년 도입되었고 프랑스에서는 1882년에 도입되었다. 그리고 노동조합의 성장으로 결국 노동조건의 향상이 이루어졌다.

대량생산은 먹을거리를 더 저렴하게 만들어 주었다. 1904년 영국의 빵 가격은 1870년 빵 가격의 사분의 일로 떨어졌다. 그래서 최초로 노동계급의 수중에도 여가를 위해 사용할 돈이 남게 되었다. 이 시대에 일간신문이 등장했다. 또한 대중이 찾는 영화관과 음악 공연장이 성황을 이뤘고 사람들은 자전거가 주는 새로운 기동력을 즐기기 시작했다. 이 시대는 서양 국가들에서 대부분 사람들의 생활 모습이 지금 우리의 생활 모습과 매우 유사한 형태를 띠기 시작했던 시대였다.

8

조각난 세계

세계를 나눠 먹다

총력전

WORLD HISTORY

인간을 동등한 개체로 보지 않았던 차별적 시각은
어떤 비극을 불러왔나?
상식을 뛰어넘는 세계대전의 여파는 인간의 모든
진보를 얼마나 비웃었을까?

세계를 나눠 먹다

제국의 오만은 새로운 경지에 이른다. 식민지의 백인 정착민들은 더 많은 원주민을 학살한다. 유럽의 통치자들은 '장대한 아프리카라는 먹음직한 대륙'을 자신들 맘대로 분할한다. 그러나 인종차별적 생각을 가졌던 유럽인들은 아시아인들이 자신들의 산업 기술과 군사적 재능을 똑같이 배우고 그들보다 훨씬 더 잘 사용하는 것을 보고 충격을 받는다.

  1800년 유럽인들과 북아메리카인들이 점유한 땅은 세계의 35퍼센트였다. 그리고 그 이상 확장하는 데 관심도 없었다. 그러나 1914년 이들은 세계의 84퍼센트를 통제하게 되었다. 산업혁명과 산업혁명이 요구하는 광물자원, 여타 천연자원 때문에 마음을 바꿨다. 해외의 식민지는 거대한 광산이자 플랜테이션 농장으로 취급되기 시작했다. 산업화가 진행되는 자존심 높은 나라치고 식민지가 없는 나라는 없었다.

1788년 – 오스트레일리아의 인종 청소

  캐나다와 오스트레일리아의 영국인 정착지는 가치를 인정받기보다는 골칫거리로만 여겨졌다. 그러나 새로운 운송 기술이 캐나다의 운명을 뒤바꿔 놓았다. 이제 캐나다를 가로질러 이동하거나 캐나다의 농민들이 생산한 먹을거리를 유럽에 판매하는 일이 가능해졌다. 프랑스 주민들과 영국 주민들 사이에 불화는 여전했지만 1867년 새로운 연방 헌법을 제정함으로써 진정되었다.

영국인들에게 오스트레일리아는 죄수를 내다 버리는 땅 이상이 아니었음에도 5백여 토착 부족들은 제거되어 갔다. 독자적으로 살아갔던 천 년 동안, 정착 주거지나 농경문화를 발전시키지 못한 완전 원시적인 민족이라고 토착민을 채색하는 일은 오스트레일리아에 거주하는 백인들의 성미에 맞았다. 이는 유럽인들이 아프리카의 문화적 성취를 부인했던 것과 같은 맥락이다. 그리고 사막 지역의 토착민들이 수렵하고 채집하는 유목적인 생활을 했던 것도 사실이었다. 사막이라는 조건에서는 그들은 다른 생존 방식을 가질 수 없었다. 하지만 비옥한 지역에서는 마을을 세우고 구근 작물을 심고 목초지의 동물을 통제하며 생활했다.

이 정착민들은 1788년부터 이곳에 도착하기 시작했던 영국인 죄수들에게 가장 먼저 재산을 빼앗기고 학살당했다. 왜냐하면 이들이 가장 매력적인 토지를 차지하고 있었기 때문이다. 1837년 영국 의회마저 토착민들이 당한 일에 경악해서는 토착민들이 "도둑이나 절도범처럼 취급되어 개나 캥거루인 양 내륙으로 쫓겨났다."고 소신 있게 말할 정도였다. 그러나 이 내용은 부정확했다. 토착민들은 이주를 강요당하기보다는 학살당했기 때문이다. 태즈메이니아 섬에서는 대부분의 토착민이 1804년에서 1834

년 사이에 살해됐고 토착민을 죽이면 보상이 주어졌다. 시간이 흐르면서 19세기의 인종차별주의적인 허위 과학은 많은 백인들이 이런 살인 행위를 일종의 의무라고 여기도록 만들었다.

"우리는 열등한 오스트레일리아인을 멸종시키면서 엄연한 자연선택의 법칙을 머리에 떠올리고 냉정한 마음으로 그 법칙을 실현한다."

1883년 영국 식민지 장관은 다음과 같이 보고했다.

"나는 백인 동료들에게는 문화와 교양을 가지고 가장 위대한 인류애와 친절을 베푸는 남성들이 (…) 대량 도살에 대해 (…) 그리고 원주민을 살해한 개인적 경험에 대해 말하는 내용을 들었다. 이들은 일종의 운동경기에 대해 얘기하거나 귀찮은 생물을 죽이는 일에 대한 얘기를 나누듯 대화했다."

영국은 이 시기부터 식민지를 매우 귀중한 땅으로 평가했다. 영국의 이러한 태도 변화는 1842년 구리가 발견되고 7년 후 금이 발견되기도 했지만 모직물 생산 공장의 원료로 제공할 양털이 중요했기 때문이다.

1840년—마오리 전쟁

마오리인은 지금으로부터 약 9백 년 전 어느 때, 타이티에서 출발해 전설적인 항해 끝에 발견한 섬에 아오테아로아(Aotearoa, '길고 흰 구름의 나라'라는 의미의 마오리어. 옮긴이)라는 이름을 붙이고 정착했다고 알려졌다. 이 섬들은 남태평양에서 가장 크지만 유럽인들은 이곳을 피해 다녔다. 태평양의 다른 섬 지역에 비해 비가 많이 내려 축축한 기후가 별로 매력적이지 않기도 했지만 상륙을 허락하지 않는 마오리인의 맹렬한 반응 때문이기도 했다.

1814년 이곳을 뉴질랜드라고 부르며 처음으로 이곳에 영구 정착한 사람들은 선교사들이었다. 선교사들은 정착한 뒤 11년 동안 단 한 명의 개종자도 만들지 못했기 때문에 마오리인에게 종교를 강요함으로써 피해를 주었다기보다는 처음으로 총기를 거래함으로써 더 많은 피해를 주었다. 한 지역의 족장이 자신을 런던에 보내 달라고 선교사들을 설득했다. 그는 우아한 런던 사회에서 많은 선물을 받았다. 고향으로 돌아오는 길에 시드니를 들렀던 족장은 그곳에서 이 선물을 수백 정의 머스켓 총과 바꿨는데 이 총을 위협적인 상대로 보이지 않았던 정착민들을 상대로 사용하지 않고 마오리족의 다른 부족을 상대로 사용했다. 15만 명의 인구 중 최소한 25퍼센트가 1821년에서 1840년 사이에 벌어진 끔찍한 인종 간 전쟁 중에 죽었다.

바로 이때부터 외국인들에 대한 마오리인의 적대감은 무역에 대한 열망으로 바뀌었다. 마오리인은 자신들이 살아왔던 언덕 위의 건강한 마을을 버리고 해안 지역에 있는 정착지로 이주해 노동했다. 그러나 해안가에서 마오리인은 외국배에 실려 온 외래 질병에 더 쉽게 걸렸다. 마오리인을 설득해 담요를 몸에 두르도록 만든 선교사들의 행동은 사태를 더 악화시켰다. 담요를 몸에 두르는 일은 신분을 상징하는 일로 여겨져 인기를 얻었고 어떤 날씨에든, 옷이 더러워지든 말든 상관없이 최대한 많은 사람들이 옷을 입기 시작했다. 부족 간의 싸움으로 인구가 줄어든 마오리인은 옷을 입게 되면서 급격히 감소하기 시작했다.

1838년까지도 영국인 정착민들은 천여 명에 불과했지만 1840년 영국은 뉴질랜드를 공식 합병하고 결국 와이탕이 조약Treaty of Waitangi을 체결했다. 조약을 체결함으로써 마오리인은 자신의 땅에 대한 통제권을 보장받았다고 생각했다. 그러나 새로이 도착한 토지에 굶주린 정착민을 상대로 아무런 보호를 받을 수 없다는 사실을 알게 되자 특별히 많은 피를 흘린 것은 아니지만 오래도록 지속된 전쟁이 발발했다. 유럽인들과 원주민 사이에 발생했던 수많은 다른 충돌 사례와 마찬가지로 문제의 핵심에는 토지에 대한 사고의 차이가 자리 잡고 있었다. 마오리인은 토지를 공동체의 모든 구성원을 위한 것이자 영구적으로 위탁받은 자산이라고 생각했다. 하지만 영국인들은 토지를 개인이 소유한다는 생각밖에는 다르게 사고할 수 없었기 때문에 애당초 토지에 대해 아무런 권리도 갖고 있지 않은 사람들로부터 토지에 대한 권한을 사들였다. 이 전쟁으로 정착민들은 1만 8천 평방킬로미터의 토지를 몰수했고 토지에 대한 사적 소유를 강화하는 법이 통과되었다.

1864년 금이 발견된 뒤부터는 마오리인이 흐름에 저항하는 일은 불가능해졌다. 그 사이 백인 인구는 3년 만에 네 배 증가해 21만 9천 명에 달하게 되었고 3만 8500명으로 줄어든 마오리인은 멸종의 위기에 처했다. 뉴질랜드에 정착한 백인들 사이에서는 수년 내 마오리인이 사라질 것이라는 견해가 지배적이었고 이 냉소적인 견해는 1867년 마오리인에게 선거권을 허용하는 방향으로 작용했다. 그러나 마오리인은 사라지지 않았는데 19세기 말 식민지에 불경기가 몰아쳤고 그래서 마오리인에게 남겨진 조그마한 땅에 대한 압력이 줄어들었기 때문이었다. (281쪽 '태평양의 낙원을 잃다' 참조)

1652년~1910년 ─ 남아프리카

남아프리카는 백인들에게 중요했던 또 다른 식민지였다. 1652년 네덜란드 정착민들은 남아프리카 해안에 상륙해 케이프에서 채집-수렵 생활을 하던 코이산족Khoisan을 지배하게 되었다. 1770년대까지 이들은 내륙으로 밀고 들어갔고 수천 년의 정치적 역사를 간직한 훨씬 발전된 아프리카의 부족들과 마주쳤다. 주로 영국인과 네덜란드인으로 이루어진 백인 정착민들과 그들에게 저항했던 코사인, 줄루인, 소토인Sotho 및 여러 부족들의 간헐적인 전쟁이 한 세기 동안 이어졌다.

영국은 케이프에서 권력을 장악한 뒤 본국에서 일고 있는 새로운 사상에 따라 노예제를 금지했다. 이러한 영국의 입장에 네덜란드인(혹은 보어인)은 불만을 품고 1836년 북쪽으로의 대이주를 감행했다. 그곳에서 이들은 트란스발Transcaal과 오렌지자유국 Orange Free State이라는 별개의 공화국을 수립했다. 그보다 앞서 샤카Shaka라 불리는 줄루 전사(1828년 사망)가 군대를 조직해 크게 세력을 떨치고 지금의 콰줄루-나탈KwaZulu-Natal 지역에 위대한 제국을 수립했다. 그러나 영국은 자신들의 코앞에 독립적인 흑인 국가가 있다는 사실을 견딜 수가 없었다. 영국은 1879년 소규모 군대를 보내 침공했지만 샤카의 후계자 중 하나인 세츠와요 Cetswayo 휘하의 줄루 군대에 패해 돌아왔다. 제국의 위엄에 모욕적인 사건을 앙갚음하기 위해 최신 기술의 기관총으로 무장한 새로운 군대가 영국에서 파견되었고 줄루의 독립은 무너졌다.

그 후 영국은 트란스발에서 발견된 금을 손에 넣기 위해 보어인들과 다퉜고 쓰디쓴 3년간의 전쟁 끝에 1902년 금을 손에 넣었다. 1910년 영국과 보어 정착민들이 공동으로 다스리는 독립적인 남아프리카 연방이 탄생했다. 흑인 차별을 제도화하는 새로운 법을 도입해, 백인에게 토지의 90퍼센트를 할당하고 10퍼센트는 절대 다수를 차지하는 흑인에게 '원주민 보호지'로 남겨 주었다. 남아프리카공화국이 국민을 탄압하고 국제 공동체의 품위를 손상시킨 본격적인 인종차별 정책은 1948년이 되어아 도입되있지만 인종차별주의의 법적 기초는 1910년에 이미 세워졌다.

1878년 — 아프리카 쟁탈전

19세기 후반까지 유럽인들은 귀중한 금속, 향신료, 노예를 제공해 주는 외국의 토지만을 원했을 뿐이다. 그러나 새로운 산업은 이제 야자유나 고무 같은 열대의 원료를 원했다. 그래서 유익하다고 판단되는 지역이면 지구 어디에서나 각국의 국기들이 휘날렸고 특히 아프리카에 집중되었다.

아프리카에 먼저 도착해서 지도를 작성한 이들은 탐험가들이었다. 선교사들과 군인들이 그 뒤를 따랐다. 아프리카인들은 거의 모든 지역에서 저항했고 처음에는 성공을 거두기도 했다. 그러나 유럽에서 새로운 기관총이 도착하고 나자 아프리카인들에게는 더 이상의 해답이 없었다. 그리고 무적이라는 유럽인들의 인종차별적 오만은 개틀링 기관총과 맥심 기관총만큼이나 인상적이었다. 유럽인들은 아프리카인들을 살해하고 종속하는 일이 아프리카인들의 장기적인 이익을 위한 것이라고 스스로를 설득했다. 키플링은 그의 유명한 시(「백인의 짐*The White Men's Burden*」을 말한다. 옮긴이)에서 이를 다음과 같이 요약했다.

"백인의 무거운 임무를 지고 / 최상의 분자들을 세계로 내보내자 / 유형지로 나간 우리의 아들들은 / 우리가 잡은 포로들의 필요를 충족시켜야 한다 / 무거운 마구를 진 우리는 / 안절부절 못하는 야생의 족속들을 시중든다 / 새로 잡힌 우리의 포로들은 / 반은 악마이고 반은 어린애 같은 말없는 자들이다."

19세기 말까지 원료를 유럽으로 보내는 통로라는 기능이 아프리카 대륙의 유일한 역할인 것으로 보였다. 식민 권력들은 임의대로 정한 경계를 따라 지도를 그렸다. 지역의 지리적 특성, 부족의 분포, 언어 등은 고려하지 않았다. 아프리카의 두 나라만이 독립을 유지했다. 훗날 에티오피아가 되는 아비시니아는 식민화하려는 이탈리아에 맞서 싸웠고 1896년 아도와 전투Battle of Adowa에서 이탈리아 군대를 물리쳤다. 다른 한 나라는 라이베리아로 아프리카 해방 노예를 위해 건립된 나라였다.

1857년―인도 항쟁

최근의 기술 발전으로 유럽인들은 자신들이 선천적으로 우월하다고 확신하게 되었다. 심지어는 수세기 동안 엄청나게 복잡한 문화를 누려 왔던 아시아인들보다도 우월하다고 생각했다.

이런 오만함을 지닌 영국의 동인도회사는 인도아대륙 대부분을 통제하게 되었다. 그러나 1857년 동인도회사의 인도인 용병들이 항명했다. 북부 각지에서 영국인들에게 분노하고 있던 지배층이나 토지 소유주들에게로 반란이 급속히 확산되었다. 영국은 14개월 동안 쓰디쓴 전투를 치른 끝에 겨우 반란을 진압했다. 이 반란은 비非백인 국가에서 백인의 식민 권력에 저항해 싸운, 자유를 위한 최초의 전쟁이었다. 항쟁 이후 인도는 영국의 직할 식민지로 합병되었고 총독의 직접 통치가 시작되었다. 1877년 빅토리아 여왕은 인도 여왕에 즉위한다고 선언했다.

1842년~1911년―중국 혁명

19세기 중엽 중국은 인도에서 아편을 들여와 중국에 밀매하는 영국을 막기 위해 수없이 많은 단기적이고 잔인한 전쟁을 치렀다. 중국은 아편을 끊어야 할 필요가 있었다. 아편이 주요 교환 수단이었던 은을 대체함으로써 경제를 혼란시켰기 때문이었다. 그러나 중국은 실패했고 추가로 홍콩마저 빼앗겼다. 청 왕조는 또한 국내의 정치 문제를 안고 있었다. 1850년대 광범위하게 퍼

진 소요가 커지면서 실질적인 내전(태평천국의 난을 말한다. 옮긴이)
으로 번졌던 것이다. 백만의 대군을 이끌었던 반란군은 1853년
난징을 장악하고는 베이징과 상하이를 위협했다. 1864년 반란군
은 토벌됐지만 2천만 명의 사망자를 남겼고 그 이후로 청 왕조의
안정은 회복되지 못했다.

청 왕조에는 탐욕스러운 유럽인들을 내쫓을 힘이 없었다. 1860
년 영국과 프랑스 군대는 더 많은 이권을 확보하기 위해 베이징
으로 진주했다. 프랑스는 인도차이나 반도를 점령했고 영국은 미
얀마에 뿌리를 내렸다. 1900년 모든 '강대국'들은 영토의 분할을
간절히 원했다. 베이징에서 유럽에 반대하는 대중 저항('의화단
운동')이 발생한 것도 무리가 아니다. 이 사건은 청나라 왕실을
잠시나마 격앙시켰지만 자국의 외교관을 보호한다는 명분을 내

■ 깊이 읽기

의화단義和團 운동

열강의 간섭이 심해지자 성난 중국의 민중들은 서양 색채를 띤 모든 것을
거부하기 시작했다. 교회를 불태우고 철로를 뜯어내고 전봇대를 뽑아 버렸
다. 이러한 일련의 사건은 본래 무술을 수련하던 비밀결사인 의화단이 주
도한 것으로 이들은 서양 세력을 몰아내자는 주장을 펼쳤다. 서태후를 비
롯한 수구 세력들도 이런 주장을 좋게 받아들여 활동을 묵인했다. 세력을
키운 의화단은 외국 공관과 교회들을 공격했고 서구 열강 8개국 연합군은
의화단을 진압했다. 이를 구실로 서구 열강들은 청에 엄청난 양의 배상금
을 강요했고 베이징에 군대를 주둔시켰다. 옮긴이

세워 청나라의 가치 있는 자산을 강탈했던 유럽의 연합군이 의화단 운동을 진압했다. 이번에는 러시아가 만주를 장악했고 영국은 티베트를 침공했다. 중국이 당한 치욕은 1911년 혁명(신해혁명을 말한다. 옮긴이)을 야기했다. 이 혁명으로 인해 마지막 황제가 역사 속으로 사라졌는데 장기적인 차원에서는 잘된 일이었다. 쑨원孫文이 지도하는 새로운 민족주의 정부가 베이징의 권력을 장악했다. 이들은 중국이 서양과 경쟁하기 위해서는 근대화를 이뤄야 한다는 믿음을 가지고 있었다. 그러나 그들의 권력은 매우 제한되어 있었다. 나라의 대부분이 지역 군벌들이 통치하는 준독립 국가로 분할되는 고통을 겪었다.

1853년~1914년 — 일본이 경기에 참여하다

유럽만이 지식, 산업의 이득, 군사적 힘을 독점하는 것이 아니라는 사실을 입증한 것은 일본이었다. 1853년 미국 군함이 일본에 도착해 무역을 개방하라고 요구하면서 2세기 동안 이어진 일본의 고립은 끝났다. 12년 후 유럽이 이에 가세해 순전히 해군력만을 내세워 일본에 대한 서양의 착취가 가능하도록 하는 무역조약을 체결했다.

그러나 이번만은 유럽이 실패했다. 서양에 비해 '부끄럽도록 열등하다'는 사실에 치욕을 느꼈던 일본은 스스로를 근본적으로 변화시킴으로써 이에 대응했다. 1868년 메이지 유신明治維新으로 옹립된 천황은 군사 독재를 제도화함으로써 수세기에 걸쳐 일본을 통치해 왔던 쇼군들을 척결했다. 흥미로운 대목은 일본의 전통을 재천명한 이 사건이, 일본이 근대 세계의 모든 산업적 비밀을 습득하는 데 온 힘을 기울이도록 만들었던 혁명적 쇄신에 이르는 가장 빠르고 효과적인 길이었다는 점이었다. 개항한 지 한 세대도 지나지 않은 19세기 말 근대화를 성공적으로 수행한 일본은 영국과 미국에게 동등한 지위를 인정받게 되었다. 1871년 봉건제도 폐지, 1872년 국가 교육 체계 확립, 1873년 징집을 통한 군대 창설 등의 개혁이 이루어졌다. 이후 수십 년간 일본 공장의 생산성이 매우 높아져서 1878년~1882년에는 3천만 엔이던 수출이 1913년~1917년에는 9억 3200만 엔으로 치솟았다. 서양이 우월하다는 신화는 철저하게 무너져야만 했다. 하지만 상류층의 회합에서 일본을 규칙을 증명하는 예외로서 치부되었기 때문에 20세기 내내 유럽이 우월하다는 신화는 유지되었다.

그러나 일부 유럽의 권력들은 군사적 행동을 통해서만 교훈을 얻을 수 있었다. 차르가 지배하는 러시아는 아시아에서 정복과 모험적인 행동을 지속했다. 일본은 자신의 함대와 군대가 임무를 제대로 수행할 능력을 갖추었다고 판단될 때까지 기다렸다가 육지와 바다에서 모두 러시아 군대를 철저히 무너뜨렸다. 헛되고 우스꽝스러운 전쟁으로 인해 1905년 무위로 돌아간 혁명이 촉발되었고 차르는 폐위당할 위기에 처했다.

충력전

유럽의 권력은 자신들이 '문명화된' 존재라는 주장을 입증하는 모습을 보여 주지
못한다. 산업에서의 경쟁으로도 모자라 자신의 재능을 더 나은 무기를 생산하는
데 쏟아 붓는다. 그 필연적인 결과로 제1차 세계대전이 발발한다.

19세기 후반부에 유럽 대부분의 힘은 대량 살육을 부르는 전투
로 확장되었다. 전쟁에 대한 상세한 실명보다 더 중요한 것은 이
러한 전쟁들이 가져온 결과인데, 중요한 결과 중 하나는 이전에
작은 국가들을 모아 놓은 것에 불과했던 이탈리아와 독일이 단결
된 나라로 등장했다는 점이다. 그리고 독일은 나중에 황제, 혹은
카이저가 되는 프로이센 왕의 기치 아래 단결해 유럽에서 가장
강력한 국가가 되었다.

이 새로운 권력들은 미국의 방식으로 새로운 통신 기술을 써먹
을 수 없다는 사실에 실망했다. 이들의 국경은 나라치고는 너무
작아 우스워 보였다. 영국은 사방으로 뻗은 광대한 제국을 다스
렸다. 러시아도 흩어져 생활하는 유목민을 제외하면 별다른 도전
세력이 없는 동쪽으로 확장할 수 있었다. 러시아의 철도는 시베

리아를 통과해 1905년에는 태평양에 이르렀다. 그 거리는 7360
킬로미터에 달한다. 그러나 다른 유럽 나라들은 갈 곳이 없었다.

그러나 이들은 협력이라는 새로운 이상을 꿈꾸는 대신 카롤루
스와 나폴레옹이 가졌던 낡은 꿈, 즉 나머지 나라를 모두 정복해
하나의 권력을 추구했다. 독일이 가장 유리한 위치에 있었다.

1914년—제1차 세계대전

전쟁은 불가피한 일이었다. 놀라운 일이 있다면 1914년까지 전
쟁이 일어나지 않았다는 사실뿐이다. 독일, 오스트리아, 터키가
프랑스, 벨기에, 러시아, 영국, 세르비아와 맞섰다. 일본, 미국, 중
국 같은 다른 독립국들은 독일에 맞선 연합군에 조금 늦게 합세
했다. 그러나 식민지 역시 연계되었고 인도와 케냐, 캐나다와 오
스트레일리아에서 동원된 수천 명의 군인들이 식민지를 다스리
는 총독의 쓸데없는 자존심을 위해 목숨을 걸어야 했다. 1914년
에서 1918년 사이 벌어진 갈등을 제1차 세계대전이라고 부르는
진정한 이유다.

이 전쟁은 인간의 생활에 무익한 쓰레기와 같은 말이 되었다.
독일이 프랑스와 맞서고 러시아가 독일과 맞서는 최초의 공세가
격퇴되었을 때 전쟁은 막다른 골목에 이르면서 고착되었다. 수백
만 명의 군인이 불과 수백 미터를 사이에 두고는 참호를 파고 들
어앉아 대치했다.

머스켓 총으로 무장한 기병대의 공방이라는 사고에서 벗어나

지 못한 구식 군대의 전쟁으로는 바뀐 세계에 적절히 대처할 수 없었다. 처음에는 애국심이나 크리스트인의 의무라는 개념에 호도되어 스스로 위험을 자초한 자원자들로 이루어졌던 군인들은 북유럽의 악천후와 상부 지휘관들의 무분별한 기벽을 견디며 상상할 수 없는 열악한 생활 조건을 몸소 체험했다. 게다가 역사상 가장 비인간적이고 경악스러운 무기인 독가스가 최초로 등장했다. 살아남았다고 하더라도 신체의 일부를 절단하는 경우가 많았고 그보다 더 많은 사람들이 정신의 일부를 잃어버린 채로 살아남았다. 늘 그랬듯이 인류는 자신들이 획득한 기술적 지식에 적절히 대처할 능력이 없다는 사실이 증명되었다.

1918년─나라가 불타다

군인들만 희생당한 것이 아니었다. 전쟁은 여느 때와 마찬가지로 공동체 전체를 황폐하게 만들었다. 도시는 약탈당했고 여성들은 강간당했으며 무고한 사람들이 칼에 찔려 죽어 갔다. 그러나 이번 전쟁은 혼탁한 전쟁터를 벗어난 지역에까지 영향을 미쳤다. 많은 젊은 남성들이 군대에 소집되어 나가자 여성들과 노인들이 공장과 농장으로 불려 나갔다. 한편 공장이나 농장도, 1909년 처음 등장해 적진 깊숙이 들어가 폭탄을 투하하는 신형 비행기와 비행선의 공격에 속수무책이기는 마찬가지였다. 신사들끼리 약속을 한 뒤 정해진 시간과 장소에서 이루어지는 전투는 사라지고 총력전 개념이 등장했다.

1918년 유럽 전역과 세계 대부분이 파국적인 제1차 세계대전으로 피폐해졌다. 기근이 광범위하게 퍼졌다. 농민들이 징집되는 바람에 농사가 중단되어 먹을거리의 공급이 끊어졌다. 전쟁터에서 죽은 사람보다 세계적으로 퍼진 유행성 전염병으로 목숨을 잃은 사람들이 수백만 명이나 더 많았다.

결국 이번 전쟁의 승자는 없었다. 마지막 해에 참전한 백만의 미군은 독일이 공식적으로 패배를 선언하도록 만들었다. 적어도 8백만 명이 목숨을 잃었다. (283쪽 '여성, 선거권을 획득하다' 참조)

9

혼돈의 세기

노동자의 힘
자본주의와 파시즘

WORLD HISTORY

농민과 노동자를 포함한 피지배 계급은 자신들의
정당한 몫을 찾을 수 있을까?
끔찍했던 세계대전의 교훈을 잃어버린 사람들에겐
어떤 미래가 기다리고 있었나?

노동자의 힘

러시아인들은 차르를 폐위시키고 세계 최초로 노동자 권력을 출범시킨다. 이들은 포위 속에서 살아남았지만 무자비한 독재자 스탈린이 혁명을 탈취한다. 전 세계 좌파들은 이때 입은 타격에서 아직도 벗어나지 못하고 있다.

1917년의 러시아혁명은 농민과 노동계급의 이름으로, 그리고 이들의 이익을 위해 권력을 쟁취한 역사상 최초의 사건이었다.

차르 치하의 절대군주제에서 극심한 불평등에 시달리던 러시아는 프랑스혁명 이전 그대로의 모습으로 남아 있었다. 농민 공동체가 나라의 대부분을 구성했다. 그리고 제1차 세계대전이 아니었다면 농민들은 이 낡은 체제를 꾹 참고 계속 견뎠을지도 모른다. 1917년 나라와 차르에 대한 의무를 수행하라는 반복적인 부름에 응했던 수백만의 농민들이 징집되어 목숨을 잃었다. 그리고 농민 공동체의 복종심도 그 한계를 드러내고 있었다.

농민들은 도시의 새로운 공장에서 일하는 노동자들과 함께 군대로 던져졌다. 그리고 이 두 집단은 자신들을 이 난장판으로 내몬 체제에 대한 혐오감을 키워 가면서 공통의 대의명분을 세웠다. 지금의 상트페테르부르크인 페트로그라드에서 일어난 먹을 거리를 둘러싼 폭동은 1917년 3월 폭동으로 바뀌었다. 이들의 반응은 너무나도 총체적이고 광범위하게 펴져 차르는 쫓겨나고 말았다. 개혁주의 성향의 공화주의 정부가 수립되었다. 새로운 정부는 전쟁을 계속 수행하려고 했지만 동맹국도 만족시키지 못했고 사회 변화에 대한 커져 가는 급진적 요구도 만족시키지 못했다. 또 다른 거센 저항이 일어난 후 군대가 반란을 일으켰고 지하운동을 하면서 사용했던 이름인 레닌으로 더 잘 알려진 블라디미르 일리치 울리야노프가 이끄는 공산주의자들이 권력을 장악했다. 이들은 자신들을 '다수'라는 의미의 볼셰비키라고 불렀다.

1917년─분배된 부와 토지

볼셰비키는 정권을 장악하자마자 역사상 가장 급진적인 정치적, 사회적 실험을 펼쳐 나갔다. 그들은 칼 맑스의 사고를 활용해 완전히 새로운 사회를 창조하려고 했다. 권력을 장악한 그날로 볼셰비키는 모든 토지 재산을 농민들에게 재분배해야 하며 모든 은행을 국영화하고 사적 재산을 몰수한다고 선포했다. 그러고 나서 노동자에게 공장에 대한 통제권을 주었고 교회의 모든 재산을 몰수했으며 국가가 진 채무의 이행을 거부했다. 그러나 다른 유럽 나라들의 적대감 때문에 초기에는 이러한 일들을 수행할 수 없었다. 볼셰비키 '병'이 자신들의 나라로 번질 것을 두려워한 유럽의 다른 국가들은 모든 수단을 동원해 이 새로운 체제를 불안정하게 만들고자 했다. 러시아인들은 반反볼셰비키파 러시아인들의 공격을 받을 뿐만 아니라 영국, 프랑스, 일본, 에스토니아, 폴란드의 공격도 받고 있다는 사실을 깨달았다.

볼셰비키는 대중이 뒤를 받쳐 주었기 때문에 살아남을 수 있었지만 혁명적 변화를 꿈꾸었던 이들의 시도는 1921년 누더기가 되었다. 농업 생산이 급감해 소도시와 도시에 사는 사람들은 굶주림에 시달렸다. 산업 생산은 크게 향상되지 못했다. 가뭄은 기근을 낳았고 수백만의 농민이 사망했다. 이러한 위기에 직면한 레닌은 사적 소유를 일부 인정하는 정책을 시행했지만 그가 죽은 뒤 이 정책은 변하게 되었다. 트로츠키와의 계승 다툼에서 승리한 스탈린이 권력을 장악했고 1928년 산업 및 농업의 전면적인 집단화를 시행했다. 이 정책은 이후 반세기 동안 소비에트 연방의 기초를 이루게 되었다.

국가는 생산량 할당에서 신문 및 정치사상에 이르는 모든 것을 통제했다. 산업 부문에서는 이 정책이 제대로 작동했고 공공 보건이나 기대 수명에서도 주목할 만한 향상을 일궈 냈다. 그러나 농업 정책은 최악이었다. 1934년 2십만 개의 거대 집단농장이 만들어졌다. 혁명을 통해 자신의 땅을 가지게 될 것이라는 믿음을 가졌던 더 가난한 농민들은 실망했다. 쿨락kulaks이라 불리는 더 부유한 농민들은 이러한 집단화 정책에 강하게 반발하기도 했다. 수천 명이 살해되거나 '재교육'이라는 미명하에 시베리아 강제 노역소로 끌려갔다.

중앙으로 권력을 집중시키는 일은 스탈린이라는 한 사람의 손에 점점 더 많은 통제권을 부여한다는 점에서 특히 위험한 일이었다. 자신의 권력과 생존에 편집증적인 강박을 보였던 스탈린은 적수가 될 만한 사람들을 차례차례 제거해 나갔고 초창기 볼셰비키 지도자들도 여기에 포함되었다. 상황은 점점 악화되어 1935년에서 1939년 사이 수백만의 소비에트 연방 시민들이 '숙청'이라는 미명 아래 체포되었다. 처형당하거나 시베리아 강제 노역소에서 죽은 사람이 얼마나 되는지 정확한 통계는 없지만 수백만은 될 것으로 추정된다. 심지어는 숙청을 피한 보통 사람들도 새로운 정통을 표방한 당 기구의 규범을 어기지는 않을까 노심초사하면서 살아야 했다. 스탈린은 무자비한 폭군이었다. 폭군 이반을 포함한 여느 차르나 마찬가지로 잔인하고 보통 사람들의 필요에 무관심했다. 그러나 경제 영역이나 정치 영역뿐 아니라 사람들의 말과 정서, 진실에 대한 감각마저 통제하려는 전체주의 국가를 통해 폭정이 이루어졌기 때문에 스탈린의 폭정은 여느 차르의 폭정보다도 심한 것이었다. 사회주의의 이름으로 그리고 고귀한 맑스 사상의 이름으로 이런 일을 저지름으로써 스탈린은 전 세계 좌파의 명분을 좌절시켰다. 그 충격은 아직도 회복되지 않았다.

자본주의와 파시즘

세계 각국은 국제적 정부 수립을 시도하지만 처참하게 실패한다. 서구 자본주의는 신나게 돌아가지만 이내 급격한 붕괴를 겪고 그 비용은 가난한 사람들에게 떠넘겨진다. 파시즘이 제시했던 잔인한 구제책은 대중의 호응을 얻고 세계대전이 다시 벌어진다.

모든 전쟁을 종식시긴 전쟁. 최소한 서양의 정부들은 제1차 세계대전을 이렇게 생각했다. 이제 그들은 새롭고 평화로운 세계에 대한 계획을 세울 수 있었다. 오늘날 국제연합의 전신인 국제연맹이 구성되었고 국제주의라는 긍정적 정서가 보급될 것이라는 희망이 생기는 듯이 보였다. 특히 식민지는 국제연맹이 자신들의 독립을 도와줄 것이라는 희망을 가졌다.

그러나 국제연맹에는 실질적인 권한이 하나도 없었고 모든 사안은 영국과 프랑스가 좌지우지했다. (미국 의회는 참여를 거부했고 소비에트 연방은 참여를 거절당했다.) 그리고 국제연맹이 식민주의의 종식을 두루 살필 것이라는 기대와는 다르게 연맹의 '위임 통치'라는 허울 좋은 구실을 들어 독일과 터키 치하에서 벗어난 식민지를 재분배함으로써 사실상 식민주의를 지지했다.

전쟁에서 아무런 교훈도 배우지 못한 것처럼 보였다. 전시에 필수적이었고 국가를 하나로 단결하도록 만드는 데 도움이 되었던 정부 계획은 폐기되었다. 산업가들이 가능한 최대의 돈을 모으는 일을 장려했고 과거의 특권이 재천명되었다. 참호에서 싸우거나 공장에서 일했던 보통 사람들에게는 더 나은 세계에 대한 약속을 잊어버리고 원래 그들의 자리였던 사회체제의 바닥으로 돌아갈 것을 요구했다.

동맹국에 막대한 배상금을 지불해야 했던 독일의 보통 사람들은 그보다 처지가 더 나빴다. 막대한 사회 불안이 찾아왔다. 전쟁 직후와 카이저의 폐위 직후에는 로자 룩셈부르크 같은 이상주의적 활동가들이 나타나 주로 사회주의 혁명 사상을 고취시켰다. 그러나 베를린에서 벌어진 폭동은 자유주의적 의회주의자들의 입장을 대변했던 군대에 의해 진압되었고 사회주의의 지도자들은 모두 살해당하거나 감옥으로 보내졌다. 공화국이 선포된 도시

로자 룩셈부르크Rosa Luxemburg, 1871년~1919년
폴란드 태생의 유태인 여성 사회주의 사상가이자 맑스주의 경제학자다. 16세에 바르샤바 '프롤레타리아 당' 당원이 되었고, 이 때문에 18세에 스위스로 망명, 취리히 대학에 입학해 법학과 경제학을 공부한다. 맑스의 사회주의 이론에 깊이 있는 이해와 탁월한 글 솜씨로 주요 관련 기관지에 글을 기고하기 시작하고 이즈음에 베른슈타인과 이른바 수정주의 논쟁을 벌이며 이름을 떨치기 시작한다. 당내의 급진파인 스파르타쿠스단을 이끌었으며 사실상 당국의 도발로 촉발된 이른바 스파르타쿠스단의 봉기가 실패한 뒤 동지 리프크네히트와 함께 1919년 1월 15일 체포되어, 그 당일에 살해되었다. 신원을 알 수 없을 정도로 손상된 룩셈부르크의 시신은 6개월이 지난 뒤에야 겨우 수습되었다. 주요 저서로는 『자본축적론: 제국주의의 경제적 해명*The Accumulation of Capital*』(1913)이 있다. 옮긴이

아프리카가 기아에 빠진 이유

유럽인들은 자신들이 단순히 원료의 조달을 위해 열대 지역에 의존한다고 보았다. 가령 모잠비크나 앙골라의 농민들이 지역민들을 위한 먹을거리 재배를 그만두고 포르투갈의 섬유산업에 원료가 되는 목화를 재배해야만 하는 이유였다. 농민들이 받는 목화솜의 가격은 매우 낮았다. 식민 정부가 가격을 인위적으로 낮게 책정했기 때문이다. 그리고 농민들은 포르투갈로부터 면직물로 된 옷을 살 때는 인위적으로 높게 책정된 가격에 사야 한다는 사실을 알게 되었다.

이것은 포르투갈에만 독특하게 나타나는 현상이 아니었다. 원주민을 문명화하고 교육시킨다며 유럽인들은 수많은 수사를 동원했지만, 모든 유럽 열강은 식민지에 대해 같은 태도로 임했다. 아프리카의 부를 유럽으로 옮겨 오면 그만이었다. 비옥하고 매장 광물이 풍요로웠던 지역은 모두 수탈했다. 유럽인들에게 광물은 가치 있는 것이었고 비옥한 땅은 훌륭한 정착지였다. 자연적 이점을 가지지 못했던 광대한 영역은 학교나 병원 같은 식민지의 '혜택'마저 누리지 못했다. 그러면서도 그곳의 노동 가능한 주민들을 플랜테이션 농장이나 광산에 이주 노동자로 노동력을 제공해야 했다. 아프리카 사회의 사회조직은 다시 한 번 찢겨져 나갔다.

이러한 현상은 먹을거리를 생산하는 일에도 적용되었다. 오늘날 아프리카에 몰아친 기근과 광범위한 영양실조는, 먹을거리를 재배하는 농민을 데려다 강제적으로 유럽인들이 사용할 환금작물을 재배하도록 했던 식민지 정책에 그 기원을 두고 있다. 가령 제2차 세계대전이 끝난 뒤, 한때는 그 주변 지역 주민들을 위한 먹을거리를 재배하는 곡창지대였던 모잠비크의 면화 재배지는 기근에 시달리는 지역으로 변했다. 아프리카 전반에 걸쳐 사람들은 식민지가 설치해 둔 똑같은 덫에 걸려든 채 지내 왔고 여전히 빠져나갈 방법을 찾지 못했다.

의 이름을 딴 바이마르공화국은 1920년대 내내 위태위태한 길을 걸어갔다. 부채를 갚기 위해 돈을 찍어 냈던 것이다. 독일은 인플레이션에 시달렸을 뿐 아니라 그 규모는 어마어마해서 1922년 1달러의 가치는 5십 마르크였던 반면 1924년 2조 5천억 마르크로 치솟았다.

1920년대—카드로 지은 자본주의라는 집

1920년대는 서양의 어느 곳에서든 돈을 가진 사람이라면 마치 내일이란 없다는 듯 투기에 열중했다. 모든 일은 시장에 맡겨져 있었고 먼저 가는 사람이 제일인 시대였다. 국내 문제에 대한 세심한 계획을 도입하는 정부는 거의 없었고 가장 강대한 경제들에서도 위험한 파멸과 붕괴의 조짐이 나타났다. 미국의 금주법 제정 이후 조직 폭력배가 활개를 치는 현상은 전반적인 사회 분위기를 드러내 주었다.

이탈리아에서는 미국과 다르면서도 위험하기까지 한 조직 폭력단이 정치권력을 획득했다. 러시아혁명에 고무되었던 이탈리아의 사회주의자들은 파업의 물결을 일으켰다. 혁명이 널리 퍼지자 특히 피아트 사와 피렐리 사 같은 자본가들은 공포에 떨었고, 베니토 무솔리니와 그가 이끄는 파시스트당에 자금과 지원을 아끼지 않았다. 사실 고대 로마에서 권위를 상징하던 패시즈fasces에 어원을 둔 파시스트당은 사회주의자들을 두들겨 패고 파업을 깨뜨리는 민간 폭력배 집단에 지나지 않았다. 1922년 발생한 총

파업은 무솔리니가 쿠데타를 일으키기 직전의 상황으로까지 몰아갔지만 무솔리니는 쿠데타를 일으키는 대신 왕으로부터 권력을 부여받았다. 권력을 잡자마자 민주주의를 가장했던 모습은 사라져 버렸다. 독일에서도 이탈리아와 비슷한 극우적인 경향이 등장했다.

1929년—월 가街의 붕괴

1920년대를 특징지었던 부자들의 낙관주의와 가난한 자의 필요에 대한 경멸은 1929년 10월 미국에서 카드로 지은 금융의 집이 무너지면서 뜻밖의 종말을 맞게 되었다. 주식 가격은 곤두박질쳤고 은행이 붕괴했다. 미국 경제는 깊은 불경기로 빠져들었는데 그 이유 중 하나는 철저하게 부유한 자들의 필요만을 이행했던 탓도 있었다. 산업이 대중의 소비를 위한 기본적인 물품을 더 많이 생산했더라면 수요가 그렇게 급격히 감소하지 않았을 것이다. 그러나 요트나 다른 사치품을 위한 시장은 하룻밤 새에 물거품처럼 사라져 버렸다.

공장은 문을 닫았고 농민들은 파산했다. 실업이 치솟았고 사람들은 굶어 죽을 위기에 처했다. 그리고 재앙은 연쇄반응을 일으키며 전 세계를 휩쓸었다. 국제무역은 60퍼센트 하락했고 산업 생산은 40퍼센트 하락했다. 1930년 독일의 실업률은 노동력의 40퍼센트로 치솟았다. 1933년 미국과 영국의 실업률도 25퍼센트에 육박했다.

1930년대—우익의 반격

세계는 위기에 빠졌다. 정부는 비난받았고 교체되었다. 에스파 냐에서는 왕을 대신해 공화정부가 들어섰다. 멕시코에서는 새로 운 대통령 라자로 카르데나스Lazaro Cardenas가 1910년의 혁명이 맺은 최초의 결실인 토지개혁을 시행했다. 미국에서는 프랭클린 루즈벨트가 이끄는 민주당이 보수주의적 공화당을 대체했다. 민 주당은 최소한의 특권을 가지지 못한 사람들을 위한 정부 활동이 필요하다는 이상을 가졌고 또한 꾸준히 이루어져 왔던 라틴아메 리카에 대한 미국의 개입을 일시적으로나마 중단했다. 그러나 다 른 지역에서는 월 가의 붕괴와 대공황▪의 결과로 반동의 시대가 열렸다. 일본에서는 군국주의자들이 정적을 모조리 제거하고 권

■ 깊이 읽기

대공황

1929년 10월 24일 뉴욕 월 가 증권거래소에서 발생한 주가 폭락 사태로 촉 발된 경제 공황을 일컫는 말이다. 주가가 폭락하자 위기감이 고조되어 주 가를 더욱 끌어내리는 악순환이 일어나면서 기업과 은행이 잇달아 파산했 다. 미국과 세계 여러 지역이 경제적으로 긴밀하게 연결되어 있었기 때문 에 단숨에 모든 자본주의 국가를 휩쓸면서 대공황이 시작되었다. 이 사건 은 적극적인 국가 개입을 통한 수요 창출이라는 케인스의 정책이 도입되는 계기가 되었다. 옮긴이 (《아주 특별한 상식 NN-세계화》 편, 『자본의 세계화, 어떻게 헤쳐 나갈까?』 44~49쪽 참조)

력을 통합했다. 그리고 유럽과 라틴아메리카의 여러 나라들에서는 선동을 일삼는 독재자들이 득세했다. (285쪽 '중국 혁명' 참조)

1933년―나치즘의 등장

가장 중요한 발전은 1930년 붕괴 이후 벌어진 첫 선거에서 출중한 지도력을 가진 아돌프 히틀러가 이끄는 나치당이 권력을 얻은 독일에서 이루어졌다. 히틀러는 2년 뒤 벌어진 대통령 선거에서 낙선했지만 유대인과 공산주의자에 대한 히틀러의 강박적 혐오감에 공감하는 부유한 독일 산업가들의 후원을 받으며 1933년 수상직에 올랐다. 그러나 산업가들은 곧 히틀러와 그가 거느린 갈색과 흑색 제복의 친위대를 통제할 수 없게 된다. 1934년 히틀러는 절대 권력을 장악했다. 노동조합 및 다른 당의 설립을 금지하고 모든 신문, 대학, 학교, 전문가 단체 등을 나치당의 통제하에 두었다.

질서가 회복되었다. 열차는 제시간에 다니게 되었다. 히틀러의 엄격한 중앙집권적 계획을 처음 시행했던 인물은 스탈린이었다. 히틀러는 인플레이션을 통제했고 공공 근로 체계를 도입해 경제를 어느 정도 정상적인 모습으로 되돌려 놓았다. 그러나 히틀러는 군사적 야망도 가지고 있었기 때문에 제1차 세계대전 이후 독일에 부과된 군비 제한 조항을 업신여기듯 1935년 징병을 통한 재무장을 시작했다. 강대국들은 약간의 항의를 표시했지만 그것으로 그만이었다.

1930년대—유대인 학살

새로운 정통의 외부에 있는 것은 무엇이든 곤란을 당했다. 사회주의자, 동성애자, 집시, 특히 유대인은 늘 괴롭힘을 당했고 폭행을 당하거나 집이 불타 없어질까 봐 노심초사하며 살았다. 수천 명이 1933년 세워진 벨젠의 강제수용소로 끌려가 사라졌다. 그곳에서 유대인들은 힘든 노동과 고문에 시달리거나 굶어 죽을 위기에 처했다. 1930년대를 거치면서 위에 언급된 여러 집단에 대한 괴롭힘은 강도를 더해 갔다. 결국 나치당은 확장된 제국 내의 모든 유대인들을 체계적으로 살해하기 시작했다. 유대인들을 '최종적으로 해결' 하기 위해서 나치당은 폴란드의 아우슈비츠 같은 강제수용소를 활용했다. 1945년까지 중부 유럽에 거주하던 유대인 대부분이 그들의 손에 살해됐는데 최소한 6백만 명의 유대인이 목숨을 잃었다.

이 짧은 역사 안에는 온갖 잔인한 폭력이 등장했다. 그러나 나치당의 유대인 절멸 계획이야말로 단일 사건으로는 인류 역사상 가장 무시무시한 사건이라고 해도 과언이 아닐 것이다. 냉정하게 준비된 학살이나 생체 실험은 인류가 기술적으로 진보한 만큼 도덕적으로도 성숙한 존재라는 개념을 파탄에 빠뜨렸다.

1935년—파시즘 세력의 확대

독일, 이탈리아, 일본으로 이루어진 '추축국' 동맹은 무슨 일을 해도 거의 비난받지 않을 것이라는 사실을 깨달았다. 국제법의 조항은 군사적 활동으로 뒷받침할 수 없는 것이었다. 그래서 1935년 이탈리아는 제국 건설을 위한 시도로 지금의 에티오피아인 아비시니아를 침공했다. 아비시니아는 아프리카에 두 개뿐인, 식민지의 지배를 받지 않은 국가 중 하나였고 국제연맹 회원국이었다. 하지만 국제연맹은 아비시니아에 아무런 지원을 해 주지 못했다. 수개월도 지나지 않아 아비시니아는 이탈리아의 지배를 받게 되었다. 일본은 자신이 새로 획득한 강력한 경제적 지위에 어울리는 제국을 수립해야 한다고 생각했고 제국으로 향한 첫 발걸음으로 1936년 중국을 침공했다.

같은 해 에스파냐에서는 귀족과 가톨릭교회의 부와 토지를 위협했던 공화국 정부가, 독일이 지원하고 물자를 공급하는 군대의 공격을 받았다. 동맹국들이 도움을 바라는 에스파냐의 요청을 거절했기 때문에 에스파냐는 러시아에서 재정을 지원받아 전 세계 각지에서 모여든 자원병으로 이루어진 군대의 도움을 받을 수밖에 없었다. '국제여단'의 자원병은 대부분 국제주의의 정신을 품고 세계 각지에서 목숨을 걸고 에스파냐에 온 공산주의자들이었다. 그러나 1939년 에스파냐의 파시스트들이 승리를 거머쥐었다.

나치당의 모험은 점점 더 대담해졌다. 히틀러는 대독일Greater Germany이라는 개념에 반反셈족주의, 반공산주의 구호를 결합하기 시작했다. 새롭게 만들어질 나라에는 독일어를 사용하는 모든 민족을 포함할 것이며 순수한 아리아계 민족 혈통에 더 많은 레벤스라움(생활공간)을 제공할 것이었다. 1936년 독일은 라인란트,

오스트리아, 체코슬로바키아, 폴란드에 이르는 일련의 침공을 감행했고 이것으로 제2차 세계대전이 시작되었다. (284쪽 '세계 인구' 참조)

10 진정한 세계사를
향한 길목

급진적인 20세기
후기

WORLD HISTORY

지금까지의 역사에서 얻을 수 있는 교훈들을 더 나
은 21세기를 위해서 사용할 수 있을까?
위로부터가 아니라 아래로부터의 역사를 만들기
위한 노력에는 무엇을 있을까?

급진적인 20세기

　제2차 세계대전 발발 이후의 기간에 대해서는 앞의 내용과 같은 형식으로 기록하지 않으려 한다. 「뉴 인터내셔널리스트」가 매월 전쟁 이후의 복잡한 세계를 다루고 있고 《아주 특별한 상식 NN》의 다른 책들에서도 그 내용을 상세히 다뤘다는 것이 하나의 이유다. 하지만 앞의 서술 방식, 즉 넓은 붓으로 쓱 훑고 넘어가는 식으로 1960년대나 1980년대를 다룬다는 것이 360년대를 그런 식으로 다루는 것에 비해서 나를 꽤 불편하게 만든다는 사실도 고백해야겠다.

　역사가 현대에 가까워질수록 역사가의 편견도 더욱 분명해진다. 어떤 세계사 책을 펼치든 상관없이 다 똑같다는 사실을 알게 될 것이다. 가까운 과거의 역사를 다루기 전까지는 모든 세계사 책의 내용은 객관적이고 권위 있어 보인다. 하지만 가까운 과거의 역사를 다루기 시작하면 마치 성격이 바뀌기라도 했다는 듯 세계사에서 벌어진 최근의 사건들을 특정한 이념적 틀에 끼워 넣으려고 노력하는 모습을 발견할 수 있다. 주를 이루는 이념적 틀은 일반적으로 우익의 가치판단인데, 이를테면 핵무기에 대한 서로 간의 공포 때문에 1945년 이후에는 세계 전쟁이 없었다고 주장하는 경우를 들 수 있다. 이것은 역사라기보다는 서구의 보수적 정당 대부분이 발표하는 성명서에서나 쉽게 발견될 법한, 평화와 핵 억지력에 관한 정치적 논의에 가깝다. 반대로 내가 그려 보인 최근의 세계 역사의 모습을 독자 여러분이 읽는다면 나에게도 어떤 종류의 편견이 있겠거니 하는 의구심이 들 것이다.

모든 역사가는 이런 편견을 가지고 있다. 하지만 편견을 가질 수 있음을 알리려는 의지의 정도는 역사가마다 다르다. 새천년을 맞이하는 분주한 움직임이 '20세기의 역사적 의미'를 해석하겠다며 벌인 떠들썩한 논쟁의 결론을 내릴 때도 그 안에 편견이 숨어 있음을 반드시 알고 있어야 한다. 한 세기라는 것은 예술 작품과 같아서 관찰자가 투사하고자 하는 대로 의미가 부여되기 때문에 관찰자의 수만큼이나 많은 의미를 가진다. 그러나 사람들은 자신의 견해가 편파적이며 개인적인 관심에서 비롯했거나 정치적인 의제 설정에서 나온 것이라는 사실을 인정할 준비가 되어 있지 않다.

주로 어디에서나 흔히 들을 수 있는 가장 큰 목소리는 편견을 인정할 준비가 가장 덜 된 사람들의 목소리인 경우가 많다. 그리고 이들은 20세기를 진리와 빛의 세력이 승리를 거둔 싸움터로 보는 경향이 있다. 이를테면 「타임」은 그 내용을 '미국의 세기'라는 말로 요약하기도 했다. 「타임」은 다음과 같이 기록했다.

"어떤 나라들은 프로이센 특유의 억양으로 발음되는 레알폴리

틱Realpolitik, 즉 현실 정책에 입각해 대외정책을 수립한다. 이들은 전략적 이해관계를 냉정하고 세심하게 계산해 낸다. 하지만 미국의 대외정책은 이상주의라는 요소의 영향도 받으며, 이것이 미국을 다른 나라와 차별하도록 만드는 요인이다. 파시즘이나 공산주의와 투쟁했을 때나, 잘못된 판단이었다고는 하나 베트남에 개입했을 때나 미국은 자국의 이익을 증진하는 일뿐 아니라 자신이 추구하는 가치를 증진하는 일도 자신의 임무로 여긴다. 그리고 이와 같은 미국의 이상주의적 경향이 바로 미국에 전 지구에 대한 영향력을 안겨 주는 원천이다. 미국의 영향력은 전함에서만 나온 것이 아니다. 1989년 철의 장막이 무너졌을 때 세계에 미치는 미국의 영향력이 군사력에서 나온 것일 뿐 아니라 미국이 가진 가치의 힘과 호소력에서 나오기도 했다는 사실이 분명해졌다. 미국이 추구했던 가치가 20세기가 미국의 세기였음을 증명하는 이유라는 사실은 말할 나위도 없다."

이렇게 확고부동하게 자기만족적인 사고를 하는 일은 드물다. 자신의 삶에 대한 더 많은 통제권, 건강·교육·영양 부분에서 품위 있는 기준 설정, 사회정의·평화와 시민권을 위해 싸웠던 세계의 갖가지 투쟁들은 「타임」의 이 한마디로 인해 단 한 가지 핵심적 이야기, 즉 미합중국이 특허를 내고 촉진한 민주주의와 자본주의라는 특정 사회 모형의 궁극적인 승리라는 역사로 환원되어 버린 것이다.

미국 대외정책의 특징을 "우리말대로 좀 하시지. 싫음 말던가."라고 표현해 깊은 인상을 남겼던 저명한 극작가 해롤드 핀터의 말처럼, 미국의 대외정책에 대한 또 다른 견해도 존재한다. 그 견해는 「타임」의 견해보다 목표에 더 접근한 견해로 여겨질 수 있다.

하지만 그건 그렇다고 치자. (미풍으로 잔물결이 이는 '과거의 영광'을 표현한) 스티븐 스필버그의 영화 〈라이언 일병 구하기*Saving Private Ryan*〉의 도입부 장면인 해변의 전투 장면은, 자유 시장 지향적 자본주의와 서구 민주주의를 구한 것이 미군의 신성한 개입 때문이라고 역설하지만 사실 이들을 구원한 것은 소비에트 연방이었다. 만일 소비에트 연방이 제1차 세계대전 참전의 끔찍한 경험 뒤에 차르 체제를 그대로 유지했거나 심지어는 자유 민주주의 노선을 따랐더라면 나치즘 독일의 물결을 막을 수 없었을 것이다. 자유 민주주의의 생존을 가능하게 만들어 준 적군Red Army 의 군사적 성공이 하필이면 전후의 서구 세계가 가장 질색했던 것으로 보이는, 바로 그 '전체주의'에 의존했다는 역설적 상황이 펼쳐진 것이다. 그러나 나는 이런 이야기도 여기에서 다루지 않을 것이다.

우리가 알아야 하는 이보다 더 중요한 사실은, 「타임」과 그의 언론계 동지들이 1945년부터 1990년 사이에 공산주의를 상대로 벌였던 냉전에서 자본주의가 승리를 거머쥔 일을, 20세기의 근본적인 의미로 생각하는 자신들의 입장을 널리 알리기 위한 사전 작업에 공을 많이 들인다는 점이다. 1990년대 초반 미국인들은 '역사의 종언'을 크게 외치기 시작했다. 역사의 종언을 외친 미국인들은 소비에트 연방의 붕괴를 자본주의 이외의 대안이 없다는 사실의 증명으로 받아들였다. 이후로는 도전 세력도 없는 자본주의가 영원히 통치할 것이라고 말이다.

역사에 대해서 아는 것이 거의 없는 사람도 이 개념이 사실무근임을 알게 될 것이다. 제국은 번영하고 있을 때에는 영원할 것처럼 보이지만 쇠퇴의 씨앗을 항상 간직하고 있다. 불과 3십 년 전, 베트남전쟁의 패배와 불명예스러운 닉슨 대통령의 워터게이트 사건으로 고통스러운 자기 회의를 겪었던 미 제국이기에 기원 후 첫 번째 천 년이 시작될 당시의 로마제국이 가졌던 안정감을 느낄 자격은 없다고 할 수 있다.

세 번의 세계대전에서 배운 점과 잃은 점

역사로부터 교훈을 읽는 일은 지극히 중요할 수 있으며 워싱턴의 승리주의자들이야말로 특히 그 교훈 중 하나를 마음에 새겨야 할 사람들이다. 20세기에는 세 번의 세계대전이 벌어졌다. 두 번은 지극히 뜨거웠고 한 번은 고맙게도 냉랭한 전쟁이었다. 첫 번째 세계대전이 두 번째 세계대전을 낳았다는 사실은 낮이 지나가면 밤이 온다는 사실만큼이나 자명하다. 나라가 점령당해 알아보지도 못할 만큼 파괴된 쓰라린 경험을 한 프랑스 국민들은 분노했고 이러한 분노가 만들어 낸 조항들이 1919년 베르사유 조약을 통해 패전국 독일에 부과되었다. 이런 보복적인 태도가 더 강력한 회오리바람을 일으키리라는 것은 불 보듯 뻔한 일이었다. 이런 정황을 알아차린 당시 영국 수상 로이드 조지는 베르사유 조약에서 요구하는 조항과 배상금이 너무 과중해서 '25년 내에 세 배의 비용을 들여 다시 또 다른 전쟁을 치르게 될 것'이라는 말을 남겼다. 경제학자 존 메이너드 케인스도 평화 조약이 유럽 경제의 불황을 가져와 궁핍하게 될 것이라고 예견했다.

베르사유 조약이 강요한 문제 있는 조항들은 엄청난 인플레이션을 낳았고, 독일의 바이마르공화국을 무너뜨렸으며, 희생양을 사냥하는 히틀러의 극악무도한 이념이 만개할 수 있는 여건을 창출했다. 그리고 히틀러만 있었던 것이 아니다. 20세기를 되짚어 가는 여행에서 마주치는 가장 끔찍한 일 중 하나는 1930년대의 사건들을 생생히 경험하고, 나라들이 차례로 파시스트들의 '강한 남성'들의 손에 떨어지는 것을 보는 일이다. 그러나 사실 내 마음 속의 파시즘이란 언제나 히틀러와 무솔리니만 연계되는 현상으로 남아 있었다.

제2차 세계대전은 사람들에게 역사적 교훈을 남겼다. 그리고 마셜 계획을 통한 미국의 원조는 서구 유럽을 재건해 사실상 1950년에서 1975년 사이에 누렸던 경제 부흥의 황금기의 초석이 되었다. 황금기는 영국 수상 해롤드 맥밀란의 말대로 사람들이 전에는 '경험해 보지 못했던 참 좋은 시절'이었다.

그러나 냉전이 끝나자 승리한 서구는 베르사유가 남긴 교훈을 모두 잊었다는 듯, 무너져 내리는 탈공산주의 제국에 대한 조항을 적어 내려가기 시작했다. 승리주의에 취한 서구 세계는 패배자들에 대한 조금의 자비도 허용할 생각이 없었다.

통제받지 않은 자유 기업 체계가 새로 탄생한 동유럽 국가들과 러시아에 부과되었다. 이 체계는 자본주의 세계의 심장부에서조차 전에는 시행된 적 없는 체계였다. 자유무역을 떠들고 다니는 미국조차도 기본적으로 보호무역주의 정책을 펼쳤다. 1930년대의 극심한 경제 공황에 대응하기 위해 미국은 루즈벨트 대통령의 뉴딜 정책을 통해 강력한 국가 개입과 복지 안전망 도입을 수반하는 연방 투자 프로그램을 시행했다. 근본주의의 깃발을 치켜들고 1979년에서 1991년 사이 영국에서 집권했던 마거릿 대처조차도 과거 복지국가의 핵심적인 요소들은 해체하지 않고 남겨 두었다.

그러나 러시아와 그 위성국들은 그러한 지원을 받지 못했다. 무자비한 자유 시장이 이들을 덮쳤다. 우익 경제학자들은 이곳에 전문가들을 파견해 이 규칙을 따라야만 하며 그보다 부드러운 다른 방법은 채택하지 않을 것임을 분명하게 전달했다. '평화 정책'의 영굉스러운 결과는 1998년에 나타났다. 루블화의 가치 폭락으로 러시아인들은 거리에서 빵을 구걸하기 시작했다. 차르 니콜라이 2세마저 당혹해 할 만한 상황이 펼쳐졌다. 러시아와 동유럽에서 부활한 극단적 민족주의와 파시즘은 우리 모두를 빨아들일 또 다른 회오리바람의 조짐이 될 것이다.

역사는 다양한 목소리를 아우르며 전진한다

이제 중요한 것은 역사다. 그리고 우리는 20세기에 얻은 교훈을 지칠 줄 모르고 '오늘'을 추구하는 정보화 시대 소용돌이의 거품 속에 빠뜨려 잃어버려서는 안 된다. 잘 간직해서 21세기로 넘겨주어야 한다. 그렇다면 20세기에 나타난 서구의 승리주의를 무엇으로 대체해야 하는가? 이 질문에 대한 답은 수없이 많을 수 있다.

그러나 편견의 안경을 썼다는 사실을 전제하고 말하자면, 이러한 대안적 담론 중 하나는 반드시 인간의 진보에서 사회적 저항과 정치적 저항이 차지하는 자리를 강조해야 한다고 말하고 싶다. '진보'라는 총체적 개념은 문제가 있는 개념이지만 이 문제에 대해서는 뒤에 다시 다루기로 하자. 아무튼 1900년보다는 확실히 '앞서 나가고 있다'고 우리가 확신하는 사회적 생활의 영역 대부분에서 조금이라도 진전해 나가려면 우리는 자유, 혹은 평등에 대한 열망을 가지고 억압에 저항하는 투쟁에 뛰어들어야 한다. 왜냐하면 사람들은 여전히 지배적인 세계관을 받아들이고 있기 때문이다.

이러한 주장을 분명하게 드러내는 두 가지 사례를 말해 보려한다. 1900년에는 정치적 과격주의자로 분류되는 극소수의 여성을 제외하고는 아무도 여성에게 투표할 권리가 있다고 생각하지 않았다. 뉴질랜드 아오테아로아나 미국의 와이오밍 주 같은 특이한 지역을 제외한 나머지 모든 세계에서 남성들은 정치적 과정을 독점하고는 흡족해 했다. 에드워드 왕 시대의 영국에서 본격적인 선거권 획득 투쟁이 처음을 이루어졌는데 이때는 거짓말 하나도 보태지 않고 문자 그대로의 '투쟁'이 벌어졌다. 몹시 사나운 시위가 벌어졌는데 아마 중간 계급다운 모자를 쓰고 옷차림을 한 갈색 사진 속의 참정권 확대론자의 모습을 보고 이들을 오해해 왔던 사람들은 놀라움을 금치 못할 것이다. 남성들의 별장에 폭탄 공격을 감행한다거나 유명한 미술품을 파괴하는 행위를 저지르고 공공건물의 유리창을 깨거나 감옥에서 단식투쟁을 벌이는 등 과격했던 참정권 확대론자들의 시위에는 근대 '테러주의'가 활용하는 여러 전술들이 활용되었다. 참정권 확대론자들은 인간의 목숨보다는 재산을 공격 대상으로 삼았다는 점이 다르다면 다른 점이다.

21세기가 시작되는 오늘날에도 여전히 우리의 세계는 정치적 평등과는 거리를 두고 있고 여성의 권리는 여전히 촉진되어야 하고 보호받아야 할 대상이다. 정치에 참여할 여성의 권리는 스위스에서는 1971년, 쿠웨이트에서는 2007년이 되어서야 승인되었다. 하지만 과거 수십 년을 거치며 정치에 참여할 여성의 권리에 대한 사고는 보호되었고 역행할 수 없는 것으로 자리 잡았다.

여성들의 참정권이라는 사고와 유사한 사례로 유색인종의 자치권 행사 문제를 생각해 볼 수 있다. 1900년의 식민 세계에서는 어리석은 생각으로만 보였을 것이다. 특히 아프리카 해방이라는 개념은 수면에 작은 파문조차 일으키지 못했다. 1900년 런던에서 범아프리카 대회가 최초로 열렸던 것은 사실이지만 아프리카 대륙 자체에는 허울 좋은 이름일 뿐이었다. 그러나 한 세기가 지난 지금 제정신이 박힌 사람이라면 아프리카인이나 인도인들이 자치하면 안 된다고 말하지 않을 것이다. 그리고 심지어는 남아프리카공화국의 아파르트헤이트 정책으로 고통스럽게 장기간 곪아왔던 상처마저 결국에는 치유되었다.

반식민지 투쟁이 승리한 것이 아니며, 직접 통치를 상징하는 인도식 헬멧 모자를 쓴 백인에서 간접 통치를 상징하는 줄무늬 옷을 입은 백인으로 통치자가 바뀐 것에 불과하다는 주장도 일리가 있다. 그러나 1900년도에는 극단적이고 주변화된 말이었던 자치의 원칙은, 그리고 1930년대의 인도ㆍ1950년대의 케냐ㆍ1970년대의 남아프리카공화국의 권력자들이 그렇게 비난해 마지않았던 단어였던 자치의 원칙은 우리 세계를 형성하는 모습의 일부를 구성한다. 마이클 콜린스(Michael Collins, 아일랜드 독립을 주도했으나 북아일랜드를 제외한 아일랜드 독립에 찬성함으로써 결국 아일랜드 내전의 빌미를 제공하기도 했다는 상반된 평가를 받는 인물이다. 옮긴이)에서 넬슨 만델라에 이르는 자유의 투사들과 페니아 회원(Fenians, 아일랜드 독립을 목적으로 하는 사람들의 비밀결사를 말한다. 옮긴이)들, 테러주의자들과 고문당한 사람들은 결국 정치가나 성자가 되었다.

'역사는' 하나의 박자에 발맞춰 '행진' 하지 않는다. 어느 때나 역사의 행진은 난동을 부리는 사람들이 설치한 좁은 골목길에서 넘어지기도 하고 불일치의 방책과 부딪히기도 한다.

그래서 어제의 대안적 행동이 오늘의 주류를 형성한다. 모든 저항운동이 오늘날의 주류가 될 수는 없다. 하느님도 알고 계시겠지만, 저항운동이 모든 지혜를 가진 것도 아니고 실수와 오해도 수없이 저질렀기 때문이다. 그러나 사회정의, 평등, 인권에 기반한 인간 진보와 발전이라는 대안적 이상의 필요성은 한 세기 전과 다름없이 지금도 여전히 근본적인 문제다. 그리고 지금은 거칠어 보이고 심지어는 미친 것처럼 보이는 사고가 백 년쯤 지나면 정설로 받아들여지게 될 것이다. 20세기를 다른 세기와 차별되도록 만들었던 사람들의 저항과 이상주의는 21세기를 차별화시키는 요인으로도 작용해야만 할 것이다.

진보라는 신화

이 모든 것이 일종의 대안적 담론이 될 수 있다. 하지만 이런 개념들은 여전히 진보라는 사고에 의존한다. 하지만 진보라는 사고는, 세계사를 잠시나마 여행해 보려 한다면 최소한 한번쯤은 의심해 봐야 할 필요가 있는 사고다. 이제는 허버트 조지 웰스의 『세계문화사A Short History of the World』를 읽어 보는 것이 유익하다. 왜냐하면 그가 책을 썼던 1922년은, 과학의 진보가 고역과 결핍에서 우리를 해방시켜 줄 놀라운 힘이라고 믿을 수 있던 시대였고, 인간 발전은 앞으로 그리고 위로 계속 상승하여 교양 있고 문명화된 조화의 영역에 이를 것으로 여기던 시대였기 때문이다. 일찍이 역사상 나타난 적 없던 가장 끔찍한 전쟁을 겪은 뒤 4년도 지나지 않아 인류가 진보한다는 사고를 신뢰할 수 있었던 것이다. 웰스는 이런 내용을 믿을 수 있었다. 왜냐하면 그는 과학의 미덕이 결국은 기대에 뒤떨어진 원시적 대응을 극복하게 할 것이라는 믿음을 가졌기 때문이다. 웰스는 역사 전체를 뒤돌아보고 나서는 인간의 역사가 점액질에서 물고기로, 유인원에서 인간으로, 채집 생활에서 농업 문명으로, 봉건제에서 자본주의로, 나아가서는 일종의 사회주의로 나아가는 멈추지 않는 진보의 역사였다고 여기저기서 뜸을 들이면서 말한다.

칼 맑스도 역사를 비슷한 방식으로 파악했다. 봉건제에서 자본주의를 거쳐 사회주의로 그리고 최종적으로는 공산주의로 나아가는 발전 과정은 역사적으로 불가피하다고 보았다. 그리고 이념적으로 반대편 극에 서 있던 월트 디즈니도 같은 생각을 했다. 파리 디즈니랜드의 전시물 중 가장 인상적인 전시물은 완전한 구체를 이루고 영화를 보여 주는 아홉 개의 스크린을 갖춘 영화관이다. 마치 스위스 알프스 한복판에 서 있는 것처럼 눈앞에 펼쳐진 마터호른봉을 보고 고개를 돌려 등 뒤로 펼쳐진 체르마트Zermatt 마을을 볼 수 있도록 꾸며 놓았다. 이어서 이 특수 장치들은 시간 여행을 하는 로봇이 실수로 19세기 공상과학소설가 쥘 베른(Jules Verne, 『해저 2만 리』 작가. 옮긴이)을 우리 시대로 여행을 떠나도록 만들었다는 등의 상식적으로 납득하기 어려운 이야기를 보여 주고 즐기도록 만든다. 미래로 온 베른은 우주 로켓이나 경주용 자동차 같은 과학적 진보의 경이로움을 흡수하지만 환경 파괴 같은 회계장부의 부채 계정은 베일에 싸여 있어 그에게는 보이지 않는다. 결국 베른은 우리와 함께 더 먼 미래로 보내지고 우리는 한 세기쯤 지난 대도시 파리의 모습, 즉 공상과학소설에서나 나올 법한 일종의 지상낙원이 된 파리의 모습을 잠시 살펴볼 기회를 얻는다.

그러나 우리 대부분이 가진 신념, 과학적 진전이 인간 진보를 보증한다는 확고한 신념은 계속 유지하기가 쉽지 않을 것이다. 과학의 힘은 중립적이지 않고 과학을 등장시킨 가치나 권력 구조에 결부되어 있다는 사실을 우리가 깨달았기 때문이다. 과학은 선한 힘일 수도 나쁜 힘일 수도 있다. 과학은 주로 백인이 주를 이루는 선진국들에 물질적 안락함과 질병으로부터의 자유를 선사해 왔다. 산업화된 나라에 사는 대부분의 사람들과 개발도상국의 고위 상류층은 일정 수준의 편리함, 교육, 1900년 당시 열렬한 낙관주의자였던 이들조차 꿈꾸지 못했던 정보에 접근하는 혜택을 누렸다. 전 세계에서 가장 가난한 오분의 일이 전 세계 소득의 2퍼센트를 벌어들일 때, 전 세계 소득의 80퍼센트를 가져가는 전 세계에서 가장 부유한 오분의 일만이 진보의 결실 대부분을 배타적으로 누려 왔다.

나아가 과학은 우리 손에 무기를 들려 주었다. 지난 수십 년 동안 우리는 이 무기를 사용해서 파탄 지경에 몰리는 떨리는 경험을 했다. 20세기에 파괴된 인간의 생명이 얼마나 되는지만 따져봐도 진보의 불가피성을 역설하는 모든 환상을 쫓아내고도 남는다. 1억 5천만 명이 전쟁터에서 목숨을 잃었다. 1억 명에 가까운 사람들이 금세기에 발생한 엄청난 기아로 목숨을 잃었다. 일상적으로 굶주리며 그로 인한 영양실조로 죽어 가는, 세계의 표제로 다룰 만한 내용에 들지도 못해 조용히 죽어 가는 사람들의 수는 이제 겨우 고려하기 시작한 판이다. 나아가 정부의 탄압으로 목숨을 잃은 사람들도 1억 명에 달한다.

그러나 대량 학살로 희생된 천4백 만의 죽음 앞에 우리는 가장 길게 애도한다. 그들의 운명을 생각하다 보면 철학자 이사야 벌린이 20세기를 '인류 역사상 가장 끔찍한 세기로만 기억'하게 된 이유를 쉽사리 알아차릴 수 있다.

이번 세기의 의미에 대한 이 모든 성찰은 주류의 성찰이라고 하더라도 나치의 유대인 학살 사건과, 죽음의 수용소에서 함께 죽어 갔던 집시, 동성애자, 사회주의자들에게로 되돌아갈 수밖에 없다. 이번 세기의 인종 청소는 터키인들이 아르메니아인들을 학살한 일에서 출발해 세르비아인들이 보스니아인들과 알바니아인을 '청소한' 일을 마지막으로 종말을 고했다. 그리고 편견으로 가득하고 살기등등한, 자신의 약점을 극복하지 못하는 인간의 무능력을 증명하며 우리를 낙담하게 만들었다. 하지만 나치의 절멸 계획은 특히 무시무시했다는 점 때문에 역사에서 고유한 위치를 점한다. 대량 살상의 산업화, 6백만 명이나 되는 사람들이 그저 '자신들의 업무를 수행했을 뿐인' 얼굴 없는 관료들과 군인들에 의해 날마다 죽어 갔다.

1999년 독일의 잡지 「슈피겔 *Der Spiegel*」은 아우슈비츠 수용소에서 의사로 일했던 한 남자와의 인터뷰를 실었다. 이 인터뷰는 한나 아렌트가 '악의 진부성' 이라고 표현한 20세기의 공포를 각별히 강조했다. 한스 뮌히 박사는 악명 높은 요제프 멩엘레의 원조를 받으며 인체에 대한 생체 실험을 수행했다. 그는 자신이 맡았던 일에 대해 여전히 아무런 가책도 후회도 느끼지 않는다. 그리고 은퇴해서 안락하게 살고 있다. 뮌히는 '유대인을 말소하는 일은 당시 나치스친위대(Schutzstaffel, SS)의 업무' 였다고 말한다.

"나는 인체에 대한 생체 실험을 수행할 수 있었는데 그렇지 않았다면 토끼를 상대로나 실험이 가능했을 테지요. 나는 과학을 위해 중요한 일을 하고 있었어요. (…) 아니요, 내가 동정심을 느꼈다고 말할 수 없습니다."

유대인 학살은 이번 세기에는 의심받지 않았던 과학적 진보가 그에 상응하는 도덕적 진보를 동반할 것이라는 사고를 단숨에 무너뜨렸다. 심지어 직접 그 일을 경험한 사람들조차 그 근본적인 공포감을 증언하지 못한다. 프리모 레비는 '수용소에서 살아남은 우리들은 진실한 증인이 아니' 라고 말한다.

"우리는 거짓말을 했든 의도적이었든 운이 좋아서였든 밑바닥을 경험해 보지 못한 사람들이다. 고르곤(Gorgon, 그리스 신화에 나오는 괴물로 그 얼굴을 본 사람은 돌로 변해 버린다고 한다. 옮긴이)의 얼굴을 본 사람들은 돌아오지 않았거나 말을 잃은 채 돌아왔다."

우리가 할 수 있는 일은 나치의 유대인 대학살이 인류 역사상 필적할 만한 것이 없는 상태로 남아 있기를 바라고 다음 세기가 끝날 때에도 이 처절한 사건에 대한 역사적 기억과 교훈이 생생히 남아 기억되고 인식하기를 바라는 것뿐이다.

지구의 균열과 자본주의의 틈

이번 세기말 진보의 탑 하단을 좀먹는 또 다른 세력은 전 지구적으로 벌어지는 환경 파괴다. 과학이 낳은 서구 산업 모델은 잔인할 정도로 자연 자원을 착취하며 오염시킴으로써 지구의 생명들을 갑작스런 죽음을 맞이할지도 모르는 상황으로 내몰며 위협을 가하고 있다. 그리고 지구가 더 이상 돌이킬 수 없는 피해를 입지 못하도록 지구를 움직이는 기존의 방식을 충분히 수정한다고 해도 서구 산업 모형의 '미덕'은 인류 전체에게 확장시킬 만한 미덕이 되지 못할 것 같다.

심지어 가장 위대한 과학적 성취마저도 황폐화된 환경이라는 대척점에 맞닥뜨린 것으로 보인다. 먹을거리 생산이 상당히 증가했지만 그 결과 광대한 면적의 토양을 못 쓰게 만들고 그곳의 자연적 서식 환경을 모두 파괴하는 결과를 낳았으며, 전기를 활용해 빠른 속도의 이동이 가능해졌지만 궁극적으로는 대기 중에 가스를 배출함으로써 지구 온난화 현상을 심각한 수준에 이르도록 만들었다.

그러나 현재의 전 지구적 경제 모형에 저항하고 대안적 길을 모색하는 입장에서 볼 때 역설적이게도 환경은 희망이기도 하고 절망이기도 하다. 왜냐하면 환경문제가 커질수록 자본주의 체제의 틈이 더 크게 벌어질 수 있기 때문이다. 자유 시장은 나 같은 사람이 볼 때는 신뢰를 보낼 수 없는 수많은 일을 해낼 수 있는 능력을 가지고 있다. 하지만 환경을 보호하는 일은 자본주의가 할 수 있는 수없이 많은 일에 포함되지 않는다. 경쟁하는 기업들의 이윤 추구를 기반으로 구축된 체계는 지구의 자연 자원을 보호하는 일에는 무능력할 수밖에 없다. 만일 환경이 보호되어야 하고 자연 자원에 대한 착취를 통제하고자 한다면 국가와 초국적 국가 기관이 자연 자원 사용에 대한 질서를 부여하고 규제해야 할 것이다. 심지어는 가장 열정적인 낙관론자마저도 다음 세기의 인간 사회가 지금과 같은 비율로 경제성장을 해 나갈 것이라고는 생각하지 않는다.

저항운동은 지속 가능한 미래를 창출할 활동에 나서고 그에 보조를 맞춰 나갈 자유 시장 규제에 대한 관심을 확산시켜 나가면서 자신들의 목소리를 찾고 자신들의 영향력을 펼칠 기회를 찾을 것이다. '역사를 끝장내는' 자유 시장 모형에 균열을 내는 일은 이미 시작되었다.

지금까지 변화를 만들어 왔던 것은 대중적인 항의와 저항이었다. 그 어느 때보다도 정치인들이 신뢰를 잃은 오늘날에는 그들의 역할이 더욱 중요해졌다. 동유럽에서 스탈린 체제가 몰락했던 일은 공산주의의 실패를 분명하게 보여 주는 만큼이나 이러한 사정도 분명하게 드러내 준다. 일단 대중의 합의가 무너져 체제에 복종하고자 하는 의지가 사라져 버리면 체제는 봄볕에 눈이 녹듯 순식간에 사라진다. 탱크도 비밀경찰도 아무런 소용이 없다.

그러나 진보라는 신화는 여전히 의문으로 남는다. 우리는 인류가 앞으로만 그리고 위로만 전진한다고 더 이상 믿지 않는다. 그리고 역사적 불가피성이라는 개념도 폐기해야만 한다. 모든 것은 우리가 하기 나름이다. 새롭고 더 평등하며 보살피는 사회는 보기 흉한 낡은 물통의 수문에서 흘러나오는 것이 아니다. 반대로 사람들이 그러한 사회를 다듬어 가야 한다. 그리고 만일 사람들의 선택이 잘못되었다면 우리가 기술적으로 한 걸음 진보할 때마다 반드시 두 걸음 후퇴하는 결과를 가져올 것이다.

이 세계를 변화시키는 것은 우리의 몫이다. 그리고 우리가 세계를 변화시키지 않거나 무분별한 산업 철도의 선로를 멈춰 세워 새로운 방향으로 돌려놓지 않는다면 우리의 후손들은 역사상 가장 거대했던 사건들마저 초라하게 보이도록 만들 회오리바람 속에 휩쓸리게 될 것이다.

N

후기

　21세기에 대한 후기를 덧붙이는 일은 위험한 작업이다. 20세기를 서술한 장의 첫머리에서 이미 지적했듯이 우리는 자신이 살아가는 시대의 사건에 너무나도 깊이 휘말려 있기 때문에 그 사건들을 분명하게 파악할 수 없기 때문이다. 우리는 지금으로부터 십 년이나 2십 년만 지나도 시소하게 취급될 사건을 과장해서 생각할 수도 있고 정작 다뤄야 할 사건을 빼거나 어떤 사건을 잘못 해석할 수도 있다. 운동경기에 임하는 비전문 선수들과 비슷한 처지의 역사가들은 편견의 옷을 벗어 버리지 못한 다른 논평가들에 비해 크게 나을 바 없는 경우가 자주 있다.

　그럼에도 내가 21세기에 대한 후기를 덧붙이는 이유는, 21세기로 접어들 무렵에서 채 십 년도 지나지 않은 2006년의 세계 모습이 21세기로 접어들 무렵의 세계 모습과 너무도 달라졌기 때문이다. 따라서 몇몇 주제를 설정해 좀 더 넓은 역사적 맥락에서 살펴보는 일은 시도할 만하다고 생각한다.

　최소한 서구의 역사가들이라면 2001년 9월 11일의 사건과 뉴욕 및 워싱턴에 대한 알 카에다al-Qaeda의 야만적이고 상징적인 공격에 대한 이야기로 자신들의 이야기를 시작하리라 예상된다. '대안을 추구하는' 역사가들은 다른 핵심적인 사건들을 놔두고 하필이면 이 사건을 띄우는지에 대해서 문제를 제기하는 일에 마음이 끌릴 것이 분명하다. 이 사건이 미국인들의 목숨이 다른 나라 사람들의 목숨보다 더 가치 있다는 사실을 증명한 일인지에 대해 궁금하게 여기는 것은 당연하다. 뉴욕과 워싱턴에서 3천 명에 가까운 사망자가 나왔지만 이 수치는 2004년 12월 26일 인도양에서 발생한 파괴적인 위력의 쓰나미로 목숨을 잃은 21만 6천 명의 사망자는 말할 것도 없고, 알 카에다의 공격 이후 벌어진 이라크에 대한 영국과 미국의 공격으로 희생된 사람들의 수에 비해서도 적다고 할 수 있기 때문이다.

그럼에도 9·11 사건에 대한 이야기로 시작하는 경우가 힘을 얻는 이유는 그 사건이 가져왔던 여파 때문이기도 하지만 그 사건 자체의 의미 때문이기도 하다. 9·11 사건은 사상 처음으로 전 지구적으로 경험된 '역사적 순간'이었다. 9월 11일 하루는 놀라운 영상이 지구상의 모든 텔레비전 화면을 가득 채웠던 날이었다. 역사가 나를 어루만지고 있다는 사실을 느끼지 못한 사람은 드물었을 것이다. 미국 내에서 이 사건이 가지는 힘은 부분적으로는 미국이 그렇게 공격당했다는 사실 자체로 인한 충격에서 기인했다. 과거 한 세기 동안 남의 나라에서 전쟁을 치르긴 했어도 정작 본토는 공격당해 본 적이 없는 미국이었다. 9월 11일의 사건은 극본화되고 상징화되어 일반인들의 충격을 극대화시켰다.

세계무역센터의 쌍둥이 빌딩은 자본주의와 세계화의 표상이었고 미국 최대 도시의 가장 높은 건물이기도 했다. 세계무역센터 건물은 납치된 여객기에 의해 파괴되었다. 근대성과 더욱 전 지구화되어 가는 문화를 상징하는 이 여객기를 납치하는 데 사용된 무기는 가장 낡고 기본적인 무기와 잔꾀, 아무렇게나 입수할 수 있는 날카로운 도구들뿐이었다. 이 일은 항상 성서적 혹은 예언적 신화의 힘을 소유해 왔던 근대 역사의 한순간을 장식했다. 이 사건을 이와 같이 세심하게 구성했던 이들은 근대적인 통신 기술을 충분히 활용했음에도 고대의 예언적 관점에서 세계를 바라보는 테러분자들이었다.

그럼에도 9·11 사건의 역사적 의미는 기본적으로 과도한 가치를 부여받은 미국인들의 목숨에서 도출되거나 기본적인 상징의 힘에서 도출되는 것이 아니다. 우리는 이 사건의 역사적 의미를 이 사건 때문에 생겨난 '테러와의 전쟁'을 통해 찾아볼 수 있다. '테러와의 전쟁'은 국제연합이 인가했고 기괴한 탈레반 정권을 급속히 무너뜨렸던 2002년의 아프가니스탄 침공으로 시작되었지만, 이 내용은 뒤이은 사건에 비해 많이 다루어지지 않았다. 아프가니스탄 침공의 개시와 함께 아프가니스탄 내부에서는 탈레반과 알 카에다 투사들에 저항하는 완강한 투쟁이 벌어졌다. 이 투쟁은 오늘날까지 이어지고 있으며 끝날 기미가 보이지 않는다. 우리는 지금 아프가니스탄이 처한 현실이, 이슬람 근본주의자들이 아프가니스탄 곳곳에서 꾸준한 저항 공격을 펼치는 가운데 소련 군대가 자신에게 의존하는 카불의 아프가니스탄 정부를 지원했던, 과거 1980년대의 아프가니스탄의 모습과 유사하다는 사실을 자연스럽게 발견하게 된다. 기가 막힌 것은 당시에 이슬람 근본주의자들을 '자유의 전사'라고 치켜세우며 무기와 자금을 지원했던 이들이 서구 열강들이었다는 사실이다.

이라크 침공

그러나 부시 행정부가 '테러와의 전쟁'이라는 명분 아래 이라크의 사담 후세인 정권을 공격하려고 그곳으로 시선을 집중시켰다는 사실이 금세 분명하게 드러났다. 부시가 공격을 정당화하기 위해 내세웠던 공격의 근거, 즉 이라크에 숨겨져 있다던 '대량 살상 무기'는 철저하게 잘못된 근거였음이 역사를 통해 이미 밝혀졌다.

미군과 영국군의 이라크 침공이 임박했던 2003년 2월 15일 전 세계적인 거대한 항의 시위가 벌어졌다. 규모가 거대해서 9·11 사건에 비견될 수 있었던 이 시위는 다시 벌어진 진정으로 전 지구적인 사건이면서도 9·11 사건에 놀라서 굴복하기보다는 그 사건에 대해 전 세계인들이 책임져야 한다는 사실을 보여 주었던 사건이다. 영국 역사상 가장 큰 시위로 기록될 이 시위에 나도 아이를 데리고 자랑스러운 마음으로 참여했다. 그러나 역설적이게도 이 시위는 대중 저항의 힘을 보여 줌과 동시에 단명함으로써 무기력한 모습도 보여 주었다. 핵심 동맹국들, 국제연합, 국제적 여론의 반대에도 아랑곳하지 않고 국제법 위에 군림했던 조지 부시와 토니 블레어는 거침없이 나아가 이라크를 침공했다.

우리는 인류가 역사로부터 얻은 교훈이 하나도 없다는 사실 앞에 절망했다. 서아시아의 역사나 그중에서도 이라크의 역사에 대해 처음 접하는 사람일지라도 그 주민들이 침략군인 미군을 두 팔 벌려 환영하고 화환을 둘러 주며 해방자로 받아들이지 않으리라는 점을 알 수 있었을 것이다. 우리 모두에게 쉽게 일어날 수 있는 일을 겪은 후 얻게 되는 지혜가 아니라 2003년 초반에 울려 퍼졌던 목소리를 들을 수 있었던 사람이라면 누구나 알 수 있는 자유로운 지혜였다. 평범한 상식을 들먹이지 않더라도, 이라크 침공이 테러주의를 억누르는 것이 아니라 오히려 테러주의의 정당성을 확인해 주고 테러주의를 육성한다는 사실을, 그리고 나라를 침공하는 일은 비교적 쉬울지 모르나 그곳을 점령하는 일은 불가능한 일이라는 사실을 알아내기란 어렵지 않은 일이었다. 「뉴 인터내셔널리스트」 편집진은 9 · 11 사건 직후의 여파를 다룬 사설을 통해 여전히 세월의 시련을 잘 견뎌 낸 건재함을 보여 주었다.

"이 문제를 군사적인 수단으로 해결할 수는 없다. 아프가니스탄을 폭탄으로 두들길 수 있고 사담 후세인을 붙잡을 수도 있고 시리아에 유도미사일을 쏘아 넣을 수도 있다. 하지만 이런다고 테러주의를 쓸어버릴 수는 없다. 삭막한 난민촌, 희망을 잃은 누추한 빈민촌, 미국과 다른 서구의 국가들로부터 지원을 받는 부패한 통치자들은 여전히 그대로 존재할 것이다. 수천 명도 넘는 '빈 라덴들'이 대기 중이고 끝없이 다시 나타날 것이다. 폭력은 반드시 더 많은 폭력을 부른다."

지금으로서는 유일한, 초강대국이 존재하는 세계에 살면서 1960년대 베트남전쟁의 패배가 미국에 아로새긴 멍의 현대적 의미를 되새길 수 없다면, 일촉즉발의 전쟁을 앞둔 지금의 열광적인 시대를 경계하기 위해 20세기 초반 이라크를 식민화했던 영국의 경험에서 배운 교훈을 활용할 수 있다. 당시의 현실과 지금의 현실이 끔찍하리만큼 분명하게 평행선을 달리고 있음은 물론이었다. 영국은 수백 년 동안 이라크 지역을 다스려 왔던 오스만 투르크와 격렬한 전투를 치른 끝에 제1차 세계대전 동안 해당 지역을 점령하게 되었다. 점령군 사령관이 나눠 준 전단에는 지역민들을 최대한 배려할 의사가 있다고 공언되어 있었다.

　　"우리 군대는 정복자나 적군으로 당신들의 도시나 마을에 입성하는 것이 아니라 해방자로서 입성한다. (…) 영국 정부는 바그다드 시민들이 번영하고, 그들의 부와 재산을 그들의 신성한 법과 민족적 이상에 부합하는 제도하에서 누려야 한다는, 당신들의 철학자와 작가들의 이상이 또 다시 실현되기를 희망하는 바이다. (…) 모든 영국인들은 (…) 아랍 민족이 다시 한 번 그 위대함을 드러내고 지구상의 모든 민족 중에서 명성을 얻게 되기를 (…) 희망하고 바란다."

　　초라한 모습의 제국적 이기심이 이라크 점령의 동기였음은 금세 드러났다. 영국이 원한 것은 해군에 공급할 석유 자원의 독점이었다. 이로써 미국과 멕시코가 공급하는 석유에 대한 의존도를 줄일 수 있었다. 또한 영국은 이라크 점령을 통해 인도아대륙에 있는 영국령에 접근할 수 있는 영국만의 육로 확보를 꿈꾸었다.

그 진실을 감추기 위해 9만 명에 달하는 엄청난 점령군이 필요했다. 영국이 독립을 촉진하기는커녕 국제연맹에서 '위임' 받은 통치권으로 이라크에 대한 통제를 유지하자, 1920년 대규모 반란이 일어났다. 시아파 공동체 구성원들이 중심이 되어 일으킨 폭동은 막대한 규모의 꾸준한 공중 폭격을 핵심으로 삼았던 영국군에 의해 무자비하게 진압되었다. 훗날 제2차 세계대전 당시 드레스덴 폭격에도 가담하게 되는 '폭격병' 아서 해리스는 이라크의 굴복을 유도하기 위하여 이라크 농촌을 폭격했던 조종사 중 한 명이었다. 해리스는 거들먹거리는 태도로 다음과 같이 언급했다.

"아랍인들과 쿠르드인들은 진정한 폭격이 무엇인지, 그 결과와 피해가 어떤 것인지 이제야 알게 되었다. 45분 만에 온전한 마을 하나를 사실상 제거할 수 있고 주민의 삼분의 일이 죽거나 다칠 수 있다는 사실을 알게 된 것이다."

영국의 전략 중 하나는 불평분자로 보였던 아랍인의 손에 권력을 쥐어 주는 것이었다. 허수아비 정권 창출이라는 계획은 해상로를 통해 근처 시리아에서 왕을 데려옴으로써 극에 달했다. 이라크는 1932년 독립을 획득했지만 파이잘Feisal 왕 및 그 자손이 통치하는 동안은 사실상 영국의 속국에 불과했으며 3십 년간 영국의 안전한 석유 공급처로 기능했다. 결국 역사에서 무언가를 배우긴 했다. 왜냐하면 자신들의 군대가 철수하고 난 뒤 말 잘 드는 친미 정부를 들어앉혀 석유 공급을 보장받으려는 오늘날의 부시 행정부와 블레어 정부가 영국의 이야기를 성과로서 받아들이기 때문이다.

혼돈의 기후

현재 일어나고 있는 사건들을 가지고 역사의 모습을 알아내려고 하는 일은 강조하지 않아도 될 것을 강조하는 결과를 가져올 위험성이 있음을 다시 한 번 언급해 둔다. 내가 한 해나 두 해 전에 이 글을 썼다면 '새로운 미국의 세기를 위한 프로젝트'에 초점을 맞춘 글을 쓰려고 했을 것이다. 이 프로젝트는 1997년 극우파가 꾸며 낸 것인데 부시 행정부는 거의 맹목적으로 이 프로젝트에 집착해 왔던 것으로 보인다. 신보수주의자들이 펼쳐 놓은 모형틀 속의 이라크는 세계에 미치는 미국의 군사적 영향력을 긍정적인 것으로 벼려 내기 위한 대장간의 모루처럼 보였다.

그러나 오늘날 새로운 미국의 세기를 위한 프로젝트에 서명한 이들 중 가장 탁월한 서명자들마저도 자신들이 틀렸으며 이라크 침공은 잘못된 판단이었다는 사실을 시인한다. 신보수주의의 응원단장이자 '역사의 종언'이라는 글귀를 미국 주도의 자본주의의 승리로 요약해 냈던 인물인 프란시스 후쿠야마도 이제는 다음과 같이 시인한다.

"이라크 침공을 통해서 부시 행정부는 자기 충족적 예언을 만들어 냈다. 이라크는 이제 아프가니스탄을 대신해 성전에 나서려는 사람들을 끌어들이고 훈련시키는 작전 기지가 되었다. 게다가 그곳에는 사격용 미국인 목표물도 많이 있다."

프로젝트 또 다른 서명자인 잘메이 칼리자드Zalmay Khalilzad는 바그다드 주재 미국 대사로 부임한 뒤 그곳의 상황을 살펴보고는 이라크 침공은 결국 전면적인 내전을 불러와 지역 전체를 불안정하게 만들 '판도라의 상자'를 연 것이라고 2006년 초 결론지었다.

　신보수주의자들의 프로젝트보다 더 걱정스러운 일은 이미 역사에서 그 중요성을 인정받고 있는 내용으로 추진력을 더하면서 유지되는 기업 주도의 세계화다. 이 현상은 개인뿐 아니라 각 국가의 정치마저도 초월한다. 그리고 이보다도 더 걱정스러운 일은 우리의 산업화된 생활 방식이 불러오고 있는 전 지구적 기후의 변화다. 《아주 특별한 상식 NN》의 다른 책을 통해 이 두 문제에 대한 철저한 검토가 이루어졌다. 이 문제에 대해 우리가 어떻게 대처하는가에 따라 21세기의 모습이 결정될 것이다.

　기후과학자들은 다음 세기의 전망을 매우 어두운 것으로 예견한다. 이들의 이야기는 정말이지 소름 끼친다. 나는 이 분야의 전문가가 아니기 때문에 전적으로 규범적으로 생각할 뿐이다. 이를테면 내 자녀들과 내 자녀들의 자녀들이 어떤 종류의 삶을 마주치게 될 것인가 같은 내용을 생각해 본다. 나중에 역사가들이 우리 시대를 돌아본다면 분명 그 역사가들은 지금 우리 정치 지도자들이 환경문제에 대처하기 위해 펼치는 정책이나 활동상이 지극히 어리석었다고 판단하리라 확신한다. 정치 지도자들은 전문가로 이루어진 자문단이 제출한 보고서를 읽는다. 그 보고서에는 극지의 빙하가 녹고 있으며 해수면이 올라가 섬들이 물에 잠기고 해안 지역으로 물길이 생기며 사막화가 유행처럼 번지고 자연재해의 규모는 그 어느 때보다 커지고 있다는 내용이 담겨 있다. 정치 지도자들은 이 보고서를 읽고 박식한 체 고개를 끄덕인다. 그리고 한 자도 이해하지 못한 사람처럼 행동한다. 왜냐하면 다음 선거 너머를 생각하는 정치인이 아무도 없기 때문이다. 모든 비용을 감수하면서 경제성장을 추구해야만 한다는 개념에 도전할 준비가 전혀 되어 있지 않다. 그리고 지극히 낭비적인 소비주의라는 회전목마는 계속 돌아간다. 이런 의미에서 민주주의, 혹은 더 정확히 말해 현 세계에서 민주주의라고 알려져 있는 최소 참여라는 방식은 우리를 죽음으로 몰고 가기에 딱 좋은 방식이다.

역사가 우리 세계를 어떻게 판단할 것인가에 대해 알기 위해서는 신고 있던 신발을 벗고 전적으로 다른 관점에서 바라볼 필요가 있다. 나는 21세기로 전환되던 무렵에 「뉴 인터내셔널리스트」 잡지에 실었던 '행성 상세 정보: 지구'라는 제목의 글을 통해 이 작업을 시도한 바 있다. '에이 마르-산A Mar-Shan' 이라는 필명에서 눈치 챘겠지만 이것은 일종의 패러디다. 하지만 그 이면에는 우리가 매일의 일상적인 실재로 받아들이면서 살아가는 일들이 사실은 부조리한 일이며 그중에서 가장 끔찍한 것은 세상에는 두 종류의 사람, 즉 부자와 가난한 사람만이 존재한다는 사실이라는 매우 심각한 내용이 담겨 있다.

안개와 수증기 가득한 뜨거운 열대우림에서 비어 있는 극지방의 얼어붙은 툰드라에 이르기까지 그리고 황량하고 침묵만이 감도는 사막에서 각 나라의 수도에 가득한 시끄러운 군중에 이르기까지 지구의 물리적 모습은 다양함 그 자체다. 그러나 가장 부유한 사람들과 가장 가난한 사람들의 대조적인 생활 조건은 경험해 본 사람들도 믿지 못할 정도다.

가령 북아메리카 지역의 표준적인 가정이라면 자동차, 세탁기, 식기 세척기, 전자 오븐, 수백 가지의 디지털 채널을 시청할 수 있는 텔레비전, 컴퓨터, 휴대폰을 소유할 것이다. 너무 적게 먹는 일을 걱정하기보다는 너무 많이 먹는 일을 걱정하며 칠십대가 되기 전에 죽음을 맞는 불행이 닥칠까봐 염려한다.

아주 조금만 이동해 보자. 북아메리카의 남동쪽 방향에 있는 이웃 중에 가장 가까운 아프리카 지역의 문제는 다른 방식에서 다뤄져 왔다. 아프리카 지역에 사는 사람들 대부분은 전력의 혜택을 기대할 수 없다. 전력이 있어야 작동하는 복잡한 기기들을 이용할 수 없다는 것은 두말할 나위 없다. 또한 그다지 깨끗하지 않은 물이지만 그나마도 밖에 나가서 구해 와야 한다. 이들은 자신의 허리둘레보다 다음 식사를 할 수 있을지를 걱정한다. 평균 기내 수명은 악 50세로 아프리카의 여러 지역에서는 아이 열명 중 세 명이 다섯 살이 되기 전에 목숨을 잃는다.

지구의 통치자들은 부와 가난 사이에 걸쳐 있는 광대한 간극에 대해서는 거의 신경 쓰지 않는다. 말로는 신경 쓴다고 주장하지만 실제로는 자신들의 지역의 생활 방식을 보존하거나 사실상 증진하도록 보장하는 일을 더 선호한다. 그러므로 1965년 지구상의 인구 중 가장 부유한 20퍼센트의 사람들이 소득의 70퍼센트를 소비하면서 살았지만 지금은 85퍼센트를 소비하며 매년 그들의 몫은 커져 가기만 한다.

지구에서 특이한 점은 '선진국' 에 사는 소수와 그 너머에 사는 다수 사이에 존재하는 막대한 불평등을 유지하는 것은 더 이상 군사력이 아니라는 점이다. 지구의 식민 시대는 민주주의를 지향했던 최초의 운동을 통해 첫새벽을 열고자 했던 1960년대에 끝났기 때문이다. 발전한 지역의 경쟁하는 군벌들이 야기한 파괴와 혼돈을 대체하고자, 진정한 민주 정부를 수립할 것이라는 많은 사람들의 기대 속에 1947년 '국제연합' 이 만들어졌다.

의미심장하게도 미국 땅에 본부를 두고 있는 국제연합은 사실상 대표적인 눈가림용 기구가 되었다. 효과는 크지 않았지만 설립되자마자 워싱턴에 있는 국제연합 청사의 그늘 안에 경제적 전쟁 군주들의 지배를 숨겨 주었기 때문이다. 이 군벌들은 자신들이 가진 명백한 군사적 힘에 호소할 필요가 없어졌다. 물론 자신의 통제하는 다른 지역을 관리하기 위해 이따금 반란 지역에 폭격을 가해 구석기시대로 되돌려 놓는 일이 벌어지기도 한다.

진정한 민주주의로 가는 대신, 부채와 빈곤으로 질식당하는 가장 가난한 지역들이 워싱턴에 굽실거리면서 구제를 요청할 수밖에 없도록 만드는 현명한 체계가 개발되었다. 구제받을 자격을 얻으려면 이들은 현상 유지가 보존되고 부유한 나라로 공급되는 원료의 흐름이 방해되지 않도록 보증하는 지역의 지배자, 혹은 '조정자' 의 명령에 동의해야만 한다. 더욱 현명한 일은 이 체계 전체가 '자유' 의 승리를 보여 주는 사례로 제시된다는 점이다.

지구를 지나가는 방문객마저도 이러한 체계가 지속 불가능하다는 사실을 금세 깨달을 것이다. 물리적인 환경은 종말에 이를 수도 있는 하락 추세에 접어든 지 이미 오래되었으며 회복이 불가능해 보인다. 얼마 지나지 않아 유럽, 북아메리카, 동아시아의 여러 군벌들, 그리고 이들과 사악한 동맹을 맺기 시작한 실체가 없는 기업들은 의미 있는 민주주의 기구들에 의한 통제를 받아야만 할 것이다. 만일 이들을 통제하지 못한다면 특권을 누리지 못하는 다수는 반란의 물결을 일으킬 것이다. 그 전에 지구의 자체적 물리 구조가 먼저 반란을 일으킬지도 모르는 일이다. (「뉴 인터내셔널리스트」 2000년 1월-2월호 '행성 상세 정보: 지구')

아프가니스탄과 이라크 사태가 지나가고 이란을 공격하겠다는 으름장을 놓는 와중인데도 아무도 군사적 힘의 문제를 지적하지 않는 현실은 몸서리쳐진다. 현재의 사건 중 어떤 사건이 역사의 모양을 결정짓는지를 찾아내려고 시도하는 것이 얼마나 위험한지 다시금 느끼게 만든다. 게다가 지구상의 사람을 부자와 가난한 사람으로 가르는 매우 부도덕힐 뿐 아니라 부조리한 현실도 마찬가지로 분명히 남아 있다. 사하라 이남 아프리카 지역의 평균 기대 수명은 겨우 46세에 불과하다. 이는 부유한 세계의 평균 기대 수명인 79세와 대조를 이루는 수치다. 스와질란드의 평균 기대 수명은 믿기 어렵겠지만 31세에 불과하다.

저항의 색깔

21세기에 대한 대안적 담론은 9·11 사건에 대한 이야기로 시작하는 것이 아니라 2000년 개최되었던 국제연합 새천년 총회에 대한 이야기로 시작해야 할 것이다. 2000년 총회에서는 세계가 스스로 핵심적인 새천년 개발 목표를 설정했다. 새천년 개발 목표에는 보편적 초등교육, 절대 빈곤과 기아를 절반으로 줄이기, 유아사망률 삼분의 이 줄이기 등이 포함되어 있으며 목표 달성 기한은 2015년으로 설정되었다. 그리고 전 인류의 기본적 필요를 충족시키는 일이 세계가 추구할 가장 우선적인 일로 남아 있을 것이기에, 이 목표들은 2015년이 지난 후에도 이어질 것이다.

그러나 그러한 대안적 이야기는 공상적인 이야기로 끝나고 말 것이라는 점을 나는 우려한다. 정치적 의지가 부재하고 자금을 조달하지 못한다면 새천년 개발 목표는 달성될 수 없을 것이다. 하지만 정치적 의지나 돈이 없었던 게 아니라는 사실에는 의심의 여지가 없다. 가난한 사람에게 장기적인 이익을 가져다 줄 프로그램을 위해 찾아다닐 때는 보이지 않던 돈이 국가의 다른 사안에 급하게 필요할 때는 아주 쉽게 찾을 수 있기 때문이다. 미국 납세자들이 2006년 초까지 이라크 전쟁 비용으로 치른 돈은 의회의 승인을 받은 돈만 따져도 2천5백억 달러에 달한다. 이 금액은 2004년 국제연합아동기금(United Nation's Children Fund, UNICEF)이 2015년까지 지구상의 모든 아이들이 초등교육을 받게 만드는 데 필요한 금액으로 추정한 6백억 달러와 비교된다. 이제 통화 거래에 세금을 부과해 인간 개발을 위한 기금을 조성하는 방법을 생각해 보자. 우리의 정치 지도자들이 자신들의 동지인 기업의 편익보다 아이들 목숨의 가치를 높게 평가할 준비가 되어 있다면 가능할 것이다. 현재 전 지구적 통화 시장에서는 하루 2조 달러에 이르는 돈이 거래되며 0.005퍼센트라는 최소 수준의 세금을 부과한다고 보았을 때 하루에만 백억 달러를 거둬들일 수 있을 것으로 보인다. 0.005퍼센트의 세율은 너무나도 낮아서 특별히 세금을 회피하려고 노력할 필요도 없을 것이다.

당신이나 내가 전 지구적인 세금 매기기, 재생에너지에 대한 투자, 해외 파병 등의 결정을 내리는 것은 아니다. 그러나 궁극적으로 우리의 행동주의와 이상주의, 우리의 저항과 설득을 통해 우리가 조성하는 분위기에 따라 그 결정이 달라질 것이다. 전 지구적 정의를 부르짖는 운동은 정계와 재계를 주무르는 유력자들이 잠깐 멈추어서 1999년 세계무역기구에 저항하는 시애틀 시위 이후의 시간에 대해 진지하게 숙고해 볼 기회를 제공했다. 시애틀에서의 저항은 창조적이고 협력적이었으며 전 지구에 영향을 미쳤다. 매년 열리는 세계사회포럼은 스위스의 스키 휴양지 다보스에서 정보를 교환하는 은행가, 신업가, 정치인들의 연계 모임을 대체할 대안적 회의로서 매우 중요한 상징적인 의미를 가진다. 그러나 세계사회포럼 자체보다 더 중요한 것은 세계사회포럼이 반영하는 지역적 활동 및 국가적 활동의 영역이 광대하다는 점이다. 이 활동들은 모두 세계에 사회정의를 실현하고 건강한 환경을 구축하려는 지향점을 가진다.

전 지구적 정의를 추구하는 운동에는 공통의 기획이 없다. 그리고 다보스에서 발견되는 잿빛 문화적 통일성도 물론 없다. 대신 다양한 경험과 풍부한 사고가 존재한다. 점차 감소하는 산업화된 세계의 투표자 수로는 대중이 바라는 실질적 안녕이 무엇인지 드러낼 수 없다. 세계화는 기업에게 더 많은 권력을 부여하고 문화적·언어적 다양성을 위협하고 있다. 그러나 그 이면에는 들불처럼 전 세계에 번지는 성공적인 저항이 존재하며 우리 모두에게 영감과 용기를 불어넣어 준다. 볼리비아 코차밤바의 시민들이 거리를 점거하고 물의 민영화를 저지하기 위해, 달리 말해 방금 전 볼리비아 정부로부터 물의 판매권을 사들인 미국에 본사를 둔 회사가 물 값을 두 배로 올리는 일을 막기 위한 투쟁을 성공리에 수행했다. 그때 코차밤바의 시민들은 전 세계의 수백만의 사람들에게 자신들이 영감을 불어넣어 주었음을 깨닫지 못했을 것이다. 라틴아메리카는 전 세계인들에게 불어넣어 줄 풍부한 영감의 원천이다. 라틴아메리카 전역에서 대중적인 좌파 정부가 거듭된 선거에서 이겨 권력을 장악하고 있다. 라틴아메리카의 각 나라들이 겪고 있는 극복해야 할 문제들은 각기 다르지만 이들은 모두 수십 년간 경제를 좌지우지해 온 워싱턴 컨센서스(Washington Consensus, 《아주 특별한 상식 NN-세계화》편, 『자본의 세계화, 어떻게 헤쳐 나갈까?』 122쪽 참조)에 대해 깊은 회의를 가지고 있다.

지역의 환경은 변한다. 운동의 쟁점은 사물을 끊임없이 변화시키는 역사의 움직임에 따라 영원히 움직여 간다. 그러나 궁극적으로 역사는 위로부터 만들어진 것이 아니라 아래로부터 만들어지는 것이다. 그렇기 때문에 나는 이전 판의 결론에 제시했던 생각 중 한 가지를 들어 지금 쓰고 있는 후기를 마무리하고자 한다. 20세기를 바꿀 수 있었던 것은 사람들의 저항과 이상주의였다. 그리고 이들의 힘으로 21세기에는 더 많은 변화가 반드시 일어날 것이다.

부록

연표
본문 내용 참고 자료
저자 참고 문헌
함께 보면 좋을 책

인류 역사에서 가장 중요했던 시간들

B.C.

500만 년	지금까지 나타난 유인원 중 인간과 가장 비슷한 오스트랄로피 테쿠스가 아프리카에 나타난나.
200만 년	호모 하빌리스Homo Habilis와 동반자 여성이 손을 사용해 돌을 깎아 도구를 만든다. 아직 아프리카에 산다.
150만 년	호모 에렉투스와 페미나 에렉타가 불을 사용하기 시작한다. 이들은 불을 발견한 최초의 호미니드다.
80~50만 년	호미니드인 에렉투스는 아프리카를 벗어나 유럽과 아시아로 건너간다.
15만 년	우리의 어지 조상인 아프리키 여성이 디엔에이를 남겨 우리 모두를 포괄할 왕국 건설의 기초를 놓는다.
4만 년	마지막으로 근대적 인간이 무대에 오른다. 그리고 서로 결혼하거나 쓸어버리는 식으로 이전의 모든 호미니드를 대체한다.
4~1만 년	유목민들이 육로를 통해 오스트레일리아와 아메리카로 건너간다. 마지막 빙하기가 끝날 무렵 대양의 수면이 상승해 육로가 끊긴다.
2만 5000년	위대한 어머니 여신을 섬기는 최초의 종교가 전 세계에 퍼지다.
9000년	팔레스타인에서 최초로 양을 길들여 사육한다. 뒤이어 염소, 돼지, 소를 길들인다.
8500년	팔레스타인 여리고에서 처음으로 작물을 재배한 결과 최초의 도시가 생겨난다.
6500년	최초의 농업이 아메리카 안데스 지역에 등장한다.

4000년	사하라 지역이 사막화되면서 사람들은 나일 강 유역으로 이주한다. 나일 강 유역에서는 이집트 문명이 탄생할 것이다.
3500년	최초의 진정한 문명이 수메르와 이집트에서 등장한다. 중국에서 처음으로 쌀을 재배한다. 바퀴가 발명된다.
3000년	인도의 인더스 지역에서 하라파의 위대한 문명이 등장한다. 그리고 태평양을 건너는 배를 띄운다. 최초의 문자가 수메르에서 발전된다.
2000년	아리안 민족이 인도를 침략하자 하라파 문명은 파괴된다. 아리안 민족은 힌두 종교를 세운다.
1800년	함무라비가 바빌로니아 제국을 통합한다.
1700년	상나라가 일어나 최초의 중국 문명을 수립한다.
1600~600년	중동의 세 강대국 이집트, 바빌로니아, 아시리아 사이에 끊임없는 전쟁이 벌어진다.
1500년	아시아인들이 태평양 미크로네시아를 식민화한다. 헤브라이인이 팔레스타인을 침략한다.
1200년	아메리카 최초의 문명인 올멕 문명이 등장한다.
1000년	반투인이 아프리카 전역에 퍼져 나가기 시작한다. 유목민이 중국의 상 왕조를 정복하고 주나라를 세운다. 주는 최초의 봉건제도를 수립한다.
800년	쿠시가 이집트를 침략해 한 세기를 지배한다.
771년	중국의 주 왕조가 무너진다.
729년	티글라트 필레세르의 군대가 바빌로니아를 정복하고 당대의 최강대국 아시리아를 건설한다.

722년	아시리아가 이스라엘을 멸망시킨다.
612년	페르시아와 바빌로니아 연합군이 아시리아를 멸망시키고 제국을 둘로 가른다.
604년	일설에 따르면 이 해가 노자가 태어난 해라고 한다.
567년	유대의 헤브라이인들이 바빌로니아에 포로로 잡혀가다.
551년	공자가 태어난다.
538년	바빌로니아는 페르시아 제국의 다리우스 1세에게 정복당한다. 헤브라이인들은 자신들의 하나님 아버지와 함께 예루살렘으로 귀환한다.
530년	붓다가 깨달음을 얻다.
507년	아테네가 최초의 민주제를 수립한다.

450년	올멕 문명이 파괴된다.
347년	그리스의 정치철학자 플라톤이 사망한다.
338년	마케도니아의 필리포스가 마케도니아를 제외한 그리스 전역을 제패한다.
334년	알렉산드로스 대왕이 페르시아 정복을 시작한다.
323년	알렉산드로스 대왕이 죽고 그의 제국은 세 명의 부하 장군들이 나눈다.
322년	찬드라굽타가 북인도를 정복하고 마우리아 제국을 수립한다.
264년	로마와 카르타고 사이에 1차 포에니 전쟁이 벌어진다.
257년	인도의 아소카 왕이 전쟁 중단을 선언하고 불교를 받아들인다.
241년	징집된 로마의 농민들이 고향으로 돌아와 자신들이 빈털터리가 되었음을 깨닫는다.
221년	최초의 황제인 시황제가 중국을 통일한다.

곧 만리장성 건설이 시작된다.

202년 　중국에 한 왕조가 수립된다.

146년 　로마가 카르타고를 파괴한다.

73년 　스파르타쿠스가 로마에 대항해 노예 반란을 이끈다.

49년 　율리우스 카이사르가 군사 반란을 일으킨다.
　　　　로마가 제국의 시대로 접어든다.

23년 　중국의 수도 장안이 유목민 침략자들에게 약탈당한다. 　　A.D.

30년 　예수 크리스트가 처형된다.

46년 　성 바울이 선교 여행을 떠난다.

50년 　아프리카의 악숨 제국이 등장한다.

105년 　중국에서 종이가 발명된다.

132년 　로마제국에 대항해 유대인 반란이 일어난다.
　　　　많은 유대인이 유배당한다.

150년 　불교가 중국에 이른다.

184년 　중국에서 황건적의 난이 일어나 3십 년간의 내전에 불을 붙인다.

200년 　인도의 고전 마하바라타와 라마야나가 기록된다.

220년 　중국의 한 왕조가 무너진다.

300년 　반투인이 남아프리카에 정착한다.

320년 　인도에 굽타 왕조가 세워진다.

324년 　콘스탄티누스는 크리스트교를 로마제국의 공식 종교로 삼는다.

325년 　악숨 제국은 쿠시 왕국의 수도 메로에를 파괴한다.

410년	서고트인이 로마를 약탈한다.
425년	앵글인, 색슨인, 주트인이 영국을 침략한다.
451년	아틸라가 다스리던 훈족은 갈리아에서 패배하지만 이탈리아를 약탈한다.
455년	반달인이 로마를 약탈한다.
476년	오두아케르가 더 이상 로마제국이 존재하지 않는다고 선포한다.

520년	인도에서 수학 혁명이 일어난다. 아리압하타와 바라미하라가 십진법을 발명한다.
600년	중앙아메리카의 마야 문명이 전성기를 구가한다.
622년	무함마드가 메카에서 메디나로 피신한다. 이 해가 이슬람 달력의 원년이 된다.
626년	태종 치세의 당 왕조는 중국의 예술과 종교를 소생시킨다.
632년	무함마드가 사망한다.
641년	이슬람 군대가 이집트를 정복하고 북아프리카를 공격한다.
645년	불교가 티베트에 이른다.
650년	안데스에 우아리 문명이 등장한다.
651년	이슬람이 페르시아를 정복한다.
661년	이슬람이 수니파와 시아파로 분열된다.
692년	최초의 위대한 이슬람 건축물, '반석 위의 모스크'가 예루살렘에 건설된다.
700년	서아프리카에 가나 제국이 등장한다.
732년	무슬림 세력이 결국 프랑스에서 말머리를 돌린다.
750년	테오티우아칸 문명이 파괴된다.

800년	카롤루스가 신성 로마 제국의 황제에 오른다.
850년	마야 문명이 무너진다.
853년	중국이 최초의 책을 인쇄한다.
900년	마오리인들이 타히티에서 건너와 아오테아로아(뉴질랜드)에 정착한다.
912년	스칸디나비아의 노르웨이인들이 프랑스 북부를 정복하고 노르망디를 건설한다.
963년	톨텍 문명이 등장한다.

1054년	콘스탄티노플의 그리스 정교회가 로마로부터 분리된다.
1055년	투르크 민족이 무슬림이 지배하는 바그다드를 정복한다.
1076년	가나가 침략으로 무너진다.
1095년	교황 우르바누스 2세는 첫 번째 십자군을 소집한다.
1099년	십자군이 예루살렘을 점령하고 유대인, 무슬림을 가리지 않고 모두 학살한다.
1200년	말리 제국이 등장한다.
1215년	칭기즈 칸이 이끄는 몽골 민족이 베이징을 짓밟는다.
1260년	쿠빌라이 칸이 중국의 황제가 된다.
1300년	이페의 수도 요루바시가 떠오른다. 그리고 이탈리아에서는 르네상스가 꽃피기 시작한다.
1315년	기아가 유럽을 강타한다.
1324년	말리 제국의 황제 칸칸 무사는 메카로 순례 여행을 떠난다.
1325년	아스텍인들이 수도 테노치티틀란을 건설한다.
1341~1353년	흑사병이 아시아와 유럽에서 수백만의 인명을 앗아 간다.

1368년	중국에서는 주원장이 명 왕조 최초의 황제에 등극한다.
1415년	포르투갈인들이 최초로 아프리카를 정복한다.
1425년	쇼나의 왕 무토타는 위대한 짐바브웨를 포기하고 제국을 새롭게 확대한다.
1438년	파차쿠티가 이끄는 잉카인들은 일련의 정복 전쟁을 수행한 끝에 잉카 제국을 건설한다.
1453년	오스만 투르크가 콘스탄티노플을 정복한다.
1455년	교황이 노예무역을 승인한다.
1492년	콜럼버스가 바하마 제도와 카리브 해 주변의 땅을 공격한다.
1496년	바스코 다 가마는 인도로 항해한 후 포르투갈로 귀환한다.
1500년	서아프리카의 베닌 제국이 전성기를 구가한다.

1502년	몬테수마 2세가 아스텍 황제에 오른다.
1505년	포르투갈인들이 동아프리카의 항구들을 장악한다.
1510년	포르투갈인들은 아프리카인들을 노예로 만들어 아메리카에 팔아넘기기 시작한다.
1517년	마르틴 루터가 교회의 정통 신앙에 도전한다.
1519년	에스파냐인들이 멕시코의 아스텍을 침략한다.
1526년	바부르babur가 인도를 침략해 무굴 제국을 건설한다.
1533년	에스파냐인들이 잉카의 수도 쿠스코를 정복한다.
1533년	시크교의 창시자 카비르 나나크Kabir Nanak가 사망한다.
1546년	말리 제국이 송하이에 의해 파괴된다.
1606년	프랑스 정착민들이 퀘벡을 건설한다.

1619년	네덜란드인들은 인도 동쪽(인도네시아)을 접수한다.
1620년	순례의 조상들이 뉴잉글랜드에 도착한다.
1644년	반란군이 베이징을 장악하자 명 왕조의 마지막 황제가 자살한다.
1649년	영국 왕 찰스 1세가 혁명전쟁 끝에 처형당한다.
1652년	네덜란드 정착민들이 남아프리카에 도착한다.
1653년	타지마할이 완공된다.
1663년	오스만 군대가 빈에서 패배한다.

1715년	프랑스의 '태양왕' 루이 14세가 사망한다.
1739년	페르시아가 델리를 약탈한다.
1776년	미국은 영국으로부터의 독립을 선언한다.
1788년	최초의 영국인 죄수들이 오스트레일리아에 도착해 정착한다.
1789년	프랑스혁명이 일어난다.
1791년	프랑스 왕 루이 16세가 처형당하고 프랑스는 사실상 유럽 전체의 열강을 상대로 전쟁을 치른다.
1796년	영국은 실론을 정복한다.
1799년	나폴레옹이 쿠데타를 일으킨다.

1804년	태즈메이니아 원주민 학살이 시작된다.
1807년	대영제국에서는 노예무역이 근절된다.
1808년	아르헨티나는 에스파냐를 상대로 한 독립 전쟁에서 승리한 최초의 나라가 된다.
1814년	뉴질랜드에 영구적으로 정착한 최초의 백인이 나타난다.

1815년	나폴레옹이 워털루에서 패배한다.
	빈 회의는 군주제를 복구한다.
1818년	영국의 동인도회사는 인도를 효과적으로 지배하게 된다.
	샤카는 줄루 제국을 건설한다.
1821년	혁명군이 리마를 점령하고 멕시코의 독립을 선포한다.
	마오리 내전이 시작된다.
1822년	브라질이 포르투갈로부터 독립한다.
	라이베리아는 해방된 노예들을 위한 나라로 건설된다.
1836년	남아프리카의 보어인들은 영국의 지배를 피해 북쪽으로의 대 이주를 감행한다.
1840년	영국은 뉴질랜드를 합병한다.
1842년	구리와 금이 오스트레일리아에서 발견된다.
	영국과 중국은 1차 아편전쟁을 벌인다.
1846년	미국은 멕시코의 절반을 정복한다.
1848년	유럽 혁명의 해다. 중간 계급은 정치권력을 잡는다.
	맑스와 엥겔스가 『공산당 선언』을 출간한다.

1854년	2천만 명의 사망자를 발생시킨 중국 내전이 끝난다.
1857년	영국에 항거해 인도인들이 반란을 일으키지만 일 년을 넘게 저항한 끝에 진압된다. 인도는 공식적인 영국의 식민지가 된다.
1860년	프랑스가 서아프리카에 제국을 건설하기 시작한다.
1865년	미국에서 노예제가 폐지된다. 서구 열강은 무력을 사용해 일본에 무역을 강요한다. 일본은 기적적인 근대화를 이룩한다.
1867년	캐나다의 연방 헌법이 영국인 공동체와 프랑스인 공동체 사이의 갈등을 해소한다.

1868년	일본에서 천황을 중심으로 한 메이지 유신이 일어난다.
1871년	독일은 프로이센 왕을 중심으로 통일을 이루고 유럽에서 가장 강한 나라가 된다.
1878년	유럽 열강들은 베를린 회의를 열어 자기들 맘대로 아프리카를 분할한다. 콩고는 벨기에 왕의 개인 식민지가 된다.
1890년	운디드니에서 라코타 인디언이 미국 군대에 패배한다.
1893년	뉴질랜드 여성이 선거권을 쟁취한다.
1898년	아비시니아는 아도와에서 이탈리아의 식민주의자들을 상대로 승리를 거둔다. 헤르츨Herzl은 유대인만의 국가를 세울 영토를 부르짖는다.
1899년	영국은 남아프리카에서 보어전쟁을 일으킨다.

NO-NONSENSE

그리고 20세기와 그 이후에 대한
조금 더 자세한 연대기

1900년	중국에서 서구 열강에 저항하는 의화단 운동이 발생한다.
1901년	오스트레일리아가 통일을 이룬다.
1905년	일본은 러시아를 상대로 승리를 거둔다. 아인슈타인은 특수 상대성 이론을 발표한다.
1910년	남아프리카의 독립은 백인의 권력 장악으로 인해 훼손된다. 멕시코 혁명이 시작된다.
1911년	중국에서 신해혁명이 일어나 마지막 황제가 물러난다.

1914~1918년	제1차 세계대전.
1915년	오스만 투르크는 약 백만 명의 아르메니아인들을 학살한다.
1917년	러시아혁명이 일어난다. 처음에는 자유 민주주의가 다음에는 노동계급의 이름을 내건 볼셰비키가 권력을 장악한다.
1918년	독일에서 사회주의 혁명이 진압된다.
1920년	국제연맹이 설립된다. 최초의 라디오 방송이 전파를 탄다.

1922년	무솔리니와 그의 파시스트당이 이탈리아의 권력을 장악한다.
1923년	남로디지아의 권력이 백인 정착민들의 손에 넘어간다.
1924년	레닌이 사망하고 스탈린은 계승을 두고 다투던 트로츠키를 누른다.
1926년	장제스의 국민당이 중국을 통일하고 동지였던 공산주의자들을 몰아낸다. 영국에서는 총파업이 벌어진다.
1927년	최초의 유성영화가 상영된다.
1928년	소련의 농업이 집단화된다.
1929년	월 가街의 붕괴가 대공황을 일으킨다.

1932년	엘살바도르에서 수천 명의 농업조합주의자들이 총격당한다.
1933년	히틀러가 독일의 수상에 오른다. 그리고 최초의 강제수용소를 만든다. 루즈벨트는 공황에 맞서 미국에 공공 근로 체계를 도입한 뉴딜 정책을 펼친다.
1934년	중국공산당은 대장정 덕에 재기의 발판을 놓는다. 소모사 장군은 니카라과의 반란군 지도자 산디노Sandino를 살해한다.
1935년	스탈린의 공포정치가 시작된다. 이탈리아는 아비시니아(에티

오피아)를 점령한다. 식민지 치하의 노동조건에 저항하는 파업의 물결이 아프리카에서 일어난다. 볼리비아와 파라과이 사이에 벌어진 차코 전쟁Chaco War이 끝난다. 이 전쟁으로 십만 명이 목숨을 잃는다.

1936년 소모사가 니카라과의 정권을 장악한다. 에스파냐에서 인민정부가 정권을 장악하자 프랑코가 반란을 일으킨다. 에스파냐 내전이 시작된다. 독일은 라인란트를 점령한다.

1937년 일본은 중국을 침략한다. 좌파들은 에스파냐의 공화주의를 지키기 위해 모여든다.

1938년 독일이 오스트리아를 점령한다. 영국과 프랑스는 평화 협정에 따라 체코슬로바키아의 주데텐란트를 독일에게 넘긴다.

1939년 프랑코가 에스파냐 내전에서 승리하고 파시스트 정권을 수립한다.

1939~1945년 제2차 세계대전.

1940년 추방된 트로츠키가 멕시코에서 스탈린의 기관원에게 살해당한다.

1942년 바르샤바의 유대인 집단 거주지가 공격을 당해 수천 명의 유대인들이 강제수용소로 끌려간다. 간디와 의회는 '인도 철수' 운동을 전개한다.

1944년 벵갈에 들이닥친 기근으로 3백만 명이 목숨을 잃었다. 처칠은 전쟁에 필요한 식량을 징발한다. 브레턴우즈 회의가 열려 전후 세계의 금융 구조에 대한 계획을 수립하기 시작한다.

1945년 스탈린, 루즈벨트, 처칠이 얄타에서 모여 전후의 세계를 분할한다. 국제연합, 세계은행, 국제통화기금이 창설된다. 시리아와 레바논이 프랑스로부터 독립한다.

1946년 중국에서는 국민당과 공산당 사이에 내전이 발생한다. 호치민이 이끄는 공산당이 북베트남 선거에서 승리한다.

1947년	인도와 파키스탄이 영국으로부터 독립한다. 상호 간의 전쟁으로 850만 명의 난민이 생겨나고 4십만 명이 목숨을 잃는다. 미국은 마셜 계획을 수립해 유럽을 지원하는 한편 반공산주의의 십자군임을 자임한다. 버마의 반란군 지도자 우 아웅산이 독립을 앞두고 저격당한다.
1948년	간디가 힌두교 극단주의자의 총에 맞아 숨진다. 팔레스타인은 내전에 빠진다. 유대인들은 이스라엘이라는 새로운 국가 수립을 선언한다. 지금의 스리랑카인 실론이 독립한다. 네덜란드계 백인들의 정권인 국민당 정부가 남아프리카공화국에 아파르트헤이트를 제도화한다. 국제연합은 세계인권선언을 채택한다.
1949년	중국에서 마오쩌둥의 공산당이 승리한다. 인도네시아와 라오스가 독립한다. 독일은 동독과 서독으로 분리된다.
1950년	북한이 서울을 점령하면서 한국전쟁이 시작되고 국제연합이 연합군을 파병한다. 요르단은 요르단 강 서안 지구를 합병한다.

1952년	마우 마우는 케냐에서 영국을 몰아내기 위한 전쟁을 시작한다.
1953년	한국전쟁이 끝난다. 2백만 명이 사망했다. 소련의 탱크가 동독에서 발생한 폭동을 진압한다.
1954년	나세르가 이집트의 지도자가 된다. 디엔비엔푸에서 프랑스군을 물리친 베트남 반군은 이어 하노이를 장악한다. 미국 중앙정보부는 과테말라의 아르벤츠 대통령을 쫓아내고 군사정권을 세운다.
1955년	비동맹운동이 인도네시아 반둥에서 결성된다. 남아프리카의 아프리카민족회의는 자유 헌법을 채택한다. 수단이 독립한다. 미국의 흑인들은 로자 파크의 행동에 영감을 받아 차별적인 버스 타지 않기 행동에 나선다.
1956년	튀니지가 독립한다. 나세르의 탱크가 수에즈 운하를 점령한다. 영국과 프랑스는 운하를 되찾아 갔지만 결국 국제연합에

게 넘겨주고 만다. 소련의 지배에 항거해 헝가리에서 일어난 반란은 잔인하게 진압된다.

1957년   유럽 6개국이 공동 시장을 형성한다. 은크루마가 이끄는 가나가 독립하고 말라야 연방이 독립한다.

1958년   프랑스인 정착민들이 프랑스 통치를 지지하자 알제리인들이 폭발한다. 드골은 프랑스 치하의 모든 아프리카 식민지에 독립이나 자율권을 부여한다. 독립을 선택한 것은 기니뿐이었다.

1959년   카스트로의 반란이 쿠바의 독재자 바티스타를 권좌에서 끌어내린다. 달라이 라마가 티베트를 급히 떠났다. 마오는 중국에서 대약진운동을 펼친다.

1960년   프랑스령이던 콩고, 차드, 중앙아프리카공화국, 토고, 마다가스카르가 프랑스로부터 독립한다. 나이지리아는 영국으로부터 독립한다. 루뭄바는 벨기에로부터 콩고의 독립을 이끌어낸다. 실론의 시리마보 반다라나이Sirimavo Bandaranaike는 세계 최초로 여성 수상이 된다.

1961년   콩고에서 루뭄바가 살해당하고 국제연합 사무총장 다그 함마르셸드Dag Hammarskjold는 비행기 추락 사고로 숨진다. 카스트로가 공산주의를 받아들이자 미국은 쿠바의 피그만을 침략한다. 탄자니아가 니예레레Nyerere의 지도하에 영국으로 부터 독립한다.

1962년   알제리, 르완다, 부룬디, 우간다, 트리니다드토바고가 독립한다. 남아프리카공화국의 넬슨 만델라는 감옥에 갇힌다. 미국과 소련은 쿠바의 미사일을 빌미로 핵전쟁을 벌일 위기까지 치닫는다.

1963년   아프리카 통일 기구가 결성된다. 케냐타Kenyatta의 지도 아래 케냐는 독립을 쟁취한다. 미국의 케네디 대통령이 총격을 받고 숨진다.

1964년   팔레스타인해방기구가 결성된다. 미국은 인종차별을 금지한다. 말라위와 잠비아가 독립한다.

1965년	인도네시아의 수하르토 장군이 권력을 잡는다. 7십만 명의 좌파와 공동체 노동자들이 살해당한다. 미국의 비행기가 북베트남을 폭격한다. 싱가포르는 말레이시아와 분리된다. 로디 지 아는 존속되어 오던 백인 권력으로부터의 독립을 선언한다.
1966년	마오가 문화대혁명을 일으킨다. 보츠와나와 레소토가 독립한다.
1967년	비아프라의 분리 문제를 두고 나이지리아에서는 내전이 벌어진다. 이스라엘은 아랍인들을 상대로 벌인 6일 전쟁에서 승리한다. 그리고 시나이, 가자, 요르단 강 서안 지구, 예루살렘을 획득한다. 오스트레일리아의 원주민이 시민권을 획득한다.
1968년	베트콩이 구정 공세를 펼친다. 세계 전역에서 미국의 베트남 전쟁에 대한 저항이 일어난다. 마틴 루터 킹이 총에 맞아 숨진다. 프랑스 학생들과 노동자들이 거리를 점령한다. 소련의 탱크는 체코슬로바키아 프라하의 봄을 짓밟는다.
1969년	영국 군대가 북아일랜드로 진주한다. 비아프라에서는 4백만 명이 굶어 죽는다.
1970년	비아프라가 나이지리아에 굴복한다. 미국은 라오스를 집중 폭격한다. 닉슨은 캄보디아에 병력을 파견한다. 피지와 통가가 독립한다.
1971년	방글라데시는 파키스탄으로부터의 독립을 선언한다. 파키스탄은 보복 조치로 대량 학살을 자행한다. 그러나 인도는 새로운 국가의 탄생을 돕는다. 중국은 국제연합에서 타이완을 대신하여 상임이사국이 된다. 바레인이 독립한다.
1973년	마지막 미군이 베트남에서 철수한다. 레바논은 내전에 휩싸인다. 칠레에서는 선출된 지도자인 맑스주의자 살바도르 아옌데 대통령이 미국 중앙정보부가 지원한 쿠데타로 살해당한다. 뒤이어 무자비한 탄압이 자행된다. 이집트와 시리아가 이스라엘을 공격하지만 패배한다. 아랍의 석유 생산국들은 유가를 70퍼센트 끌어올려 세계경제에 충격파를 일으킨다.

1974년	하일레 셀라시에 에티오피아 황제가 폐위된다. 인도가 핵보유국의 반열에 오른다. 미국의 닉슨 대통령은 불명예스러운 일로 사임한다.
1975년	극단적인 마오주의자 크메르 루주가 캄보디아의 정권을 장학한다. 북베트남이 남베트남을 접수함으로써 베트남의 재통일이 이루어진다. 모잠비크, 파푸아뉴기니가 독립한다. 인도의 인디라 간디Indira Gandhi는 불임 운동에 대한 저항을 겪은 뒤 억압적인 지도자가 되어 간다. 모로코는 서사하라를 합병한다. 인도네시아는 동티모르를 점령한다.
1976년	남아프리카공화국에서는 소웨토의 학생들이 이끄는 아파르트헤이트에 반대 대중 시위가 일어난다. 마오쩌둥이 사망한다.
1978년	에티오피아와 소말리아 사이에 전쟁이 일어난다. 이스라엘과 이집트는 평화 조약에 서명한다. 덩샤오핑鄧小平이 중국의 지도자로 부상한다.
1979년	이란의 샤가 폐위된다. 아야톨라 호메이니가 엄격한 이슬람 국가를 이끈다. 베트남은 캄보디아를 침략하고 크메르 루주의 대량 학살이 드러난다. 니카라과의 독재자 소모사는 산디니 스타 혁명으로 권좌에서 물러난다. 소련군이 아프가니스탄에 새로운 정부를 창출한다. 짐바브웨는 흑인이 다수를 이루는 정권을 창출한다.
1980년	이란과 이라크가 전쟁에 휩싸인다.
1981년	벨리즈가 독립한다. 이집트의 사다트Sadat 대통령과 방글라데시의 지아우르 라만Ziaur Rahman 대통령이 저격당한다. 유럽에서는 수십만 명의 시위대들이 핵전쟁 반대 시위를 벌인다. 폴란드의 자유 노조인 연대가 공산주의 정권에 대한 저항을 이끈다.
1982년	영국과 아르헨티나가 포클랜드/맬비나스 섬을 둘러싸고 전쟁에 돌입한다. 이스라엘은 레바논을 침략하고 남부 지역을 손에 넣는다. 미국이 후원하는 '반혁명 세력'이 니카라과의 산

디니스타 정권을 공격한다.

1983년   그레나다의 모리스 비숍Maurice Bishop이 쿠데타로 살해당한
다. 미군은 새로운 정권을 수립한다. 멕시코의 부채 위기는
서구의 은행을 위협한다.

1984년   인도의 지도자 인디라 간디가 총격을 받고 사망한다. 보팔에
서 발생한 미국의 다국적기업 유니온 카바이드 사社의 화학물
질 유출 사건은 사상 최악의 산업 사고로 기록된다. 에티오피
아에서는 5십만 명이 기근으로 사망한다.

1985년   개혁가 미하일 고르바쵸프가 소련의 정권을 장악한다. 그린
피스의 레인보우 워리어 호가 프랑스의 기관원들에 의해 폭파
된다.

1986년   요웨리 무세베니가 우간다에서 권력을 획득한다. 필리핀의
마르코스 대통령이 민중 권력에 의해 쫓겨난다. 아이티의 '아
들 독baby Doc' 뒤발리에도 이 해 아이티를 떠난다. 체르노빌
폭발은 역사상 최악의 핵 사고로 기록된다. 남아프리카공화
국의 '유색' 인종과 인도인들이 투표권을 얻는다. 흑인은 제
외된다.

1987년   풍부한 영감을 지닌 부르키나파소의 지도자 토마스 산카라
Thomas Sankara가 살해된다. 소련과 미국은 역사상 최초로 핵
무기 감축 조약에 서명한다. 수천의 중국 학생들이 더 많은 민
주주의를 요구하고 나선다.

1988년   소련군이 아프가니스탄에서 철수한다. 파키스탄의 베나지르
부토benazir Bhutto는 이슬람 나라 최초의 여성 지도자가 된다.
이란-이라크 전쟁이 종결된다. 야세르 아라파트는 이스라엘
을 인정한다.

1989년   파라과이의 독재자 스트뢰스너Stroessner가 물러난다. 중국 학
생들과 노동자들은 톈안먼天安門 광장을 점거하고 더 많은 민
주주의를 요구하지만 탱크를 동원한 정부군에 잔인하게 진
압 당한다. 헝가리, 동독, 유고슬라비아, 불가리아, 루마니아
등 동유럽의 공산주의 국가들이 차례로 무너진다.

1990년	나미비아가 남아프리카공화국으로부터 독립한다. 아프리카민족회의 지도자 넬슨 만델라가 28년 만에 감옥에서 나온다. 라트비아, 에스토니아, 리투아니아, 우즈베키스탄, 몰도바, 우크라이나, 벨로루시, 아르메니아가 독립을 선언하면서 소련은 해체된다. 동독은 독일의 재통일에 표를 던진다. 이라크가 쿠웨이트를 침략한다.
1991년	이라크군이 미군이 이끄는 연합군에 의해 쿠웨이트에서 쫓겨난다. 그루지야와 아제르바이잔이 소련으로부터의 독립을 선언한다. 소비에트 연방은 해체되고 보리스 옐친은 러시아의 지도자가 된다. 티그레이를 거점으로 하는 반란이 일어나 에티오피아를 장악한다. 크로아티아와 슬로베니아는 유고슬라비아로부터의 독립을 선언한다. 전쟁이 발발한다.
1992년	알제리에서는 이슬람 근본주의자들이 자신들이 승리할 수 있었던 선거가 취소되자 무기를 든다. 오스트레일리아의 고등법원은 원주민에게 토지에 대한 우선권이 있음을 인정한다. 엘살바도르와 모잠비크의 오랜 내전이 끝난다. 보스니아는 유고슬라비아로부터의 독립을 선언한다. 세르비아인들에 의한 무슬림 '인종 청소'가 시작된다. 미국의 소극적인 태도가 리우에서 열린 국제연합 환경개발회의를 훼손한다.
1993년	에리트레아는 2년간의 무장투쟁 끝에 에티오피아로부터 독립을 획득한다.
1994년	멕시코의 치아파스에서 새로운 북아메리카자유무역협정에 저항하는 사파티스타 봉기가 일어난다. 르완다에서는 끔찍한 대량 학살이 발생해, 다수를 차지하는 후투족이 투치족 5십만 명을 살해한다. 투치족 반란군이 정권을 장악하자 2백만 명의 후투족이 난민으로 전락한다. 넬슨 만델라가 남아프리카공화국 대통령으로 선출된다.
1995년	세계무역기구가 등장한다. 미국이 중재한 평화 협상으로 보스니아는 세르비아인과 무슬림/크로아티아인으로 나누어진다.

1996년	아프가니스탄의 수도 카불이 여성 노동을 금지하고 소녀들의 학교 출입을 금지한 극단주의자 탈레반에 점령된다.
1997년	자이르/콩고에서 32년간 독재정치를 펼치던 모부투Mobutu가 물러난다. 타이, 인도네시아, 남한 경제가 모두 붕괴하지만 국제통화기금의 구제 금융을 받고 위기에서 탈출한다. 공격한다. 대인지뢰를 금지하는 오타와 협정이 오랜 투쟁 끝에 체결된다.
1998년	인도네시아의 독재자 수하르토가 32년 만에 권좌에서 물러난다. 전 세계를 휩쓰는 극단적인 기후 조건의 주범으로 지구 온난화가 지목된다. 국제형사재판소 설치에 관한 동의가 이루어진다. 콩고민주공화국은 인근 6개국이 개입된 내전에 빠진다.
1999년	나이지리아는 민주주의를 채택한다. 북대서양조약기구는 코소보에서 알바니아인들에 대한 인종 청소를 자행한 일을 두고 세르비아를 폭격한다. 에리트레아와 에티오피아는 길고도 괴로운 국경 전쟁을 치른다. 동티모르는 독립하기로 결정하지만 인도네시아 민병대는 살육을 저지름으로써 원한을 푼다. 반세계화 저항의 물결이 시애틀에서 개최된 세계무역기구를 침몰시킨다.
2000년	국제통화기금의 조정 정책에 대한 저항이 남반구 전역을 휩쓴다. 여기에는 아르헨티나, 브라질, 나이지리아, 남아프리카 공화국이 포함된다. 세르비아에서 발생한 폭동은 슬로보단 밀로셰비치 대통령을 권좌에서 끌어내린다. 이스라엘과 팔레스타인 사이에 새로운 싸움이 시작된다.
	2001년 시애틀 이후 카타르 도하에서 열린 세계무역기구 회의는 전 세계적인 저항으로 얼룩진다. 9월 11일 피랍된 항공기가 뉴욕의 세계무역센터와 워싱턴의 미 국방성 건물로 날아들어 3천 명 이상이 목숨을 잃었다. 미국은 오사마 빈 라덴이 이끄는 알 카에다 조직의 근거지로 지목된 아프가니스탄을 폭격한다. 탈레반 정권이 물러난다. 아프리카 연합이 모습을 드러낸다.

2002년   슬로보단 밀로셰비치가 헤이그의 전범 재판소에 회부된다.
          국가원수가 전범 재판소에 회부된 일은 이번이 처음이다. 미
          국의 조지 부시 대통령은 이란, 이라크, 북한을 '악의 축'이라
          고 선언한다. 십만 명이 브라질의 세계사회포럼에 모여든다.
          모이Moi 대통령이 케냐의 선거에서 실권한다. 그가 이끌었던
          당의 통치도 39년 만에 막을 내린다. 좌파 후보 룰라가 브라
          질 대통령 선거에서 승리한다.

2003년   영국과 미국의 이라크 침략이 임박하자 저항의 표시로 2월 15
          일 전 세계적인 대중 시위가 일어난다. 국제연합의 반대에도
          공격은 진행된다. 이 해가 끝날 무렵 이라크에 주둔한 미군은
          13만 명에 달한다. 1965년 말 베트남에 주둔했던 미군의 수와
          같다. 칸쿤에서 개최된 세계무역기구 회의가 아프리카 나라
          들의 퇴장으로 무산된다.

2004년   수마트라 서쪽 인도양 속에서 대형 지진이 발생해 쓰나미를
          일으킨다. 주변 나라를 중심으로 2십만 명이 목숨을 잃는다.

2005년   런던에서는 버스와 기차에 대한 자살 폭탄 공격이 일어나 56
          명이 사망하고 7백 명이 부상을 입는다. 라이베리아의 엘렌
          존슨-설리프는 아프리카에서는 최초로 여성으로서 국가수반
          이 된다. 원주민이자 좌파 지도자인 에보 모랄레스Evo Morales
          는 볼리비아의 대통령이 된다. 2001년 9월 이후 해외에 배치
          된 미군의 수가 백만 명을 넘어서는 기록을 남긴다.

잊혀진 파라오들

역사가들 대부분은 전성기의 이집트가 아프리카 내부에서 유래한 문명에 의해 정복되었다는 사실을 인정하지 않는다. 지금의 수단 지역에 있었던 쿠시 왕국은 기원전 8백 년경 두각을 나타내면서 이집트의 권력을 거머쥐었다. 쿠시인들은 자신들의 본거지로 퇴각하기 전 백여 년 동안 파라오로 군림하며 이집트를 통치했다. 쿠시 문명은 기원후 3백 년경까지 천 년에 이르는 기간 동안 번영을 누렸다. 쿠시인들은 가축을 기르고 곡식을 재배했다. 이집트풍으로 건설되어 깊은 인상을 남기는 수도 메로에Meroe에는 사제 문화가 있었다. 또한 이들은 홍해를 건너 교역도 했다. 또한 알파벳 문자를 발전시킨 최초의 민족 중 하나로 그들의 문자는 어느 모로 보나 그리스어만큼 효과적이었다. 이들은 코끼리를 훈련시켜 전쟁에 활용하는 기술을 수출한 것으로 악명을 날렸다. 로마와 싸우기 위해 알프스를 가로질러 간 한니발의 영웅적 모험담은 모두 쿠시인들의 지식 덕분에 가능했던 것이다.

NO-NONSENSE

흑사병

14세기 유럽을 휩쓸었던 가장 끔찍한 세력은 정복 군대가 아니라 죽음 그 자체였다. 죽음은 기근과 전염병의 모습으로 찾아왔다. 1335년에서 1339년 사이 인구가 급속히 증가한 가운데 흉작이 잇달아 찾아들면서 특히 도시를 중심으로 유럽 전역에 기근이 찾아왔다. 이후 3십 년 동안은 기아가 일상적인 생활의 모습이었다. 근대의 기아 문제에서도 그러하듯이 더 부유한 사람들은 혹독한 식량 부족 사태 속에서도 먹을거리를 구하는 일에 어려움을 겪지 않았다. 이런 모습이 일반적인 유럽인들의 일상적인 모습이 되었고 흑사병이라는 더 끔찍한 유령이 찾아들 때까지 지속되었다.

페스트의 유행은 아시아에서 시작된 것으로 1347년에서 1553년 사이에 그 당시 알려진 세계 전역을 가로지르며 수백만 명의 목숨을 앗아 갔다. 기근과 달리 페스트는 부자나 가난한 사람을 가리지 않았다. 전염원은 집쥐이지만 시골 사람들보다는 도시 사람들에게 더 많이 전염됐다. 페스트가 잦아들 무렵의 사망자는 당시 유럽 전체 인구의 삼분의 일에 달했던 것으로 추정된다. 수백만이 사망했고 사람들은 누구에게나 갑작스레 찾아오는 설명할 수 없는 죽음을 두려워하게 되었다.

NO-NONSENSE

오스만 제국

서양 세계는 이슬람을 이해하려 들지 않았다. 십자군 전쟁 시대에도 그랬고 안타깝지만 오늘날에도 크게 다르지 않다.

서양 역사가들도 무슬림 제국에 별 관심이 없었다. 지난 5세기를 지배했던 오스만 투르크에 대해서마저 관심을 보이지 않았다. 오스만 제국은 우스만Uthman이라는 이름의 지도자가 통치했던 작은 나라에서 출발했다. 약 5십 년간 이 나라가 이웃 나라를 희생시키며 꾸준히 확장하자 경각심을 느낀 유럽의 크리스트교 세계에서 새로운 십자군이 조직되었지만 1396년 전멸했다.

15세기를 거치면서 오스만 제국은 광대한 세계의 권력을 장악하게 되었다. 초창기 정복 전쟁 중 가장 인상적인 것은 콘스탄티누스 황제가 동로마의 수도로서 도시를 건설한 이후 수많은 위협 속에서도 굳건히 살아남았던, 크리스트교의 보루 콘스탄티노플 점령이었다. 첫 번째 대포의 포격이 이루어지고 1453년 콘스탄티노플이 무너지고 말았다. 콘스탄티노플은 이스탄불이라는 새로운 이름 아래 이슬람의 중심지로 변모해 오늘날까지 내려왔고 인구 약 5십만 명에 달하는 유럽 최대의 도시가 되었다.

콘스탄티노플 함락 소식은 크리스트교 세계 전체에 충격파를 전달했다. 그러나 누구도 오스만의 확장에 저항할 능력이 없어 보였다. 16세기 중반 슐레이만 대제 Suleiman the Magnificient는 오스만 제국의 영토를 최대한 확장해 무슬림의 성스러운 도시였던 북아프리카 전역과 동유럽 대부분을 통치하게 되었다. 이는 무려 160만 제곱킬로미터에 달하는 광대한 영토였다. 오스만 제국이 유럽으로 더 깊이 확장해 들어왔다면 근대 세계의 모습은 사뭇 달랐을 것이다. 1683년 비엔나에서 결전의 날이 찾아왔다. 2십만 명에 달하는 오스만 제국 군대가 오스트리아의 수도에서 석 달간 포위 공격을 감행했지만 유럽의 연합군에 밀려 물러나고 말았다.

이후 오스만 제국은 확장을 멈추고 안정화되었다. 오스만 제국이 몰락하기 시작하자 서양 역사가들은 이전보다 많은 관심을 보이게 되었고 '유럽의 병자Sick Man of Europe'라는 이름을 붙여 주었다. 그러나 그 지역은 뛰어난 재능을 지닌 오스만 술탄이 줄곧 계승해 왔던 지역이었다. 이들은 건축 분야에서 눈부신 업적을 세웠다. 제국은 확장을 멈추자마자 부패하기 시작했다. 이들이 20세기 초반 몰락하게 된 이유가 너무나도 안정적이었기 때문임은 물론이다. 외부를 내다볼 필요를 느끼지 못해서 왕성하게 발전했던 유럽의 과학과 기술에 적절히 대응하지 못했던 것이다.

NO NONSENSE

일본의 봉건제

일본은 수세기 동안 중국으로부터 독립을 유지했던 유일한 나라였다. 쿠빌라이 칸의 군대가 두 번의 침공을 감행했으나 돌풍 때문에 일본으로 진격하지 못하고 물러나야만 했다. 그러나 일본의 문화는 언제나 중국의 깊은 영향을 받았다. 중국어는 학술적인 언어로 간주되어 남자만이 중국어를 기록할 수 있었다. 여성은 일본어만을 사용하도록 제한되었다. 그러나 이 우스꽝스러운 법은 남성에게 거꾸로 돌아왔다. 남성들의 저술은 형식적이고 과장된 문체를 사용한 반면 여성들의 저술은 활기와 생기가 넘쳐 여성들의 문학 작품은 오늘날에도 꾸준히 읽히고 있다. 역사상 최초의 소설이자 아직도 최고의 작품으로 손꼽히는 작품은 11세기 무라사키Murasaki 여사가 쓴 『겐지 이야기Tale of Genji』이다.

일본은 봉건제를 굳건히 고수했다. 그러나 군사 독재자였던 쇼군將軍의 중앙집

권적 통제가 해체되어 전국시대가 열렸던 1350년에서 1600년 사이 잠시 변형되었다. 전국시대는 하나의 막부幕府가 다른 막부를 모두 통합했던 16세기 중반에 막을 내렸다. 이 새로운 막부는 도쿠가와 막부로 19세기까지 일본을 지배하면서 250년간의 유례없는 평화를 가져왔다. 그러나 '로마의 평화Pax Romana'나 '영국의 평화Pax Britannica'와 마찬가지로 이 평화는 엄격한 제국적 통치를 완곡하게 표현한 것에 불과했다. 노동에서부터 언론의 자유에 이르는 보통 사람들의 생활 전체는 극심한 통제에 매어 있었다.

일본에서도 주기적인, 그러나 성공하지는 못한 농민 반란이 일어났다. 사회적 신분이 높은 사람에게 불복종할 경우 그 자리에서 죽일 수 있었던 시절임을 감안하면 농민 반란이란 매우 용감한 행동이었다.

일본이 누렸던 평화의 나날은 또한 극단적인 고립주의의 산물이기도 했다. 1630년대 이후 거의 2세기가량 외국을 방문하거나 외국과 교역하는 일은 불법이었다. 일본의 수출품으로 넘쳐 나는 근대 세계에서는 믿기 어려운 일이다.

NO-NONSENSE

태평양의 낙원을 잃다

태평양의 섬들은 수천 년 전 아시아에서 건너온 이주민의 물결로 처음부터 식민화되었다. 여러 다른 인종으로 구성된 민족이 아시아에서 가장 가까운 섬인 오늘날의 말레이시아를 기원전 2천 년에 식민화했다. 또 다른 정착민들의 물결이 오늘날 미크로네시아라고 알려진 지역으로 기원전 1500년 무렵 밀려들어 왔다.

그러나 더 멀리 떨어진 폴리네시아로 이동하기 위해서는 항해 기술, 모험 정신, 엄청난 참을성이 필요했다. 열 명에서 열다섯 명에 이르는 사람과 동물을 실을 수 있을 뿐 아니라, 여행하는 동안 동물과 사람의 생명을 유지하고 마주치게 될 땅에서 생활 기반을 마련하는 데 도움이 될 먹을거리와 물도 함께 실어야만 하는 튼튼한 배를 타고 기원후 백 년에서 천 년 사이에 전설적인 항해가 이루어졌다. 항로에 대한 지식도 없고 반대편 끝에 육지가 있는지, 기근을 만날지, 무서운 정복자가 있을지 알지도 못한 사람들이 수천 킬로미터나 되는 열린 바다를 건너도록 만든 이유에 대해서는 영원히 알기 어려울 것 같다.

폴리네시아인들은 모든 종류의 다양한 사회를 발전시켰다. 모든 사회가 전쟁이나 잔인함으로부터 자유로운 낙원이었던 것은 아니다. 이스터 섬의 민족이 남긴, 족장의 형상을 한 거석은 그들에 대한 큰 관심을 불러일으켰다. 이들은 태평양에서 유일하게 글자를 사용했던 민족이다. 이들의 글자는 최초의 인도 문명인 하라파에서 사용되었던 문자를 거울에 비춰 놓은 것 같다. 물론 하라파의 문자가 어떻게 이곳에 도달하게 되었는지는 알려져 있지 않다. 그러나 이들의 문화는 전쟁을 중심으로 발전한 것처럼 보이는데, 상대적으로 불모지에 가까운 이곳의 부족한 천연자원 때문일 것으로 추정된다. 가장 극심한 기아로 고통 받는 사람들의 모습을 새긴 작은 입상은 거석만큼이나 흔하게 발견된다. 또 다른 민족인 통가인들은 역사상 가장 심한 불평등 사회로 생각되는 사회를 발전시켰다. 단 한 사람의 통가인도 같은 지위를 누리지 못했다. 모든 보통 여성들은 남성 귀족의 마음대로 처분되었다. 보통 사람들은 자의적인 매질에 시달리거나 살해당했고 죽을 날만 기다리는 셈이나 다름없었다. 반면 상류층은 연회를 즐기며 살았다.

그러나 이러한 사례는 극단적인 것일 뿐이다. 유럽인들이 도착하기 이전 태평양의 섬 지역 대부분에서의 생활은 우리가 알고 있는 대로 아주 소박했다. 풍요로운 먹을거리를 쉽사리 구할 수 있었기 때문에 생존을 위해 노동할 필요가 없었다. 유럽인과의 최초의 만남은 앞으로 닥쳐올 일을 예감하게 했다. 페르디난드 마젤란은(마젤란이 이끌던 포르투갈의 배들이 최초로 지구 일주에 성공했다.) 1519년 미크로네시아의 괌에 상륙했다. 포르투갈인들은 섬사람들이 보트를 훔쳤다는 이유로 5십 채의 집을 불태우고 일곱 명의 주민을 살해했다.

18세기 이전의 항해자들 중 이 섬들을 진지하게 탐험한 사람은 없었다. 뱃사람들이 유럽 최고의 외교단은 아니었다. 이들의 항해는 무척 길고 힘든 데다가 태평양의 섬사람들은 항해자들의 성적 욕구나 폭력성을 분출할 기회를 제공했다. 성적 즐거움을 자유롭게 누리는 건강한 태도를 발전시켜 왔던 섬의 문화는 유럽인이 남기고 간 성병으로 시들어 갔다.

1912년 주요 섬 대부분이 여러 서양 열강의 영토로 전락했다.

NO-NONSENSE

여성, 선거권을 획득하다

제1차 세계대전은 한 가지 긍정적인 영향을 미쳤다. 여성이 선거권을 획득한 것이다. 여성들이 산업 노동자, 농업 노동자로서 남성과 여성이 동등하다는 주장을 펼치며 시위를 벌였을 때, 남성 지도자들은 여성들의 존재를 더 이상 부인할 수 없다는 사실을 깨달았다. 1916년 영국에서는 160만의 여성들이 일터에서 노동했고 그중 절반은 공장에서 일했기 때문이다.

그러나 극복해야 할 뿌리 깊은 편견은 여전했다. 다윈은 여성의 두뇌가 조금 모자라게 진화했다고 주장했고 의사들은 모든 여성이 자연적으로 허약할 뿐 아니라 병약해질 소지를 가졌다고 보았다. 교육은 여성의 건강한 정신을 위협한다는 말도 있었고 한 '철학자'는 교육이 여성의 가슴을 납작하게 만든다고 말하기도 했다.

여성들은 이러한 바보 같은 생각에 분노를 느꼈고 19세기 중엽 자신들의 권리를 주장하는 운동을 펼쳤다. 선거권을 거부당하는 일은 근본적인 모욕으로 느껴졌다. 1832년의 영국 선거법 개혁은 더 많은 남성들에게로 선거권을 확대했지만 이미 대수녀원장이 의회에 참여하고 있었음에도 여성들은 완전히 배제되었기 때문이다.

1840년 세계 노예제 반대 집회에 참석한 영국 여성은 미국의 자매들에게 이러한 주장을 알렸다. 1869년 엘리자베스 캐디 스탠턴과 수전 앤소니*는 미국 페미니스트 소식지 「혁명Revolution」을 창간했고 와이오밍 주는 여성에게 선거권을 부여한 최초의 주가 되었다. 1893년 선례를 파괴한 최초의 나라는 뉴질랜드였다. 그러나 대부분의 여성이 공식적으로 해방되려면 전쟁이 끝나기를 기다려야만 했다.

선거권 획득은 크나큰 성취였다. 그러나 그 승리의 정치적 결과는 실망스러웠다. 초기 페미니스트들은 선거권을 획득하면 여성과 남성이 사회적, 경제적으로 더 많이 평등해질 것이라고 생각했다. 하지만 20세기 여성들이 획득한 평등은 사회적, 경제적 평등이라기보다는 남성과 똑같은 방식으로 투표하는 정치적 평등임이 드러났다. 그리고 여성의 권리를 향해 나아가는 행진은 고통스러울 만큼 느렸다. 선거권만으로는 충분하지 않았던 것이다.

*캐디 스탠턴(Elizabeth Cady Stanton, 1815~1902과 수전 앤소니(Susan B. Anthony, 1820~1906)
스탠턴은 런던에서 열린 세계 노예제 반대 회의에서 난간에 앉으라는 말을 듣고 분개하여 1848년 세
니카폴스에서 첫 여성 권리 대회를 개최했다. 이후 앤소니와 함께 전국여성참정권협회를 조직해 여
성 참정권 운동을 벌였다. 앤소니는 매사추세츠 주의 한 퀘이커 가정에서 태어나 어린 시절 뉴욕 북
부로 이주했다. 여학교의 교사였지만 이에 만족하지 않고 가족 농장의 관리자가 되었으며 그곳에서
만난 노예폐지론자들의 영향을 받았다. 1869년 아프리카계 아메리카 남성에게 투표권을 부여하는 헌
법 수정안이 발표되었을 때 여성이 포함되지 않았다는 이유로 지지를 거절하고는 스탠턴과 함께 여
성 참정권을 실현하기 위해 노력했다. 옮긴이

세계 인구

　빙하기 말엽(기원전 1만 년) 사람들은 채집과 수렵 활동을 통해 살아갔다. 당시 인
구는 4백만 명 수준이었다. 청동기 시대(기원전 3천 년)의 인구는 1400만 명으로 증
가했다. 농업 생산성이 높아지면서 기원전 1세기가 되면 인구는 1억 7천만 명을
기록했다. 식량 생산, 위생, 질병 통제에 있어 획기적인 진보를 이룬 1830년 인구
는 십억을 기록했다. 오늘날 세계 인구는 6십억 명에 달한다.

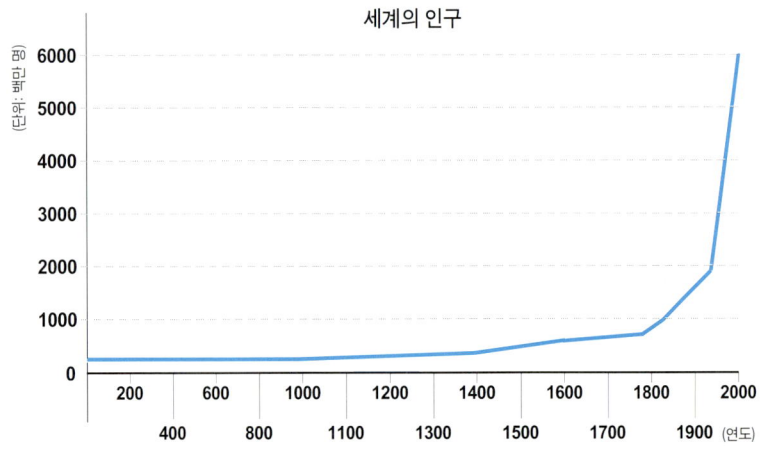

▶출처―www.fsec.ucf.edu

중국 혁명

중국에서는 지도력을 갖췄지만 무자비한 지도자가 1920년대 등장했고 동시에 유럽에서는 파시즘이 부상했다. 1911년 혁명은 마지막 황제를 폐위시켰지만 혁명 세력이 나라 전체를 장악하지는 못했다. 군벌들은 각자 자신 소유의 영역을 통제하면서 각축을 벌였다.

혁명은 민족주의, 민권주의, 민생주의를 표방하는 삼민주의의 원칙에 따라 이루어졌다. 그러나 민족주의만이 뚜렷이 드러나 보였는데 이러한 현상은 쑨원이 죽은 후 장제스蔣介石가 권력을 넘겨받으면서 더욱 강화되었다.

장제스의 세력은 새로 설립된 공산당의 도움을 받아 1926년 중국을 재통일하고 지방 군벌들을 퇴치했다. 그러나 장제스는 동지였던 공산당을 공격해 오랜 내전 끝에 이들을 물리쳤다. 살아남은 공산당원들은 체포를 피해 1934년 산악 지역인 중국의 중부를 가로지르는 대장정을 감행했다. 쫓겨 가는 공산당은 더 이상 위험한 요인이 아닌 것처럼 보였다.

그러나 대장정은 공산당의 지도자 마오쩌둥毛澤東을 나타내는 강력한 상징으로 자리 잡았다. 마오쩌둥은 산업 노동자보다는 농민을 기반으로 한 혁명이라는 새로운 맑스주의 혁명론을 정식화했다.

1937년 일본의 중국 침략으로 국민당과 공산당은 국 · 공 합작을 이루고 나라의 방어에 나섰다. 그러나 십 년간의 동맹이 끝날 무렵에는 3만 명에 불과했던 공산당원이 3백만 명으로 불어나 있었다. 각 도시는 홍군紅軍의 수중에 떨어졌고 1949년 마오쩌둥은 중화인민공화국을 선포했다.

마오주의 혁명은 황제들이 수천 년 동안 부과해 왔던 불평등의 역사와 결별했다. 사실상 세계 인구의 거의 사분의 일에 해당하는 사람들을 기근과 내전에 의해 지속적으로 중단되어 왔던 과거에서 벗어나게 하는 일은 불가능했다. 그러나 기대 수명은 그들의 상황을 대변해 주었다. 1960년 47세였던 기대 수명은 1975년 65세로 늘어났다.

또한 마오쩌둥의 독재적 사회 공학은 재난에 가까운 영향을 미쳤다. 대약진大躍進운동*이 야기한 기근으로 1959년 2천만 명의 사람들이 목숨을 잃었다. 그리고 마오가 통치하던 시기에 있었던 정치적 억압은 마오쩌둥 이후의 중국에서도 계속 이어졌다. 그러나 중국의 위대한 이야기에서 앞으로 무슨 일이 벌어질지 모르지만, 혁명이 낡고 오래된 체제를 혁파한 것은 확실했다.

---

*대약진大躍進운동—단기간에 경제 자립을 달성하기 위해 중국 정부가 펼쳤던 운동으로 농업을 집단화하여 도시 노동자에게 식량을 공급하고 공업화에 필요한 자금을 축적하고자 했다. 옮긴이

■ 저자 참고 문헌

Pelican History of the World, J. M. Roberts(Penguin, 1988).

A Women's History of the World, Rosalind Miles(Michael Joseph, 1988).
『최후의 만찬은 누가 차렸을까? - 세계 여성의 역사』, 신성림 옮김, 동녘, 2005.

Green History of the World, Clive Ponting(Penguin, 1993).
『녹색세계사』, 이진아 옮김, 그물코, 2003.

Progress and Barbarism: the World in the 20th Century, Clive Ponting(Chatto & Windus, 1998).
『진보와 야만: 20세기의 역사』, 김현구 옮김, 돌베개, 2007.

The Age of Revolution, Eric Hobsbawm(Vintage, 1996).
『혁명의 시대: 시민혁명과 산업혁명』, 정도영 · 차명수 옮김, 한길사, 1998.

The Age of Extremes, Eric Hobsbawm(Vintage, 1996).
『극단의 시대: 20세기 역사(상, 하)』, 이용우 옮김, 까치, 1997.

Africa in History, Basil Davidson(Penguin, 1984).
『아프리카』, 편집부 옮김, 한국일보 타임 라이프 북스, 1978.

A Short History of the World, H. G. Wells(Penguin, 1922/1965).
『웰스의 세계문화사』, 지명관 옮김, 가람기획, 2003.

■책

『민중의 세계사』

크리스 하먼 지음, 천경록 옮김, 책갈피, 2004

맑스주의 역사학의 입장에서 '민중의 세계사'를 다룬 역사책이다. 선사시대부터 1999년까지의 역사를 계급의 구조와 충돌, 기술의 발전과 사회경제적 변화의 의미, 그 틈에서 역사의 현실에 저항한 민중의 모습 등에 중점을 두고 일관된 흐름으로 서술하고 있다. 인간들이 어떻게 자신의 행동으로 사회를 변혁하고 지금까지 이르게 됐는지를 고찰하며, 동시에 사회 밑바닥에 있는 보통 사람들의 일상적 투쟁과 역사책에 기록되지 않은 영웅주의가 어떻게 해서 거듭거듭 사회를 변화시켰는지 보여 준다.

『미국민중사』

하워드 진 지음, 유강은 옮김, 시울, 2006

미국의 가장 대표적인 실천적 지식인으로 평가받는 역사학자 하워드 진의 대표작이다. 그는 콜럼버스의 아메리카 대륙 발견을 인디언 부족인 아라와크족의 시각을 빌려 설명한다. 그리고 헌법 제정의 역사에는 노예의 관점을, 산업주의 발흥의 역사에는 방직공장에서 일하는 젊은 여성들의 관점을, 멕시코 전쟁의 역사에는 탈영병들의 시각을, 뉴딜의 역사에는 할렘 흑인들의 관점을 도입한다. 미국에서 파편화되고 해체되어 있던 보통 사람들의 목소리와 지워진 기억들을 확인할 수 있다.

『처음 읽는 아프리카의 역사』

루츠 판 다이크 지음, 데니스 도에 타마클로에 그림, 안인희 옮김, 웅진지식하우스, 2005

아프리카의 다채로운 역사를 있는 그대로 보여 주는 책이다. 대륙의 생성과 최초의 인간에 대한 이야기와 그들이 어떻게 아프리카를 떠나 전 세계로 퍼져 나갔는지부터 공동체를 이루고 다양한 문명을 발전시킨 고대 아프리카의 이야기, 유럽 나라들의 아프리카 침략과 아프리카의 저항, 그리고 식민지에서 해방된 이후부터 에이즈와 빈곤에 맞서며 행복한 삶을 꿈꾸는 현재에 이르기까지 아프리카 대륙의 역사를 가감 없이 이야기하고 있다.

『라틴아메리카를 찾아서』

곽재성, 우석균 지음, 민음사, 2000

라틴아메리카에 재미있고 쉽게 접근할 수 있도록 한 안내서다. 라틴아메리카가 다양성과 동질성을 지닌 곳이라는 기본 인식 아래 라틴아메리카의 역사를 돌아보고, 라틴아메리카의 사회경제적 공통 분모를 짚어 보며 라틴아메리카를 바라보는 두 시선, 즉 긍정적인 시선과 부정적인 시선 각각을 살펴본다. 마야, 잉카 문명, 아마존, 삼바 축제, 탱고, 체 게바라 등 이들을 만날 수 있는 라틴아메리카의 이모저모를 들려 준다.

『왜 여성사인가』

거다 러너 지음, 강정하 옮김, 푸른역사, 2006

저명한 여성사가 거다 러너의 역사학에 관한 시각을 담았다. 그녀는 인류의 온전한 역사를 만나기 위한 중요한 발걸음 중 하나로 남성 위주의 역사에 가려진 여성의 역사를 복원해야 한다고 말한다. 또한 이렇게 진정 역사를 '복원'하는 여성사는 여성뿐만이 아닌 인류 전반을 포괄할 수 있는 역사가 될 수 있다고 말한다. 이러한 논지를 젠더 문제, 가부장제 이론, 권력 관계, 차이 논쟁, 여성과 평화 운동, 페미니즘 정치학 등등 여성학적인 쟁점들을 역사적 관점과 지구적이고 미래지향적인 관점에서 살펴보며 전개한다.

차별과 억압의 역사를 넘어
평등과 공존의 역사로

추선영

닭의 목을 비틀면

새벽이 오지 않을까요? 답은 '아니다' 이기도 하고 '그렇다' 이기도 합니다. 닭의 목을 비틀어도 시간이 흘러 새벽은 옵니다. 하지만 그 새벽은 닭의 목을 비틀지 않았을 때 오는 새벽과는 다릅니다. 닭이 울지 않아 고요한 새벽이 될 테니까요. 그러므로 새벽이 오지 않았다는 답도 맞습니다. 이렇듯 시간은 저절로 흘러가지만 역사는 저절로 흘러가지 않습니다. 누가 무엇을 하느냐에 따라 달라집니다. 그런데 누가? 설마 한국을 빛낸 100명의 위인들?

太定太世文端世

역사책에는 위대한 왕과 왕비, 영웅, 부자들의 이야기와 그들을 위한 위대한 건축물의 이야기가 즐비합니다. 이야기들에 살을 붙일수록 세계사 책은 한없이 두꺼워져만 가고 개연성 없이 그 이야기들을 외워야 하는 학생들의 한숨은 늘어만 갑니다. 하지만 이들을 먹여 살리다 죽어 간 사람들, 그 건축물을 짓다가 죽어 간 사람들, 이들을 위해 전쟁터에서 목숨을 버린 사람들, 결정적으로 이 모든 이들에게 생명을 부여한 여성들의 이야기는 어디에도 없습니다. 그래서 우리는 왕의 묘호를 순서대로 외우고 이순신 장군을 칭송하며 독립투사를 기억하지만 그 왕들을 먹여 살렸던 농민들, 여러 해전에서 목숨을 바친 수군들, 남겨져 온갖 고생을 했던 가족들의 이야기를 모릅니다.

하지만 평범한 보통 사람들이 없다면 역사책에 등장하는 위대한 왕과 왕비, 영웅, 부자들도 있을 수 없습니다. 역사책에 나오지 않는다고 해서 그 존재를 부인할 수는 없습니다. 마치 투명 인간처럼, 존재하지만 자신의 존재를 증명할 길이 없을 뿐입니다. 보이지는 않지만 역사를 만든 사람들, 즉 역사의 주인은 바로 우리 같은 평범한 보통 사람들입니다.

투명 인간의 존재 증명

이렇게 위인과 보통 사람을 가르기 시작한 차별과 억압의 역사는 깊습니다. 실제로 역사를 만든 보통 사람들은 보이지 않고, 그들의 피와 땀으로 올려진 누각 위에 앉아 이들을 짓누르는 위인들이 두꺼운 역사책을 모두 차지했습니다. 하지만 이 조그만 책은 타의에 의해서 투명 인간이 되어 버린 사람들에게 애정을 가지고 그들의 존재를 입증합니다. 여성의 역사를, 만리장성이나 피라미드를 건설하다 죽어 간 사람들을 이야기합니다. 서양인들의 이야기만 가득한 다른 역사책과는 달리 중국과 인도, 이슬람과 오스트레일리아의 역사가 나옵니다. 일본도 자그마한 박스 하나를 차지했는데, 한국의 이야기는 없어서 아쉬움을 남깁니다.

한편 저자는 아프리카의 노예가 있었기에 오늘날의 미국이 있었음을 지적하고, 신비에 둘러싸인 라틴 아메리카 원주민들이 신대륙을 발견한 서양인들에게 짓밟혔던 역사를 기록합니다. 세금도 안 내는 귀족에 대항한 혁명으로 왕정에서 공화정으로 이행했던 민중, 새로 얻은 기득권을 지켜 내려고 혁명의 진정한 주체였던 민중을 짓밟았던 부르주아, 식민화에 저항했던 아프리카의 민중들까지 차별과 억압의 역사와 이를 극복하려 했던 저항의 역사를 그려 냅니다. 지금 우리가 누리는 것들이 처음부터 있었던 것이 아닙니다. 누군가 닭의 목을 비틀었기에 이루진 것들입니다. 보이지 않는 사람들의 힘으로 역사는 느리지만 확실히 전진해 왔습니다.

과거를 현재의 거울로, 현재를 미래의 이정표로

그리고 저자는 역사가의 시각이 반영될 수 있다는 위험을 전제하고 20세기와 얼마 지나오지 않은 21세기를 이야기합니다. 나치가 저질렀던 유대인 학살만을 부각시키고 유대인들이 팔레스타인에서 저질렀던 일에는 눈감은 것처럼 보이는 부분에 마음 쓰이기도 하지만 20세기에서 배운 교훈이 아무것도 없다는 듯 21세기에도 그 과오를 반복하고 있다는 사실을 테러와의 전쟁을 들어 상기시키는 부분에서는 고개를 끄덕이게 됩니다.

그리고 대통령 선거를 얼마 남겨 두지 않은 요즘 진보 논쟁이 한창인 우리는 지난 역사에서 무엇을 배웠는지 생각해 봅니다. 지난 잃어버린 십 년이니 아니니 논쟁하며 지금까지 쌓아 온 민주화의 역사를 지키기 위해 민주화 세력이 결집해야 한다고들 합니다. 지난 십 년의 역사를 함부로 판단할 수는 없겠지만 잃어버린 십 년이었든 알찬 십 년이었든 역사가 느리지만 확실히 전진하도록 만든 저 같은 투명 인간들의 삶은 그 십 년간 나아지기는커녕 나빠지지 않았으면 다행입니다. 벌어지는 빈부 격차, 파괴되어 가는 자연환경, 부유한 부모를 두어야 성공하는 자식들, 바늘구멍이 된 취업문, 저축으로는 감당할 수 없는 주택 가격 등 민중 혹은 서민의 삶은 고단해져만 갑니다. 선거 구호 속에 등장하는 실체 없는 민중 내지는 서민으로 뭉뚱그려진 채 우리의 삶에 관심도 없는 정치인들의 손에 우리의 운명을 내맡기는 것은 위험합니다. 반복되는 일상에서 자신의 삶을 돌보기조차 버겁지만 이를 벗어나기 위해서라도, 우리 아이들에게 차별과 억압의 세상을 물려주지 않기 위해서라도 역사에 관심을 가져야 합니다. 이 책이 그런 관심을 불러오는 데 조금이나마 기여하기를 바랍니다.

몇 년 전 국사를 필수과목으로 하느냐 마느냐는 논란이 있었던 것 같습니다. 자녀가 없고 자녀 문제에 관한 한 앞날이 매우 불투명한 저로서는 갈팡질팡하는 이 나라 교육정책의 세부 내용까지 따라잡을 이유도 여유도 없는 터라 그 경과와 현재의 상황을 잘 알지 못하지만, 아무튼 제 학창시절에는 이른바 암기 과목의 꽃이었던 국사가 필수과목이었습니다. 저는 국사를 좋아했습니다. 그런데 비슷한 종류의 세계사는 유난히 어려웠습니다. 세계사에서 다루는 시공간은 국사에서 다루는 시공간보다 훨씬 길고 넓어 공부의 어려움이 더했음에도, 맥락 없는 사실들을 칠판에 빼곡히 적고는 외우라고 강요했던 선생님을 만났기 때문입니다. 결국 국사의 여왕은 세계사의 여왕이 되지는 못했습니다. 그런 제가 십수 년이 흐른 지금 이 책의 번역을 맡았습니다.

거절을 잘 못 하는 성격 탓도 있지만 이 책을 조사하다가 본 서평(http://worldhistoryconnected.press.uiuc.edu/3.1/br_flashnick.html)이 제 마음을 움직였습니다. 이 작은 책에 능숙하게 세계 역사 전체를 집어넣은 저자의 솜씨와 다른 역사책에는 등장하지 않는 보통 사람이나 여성에 대한 관심에 높은 점수를 주었던 서평이었습니다. 이번 기회에 맥락 없이 머리 속을 떠도는 지식의 파편을 그러모아 잘 정리해 보자는 심산도 한몫 거들었습니다. 그리고 이 책은 기대를 저버리지 않았습니다.

역사 전공도 아닌 번역자가 촉박한 시간을 두고 번역했기 때문에 혹시라도 잘못된 부분이 있을는지 모릅니다. 읽는 분들의 너그러운 이해와 지적을 구합니다. 믿고 기다려 주신 출판사 관계자 여러분께도 고마움을 전합니다. 번역에 매달린 짧다면 짧고 길다면 긴 시간 동안 다른 일들은 조금 뒷전으로 물러나 있었습니다. 많은 일들을 제대로 챙기지 못했음에도 따뜻한 시선으로 너그러이 보아주셨던 사랑하는 가족과 친구, 주위의 모든 분들께 감사의 마음을 전합니다.

2007년 장마 초입에
서울에서

《아주 특별한 상식 NN-세계사》

세계사, 누구를 위한 기록인가?

지은이 | 크리스 브래지어
옮긴이 | 추선영
펴낸이 | 이명회
펴낸곳 | 도서출판 이후
편집 | 김은주, 김진한
표지 · 본문 디자인 | Studio Bemine

첫 번째 찍은 날 | 2007년 7월 27일

등록 | 1998년 2월 18일 (제13-828호)
주소 | 121-836 서울시 마포구 서교동 325-1 원천빌딩 3층
전화 | 전화 (대표) 02-3141-9640 (편집) 02-3141-9643 팩스 02-3141-9641

ISBN 978-89-88105-94-8 04300
ISBN 978-89-88105-93-1 04300 (세트)

이 도서의 국립중앙도서관 출판시도서목록(CIP)은
e-CIP 홈페이지(http://www.nl.go.kr/cip.php)에서 이용하실 수 있습니다.
(CIP제어번호: CIP 2007002117)

값 11,000원